KB044927

여자×사람×친구

레즈비언 생애기록

여자 사람 친구

더 생각 인문학 시리즈 12

초판 1쇄 발행 | 2020년 6월 25일
초판 1쇄 인쇄 | 2020년 6월 30일

지은이 | 박김수진

발행인 | 김태영
발행처 | 도서출판 씽크스마트
주　소 | 서울특별시 마포구 토정로 222(신수동) 한국출판콘텐츠센터 401호
전　화 | 02-323-5609 · 070-8836-8837
팩　스 | 02-337-5608

ISBN 978-89-6529-242-5　03300
값 15,500원

- 이 도서의 국립중앙도서관 출판예정도서목록(CIP)은 서지정보유통지원시스템 홈페이지(http://seoji.nl.go.kr)와
  국가자료공동목록시스템(http://www.nl.go.kr/kolisnet)에서 이용하실 수 있습니다.(CIP제어번호:
  CIP2020020920)

- 씽크스마트 • 더 큰 세상으로 통하는 길
- 도서출판 사이다 • 사람과 사람을 이어주는 다리

레즈비언 생애기록

여자×사람×친구

박김수진 지음

〈여자 사람 친구〉를
펴내며

기록을 하는 이유

기록을 하는 이유는 기록하는 사람마다 다를 텐데요, 저는
일상에서 만나는, 스스로를 레즈비언이라고 정체화하고
살아가는 사람들의 삶을 기록하고 그 기록들을 공유하기
위해서 합니다. 인터뷰는 객관적이어야 한다는 말이
있습니다만, 저는 반드시 그래야 한다고는 생각하지 않아요.
평소에 '대체 객관적이라는 게 있기나 해?'라는 의문을
가지기 때문이기도 하지만, 그런 게 가능하더라도 사람을
만나 그 사람의 이야기를 듣고 객관화할 능력이 제게는
없기 때문이기도 합니다. 한 사람의 생애를 기록하는
일에 객관성을 유지하는 글이 대체 어떤 의미가 있는지도
모르겠고요.

일상에서 만나는 사람들을 기록하는 일

저는 인터뷰이를 무조건 친구, 가족, 지인 등 최대한 가까운
사람들로 한정하려고 노력합니다. 그 사람에 관한 많은
정보를 가진 상태에서, 상대방도 내게 경계 없이 편안하게
어떤 이야기도 들려줄 수 있는 그런 상태에서 인터뷰를 하고
싶습니다. 그래야 더 깊고 풍부한 이야기들이 자유롭고
편안한 분위기에서 마구 뽑혀져 나올 테니까요. 물론
지나치게 자유로운 나머지 모든 이야기들을 가감 없이 꺼내
결국 공개를 포기해야 하는 경우도 많지만요.

인터뷰이와 내가 마주한 시간

때때로 인터뷰하는 과정에서 대부분의 이야기를 문서로
남기고도 공개할 수 없는 경우도 생깁니다. 그렇다고
실망하는 일은 없습니다. 기록 활동은 종국에는 문서로

정리한 결과물을 만들고 공유하는 것이 목적이지만, 그보다
더 중요한 것은 그 사람과 제가 마주하고 앉은 그 시간/
공간이라고 생각하기 때문입니다. 공개할 수 없게 되었다고
해서 그 사람의 지나간 시간들이 공중 분해되고 그와 내가
마주 보고 앉은 그 시간과 공간이 무의미한 것은 아니지요.
적어도 그 순간에는 이야기를 하는 그 사람과 그 이야기를
듣는 저에게만큼은 살아 있는 시간이고 공간이니까요.
그리고 수다는 늘 재미있잖아요. 그 재미있는 수다의 결과가
기록이면 좋지만, 기록으로 이어지지 않아도 괜찮다고
생각하고 있어요. 그저 '만남과 수다의 과정이 자연스럽게
기록과 공유로 이어지면 좋은 일이겠구나'라고 생각하면서
기록 활동을 해나가고 싶어요.

레즈비언
저는 특히 레즈비언 정체성을 둘러싼 이야기를 나누는 것에
관심이 많아요. 아마도 제 자신이 이번 생에는 레즈비언으로
살고 있고 그렇게 살 계획이라 더 그런 것 같아요. 만일 제가
이성애자로 살고 있다면 '복덕방 할아버지 생애'를 기록하는
활동에 열을 올렸을 것 같기도 해요. 사실 레즈비언으로
살고 있는 지금도 '복덕방 할아버지 생애' 기록을 할 수
있지만, 우선순위에서 밀렸어요. 다음 생에 이성애자로
살게 된다면 그때 열심히 해보려고 합니다. 다시 처음으로

돌아가면요, 저는 스스로 레즈비언으로 정체화한 사람들의 이야기, 레즈비언으로 정체화를 하지는 않았지만 동성애에 관해 고민해보았거나 경험해본 사람들의 이야기를 듣고 기록하는 활동을 하고 싶어요.

레즈비언 생애 기록 활동

저는 2003년 10월부터 꾸준하게 레즈비언 생애 기록 활동을 해오고 있습니다. 이 활동이 저를 짓누를 정도로 부담스럽게 하지는 않습니다. 제가 할 수 있는 선에서, 감당 가능한 선에서 느리지만 꾸준하게 진행해오고 있는 활동입니다. 제가 활동하고 있는 〈레즈비언생애기록연구소〉 블로그의 생애 기록 게시판을 보면 출생 연도별로 카테고리를 나누어놓은 것을 보실 수 있을 거예요. 그 이유도 아주 단순합니다. 예컨대 1970년생인 어떤 레즈비언이 벽장 속에 있다가 인터넷 검색을 통해 우리 단체 블로그를 만난 거예요. 그 사람이 블로그 카테고리를 보면서 궁금해하는 겁니다. '어, 1970년생인 레즈비언들의 이야기가 있나 봐.' 그렇게 클릭하게 되고, 다른 동년배들의 삶을 만나는 것이지요. 그냥 이런 장면들을 생각하면서 '출생 연도별로 나눈 카테고리를 만들어야겠다'는 생각이 들었어요. 물론 그 언니가 또 다른 기회에 1990년생인 다른 레즈비언들의 삶을 만나게 될 것이고요.

공유

개인 블로그와 〈레즈비언생애기록연구소〉 단체 블로그를
통해서만 공유해왔던 레즈비언 생애 기록을 책의 형태로
더 많은 분들과 공유할 수 있게 되어 매우 기쁩니다.
'퀴어'라는 이름으로 많은 서적들이 출판되고 있는 상황에서
이렇게 '레즈비언'의 이야기를 가득 담은 책을 낼 수 있게
되어 얼마나 다행인지, 감사한지 모릅니다. 레즈비언 관련
서적의 출판장에 작은 기여를 할 수 있게 되었습니다. 많은
분들의 관심과 응원을 부탁드립니다. 저는 이 기록의 첫
번째 독자를 앞서 예로 든 소위 '벽장 레즈비언'으로 두고
있습니다. 이런저런 우연한 기회를 통해 우리가 남긴 기록을
만나기를 바라는 마음으로요. 그리고 두 번째 독자는 '나의
엄마'입니다. 벽장 레즈비언에게, 그리고 나의 엄마께
세상에 이렇게나 다양하고 많은 레즈비언들이 이곳저곳에
살고 있다는 이야기를 들려드리고 싶어요.

감사 인사

지금까지 기록 활동을 할 수 있도록 만나주신, 경험과
고민을 나눠주신 모든 분들께 감사드립니다. 이 책에 열
분의 생애 기록을 담았습니다. 인터뷰에 응해주시고 책에
실을 수 있도록 허락해주신 열 분의 친구, 지인, 선생님들께

감사드립니다. 〈레즈비언생애기록연구소〉의 생애 기록팀
활동가들인 이다겸님, 최신영님, 한지현님, 유림님께
감사드립니다. 여러분들이 함께하지 않았다면 저 혼자
외롭게 했을 작업이에요. 함께할 수 있어서 영광입니다.
그리고 레즈비언 생애 기록이 책으로 출판될 수 있도록
어려운 결정을 해주신 도서출판 씽크스마트의 김태영
대표님과, 책 작업의 처음부터 끝을 다듬을 수 있도록
이끌어주신 백설희 편집자님께 진심으로 감사드립니다.

사랑하는 엄마에게

엄마가 안 계셨다면, 엄마가 제 엄마가 아니었다면 낼
수 없었던 책입니다. 엄마는 레즈비언인 제가 스물여섯
혈기왕성한 레즈비언이었을 때부터 여러 가지로
차분해진 마흔여섯 살의 중년 레즈비언이 될 때까지 늘
제 편이었습니다. 레즈비언인 부족한 딸을 항상 응원하고
지지하고 사랑해주는 엄마께 깊은 감사의 마음을 전합니다.
엄마, 사랑해요.

차례

수연은 1979년생으로 부산에서 40년을 거주했다. 서울에서 거주한 지는 1년
이 조금 넘었다. 종교는 없으며, 직업은 사무직 회사원이다. 현재 직장 생활과
학업을 병행 중이다.

나의 이름은 두 개입니다 / '남자 같은 아이'로 자랐던 시간들 / 레즈비언 정
체성을 깨달은 뒤 방황을 시작했다 / 드디어 레즈비언 집결지, 서울 명동에
진출하다 / 양동 집창촌에서의 잊지 못할 기억들 / 나의 레즈비언 선배들 / 나
는 남자가 되고 싶은 것이 아니었는데 / 내가 지금까지 살아남은 건 전부 어
머니의 덕 / 내 인생에 사람은 이 사람뿐이구나, 했던 15년 / 다시, 레즈비언
되기 / 여자가 여자를 사랑한다는 것

"남자를
만나고
여자를
만나고의
문제가
아니다"

은은
1988년생으로
경기도에
거주하고 있었다.

종교는
천주교이며,
당시에 회사에
다니고 있었다.

현재는 공부를
하기 위해 외국에
머물고 있다.

지금도 계속 일하고 계시고요?

네. 원래 했던 제과제빵 일을 그만두고 이직을 했어요. 지금은 전혀 상관없는 일을 하고 있어요.

아, 이제 제과제빵 일을 안 하시려고요?

네. 원래 하고 있는 공부 마치고 그만두려고 했는데, 그냥 빨리 정리했어요.

지금은 어떤 일 하세요?

쇼핑몰에서 사무 보고 전화 받고.

왜 갑자기 그렇게 이직을 결정했어요?

그 일이 쉬는 날이 일정하지 않고 주말에도 쉬기가 어렵다 보니까 '주말에라도 쉴 수 있는 일을 하자'는 생각으로 그만뒀어요. 이직하기 전에는 경력이 있으니까 괜찮았는데, 지금 이쪽으로는 전혀 경력이 없으니까 급료는 낮아졌고요. 사무직은 지원자가 너무 많으니까, 지원자가 100명이 넘고 그렇더라고요. 제과제빵 쪽은 사람이 모자라기까지 했는데. '야, 이거 진짜 사무직 구하기가 어려운 일이구나'라는 생각이 들었어요. 급료도 너무 낮고요……. 제빵 일은 정말 하고 싶어서 했던 일인데, 마음이 떠버렸어요. 일을 하면서 내가 이 일을 평생 업으로 할 수 있을까라는 고민을 했어요. 대부분의 사람들은 창업에 관심을 두고 그 일을 하는데, 저는 창업 쪽에 관심이 없고 개인적으로 비전을 찾을 수도 없었고. 오랫동안 고민하다가 상담 쪽 일을 하기로 결심하고 상담 쪽 공부를 하는 과정인데, 공부하면서 할 수 있는 사무직을 찾아 임시로 일하고 있는 거예요.

수입이 적어도 자기 시간을 운용할 수 있는 단기직을 구한 상황인 거군요?

네. 그렇게 생각하고 나왔는데, 생각보다 세상은 무섭더라고요. 경력이 없고 나이는 20대 중반이 넘었고. 다들 "왜 하던 일을 안 하고 이 일을 하려고 합니까?"라는 질문을 많이 하고는 다 떨어뜨리더라고요. 내가 생각하는 것만큼 쉽지는 않았어요, 취업이. 그러다가 최근에 구했고.

은님은 스스로 레즈비언이라고 생각하고 있나요?

네. 오래되지는 않았고, 2년 반 전에 레즈비언이라고
정체화를 했어요. 중학교 때 처음 여자를 좋아한다는 걸
알게 되었어요. 같은 반 친구를 좋아했어요. 중학교 2학년
때. 전학을 온 친구였는데, 각별하게 생각해서 친하게
지냈어요. 중3 올라가면서 싸워서 절교했어요. 절교하고
아예 보지 않고 그러면서 '아, 내가 애를 친구로서 좋아하는
게 아니었구나'라는 생각이 들기 시작했어요. 그 친구가
다른 친구랑 있으면 질투하고. 그런 생각들을 하면서
내가 그 친구를 굉장히 좋아한다는 것을 알게 됐죠. 그
친구한테 고백하고 싶었는데, 정말 못 하겠더라고요. 그때는
지금보다도 훨씬 소심해서, 몇 번씩이나 다짐하고는 했는데
결국 못 했어요. 내가 고백했을 때 그 친구가 떠날지도
모른다는 생각이 들어서 고백을 못 했던 것 같아요. 그 후에
관계를 회복하고 친구로 다시 잘 지내고 있고. 고백 건은
아주 나중에, 나중에 하기는 했는데, 지금도 친구로 잘
지내고 있어요.

아, 고백을 했어요?

네. 시간이 많이 흐른 후에 내가 더 이상 그 친구를 좋아하지
않게 된 시기에 만나서 "내가 너를 그렇게 좋아했었어"라고
말했어요. 그 친구도 편안하게 받아들였고요.

첫사랑이에요?

첫 짝사랑이죠. 그 후에 첫사랑이 시작되었어요. 첫사랑은
뜬금없이 왔어요. 그 친구를 좋아하는 걸 깨닫던 그 시기에
동성애 관련한 정보를 검색해서 찾기도 하고 그랬어요.
다음 카페 〈유이카〉라든지 그런 모임에 가입해서 커뮤니티
활동을 그때 시작하게 됐고, 〈유이카〉에서 우연히 동네에
있던 누군가를 만나게 됐어요. 사는 거리도 가깝고 해서
인터넷에서 얘기를 나누다가 동네에 있는 어느 카페에서
만났는데, 그 사람이 첫사랑이 되어버렸어요. 처음 만났을
때 반한 건 아니고요, 두세 번 만났는데 제가 개인적인
얘기를 두 번밖에 안 본 사람한테 자연스럽게, 편안하게
하고 있더라고요. 그게 처음이었어요. 저는 개인적인
이야기를 친구한테도 잘 안 하는 편인데 그런 말을 하게
되고, 그게 또 아주 편하더라고요.

그러다가 좋아하게 되었어요. 제가 좋아한다고 얘기했는데,
그쪽도 저를 좋아한다고는 했지만 심각하게 첫 사랑앓이를
하던 상황이었거든요. 2살 차이가 났는데, 제가 17살이었고,
그 사람은 19살이었고. 그 사람은 학교에는 다니지 않았고,
초등학교 때부터 사귀고 헤어지기를 반복하던 애인이 있는
사람이었어요. 그래서 그 당시에 제가 영화 한두 편 정도
찍은 것 같아요. 저를 좋아하지만 그 아이가 눈에 밟혀서 올

수 없다고 하고. 저는 "왜 나는 안 돼? 기다릴게"라고 하고.

기다렸어요?
네. 2년 정도? 기다렸어요. 연락이 계속 닿지 않는
상황이었는데. 저는 계속 그랬어요. 어려서 그랬는지 저는
평생 그 사람을 기다릴 수 있겠더라고요. 그러니까 사귀다가
그렇게 된 거예요. 제가 고등학교 1학년 때였고, 그렇게
만난 후에 100일 정도 사귄 거고요. 100일 정도 사귀었는데,
만나는 와중에도 그쪽이 전 애인하고 연락도 하면서 지내고
그랬어요. 100일 정도가 지나고 그 사람이 "첫사랑을
포기하지 못하겠다"고 하면서 떠났어요. 그래서 그때 제가
"내가 기다릴게. 언제든지 내가 필요하면 나를 찾아" 그렇게
말하고. 그렇게 헤어지고 나서 2년 동안 연락이 되다 말다,
되다 말다를 반복했어요.

그렇게 시간이 흘렀는데, 저는 제 마음이 안 변할 줄
알았어요. 나는 이 사람밖에 없다고 생각했는데 2년 정도
시간이 흐르니까 '이 정도면 됐다, 충분히 기다렸다'는
생각이 들면서 어느샌가 마음이 딱 정리되더라고요. 그때
'나도 이런데, 영원한 사랑이라는 게 있기는 할까?'라는
생각을 했어요. 제 마음이 변하는 걸 경험하면서, 확고한
내 마음도 이렇게 변했는데 '세상에 영원한 게 어디 있어?'

이런 생각을 하게 된 거예요. 그래서 조금 후 또다시 말하게 되겠지만 그런 경험과 생각을 하면서 지금 애인을 만나는 과정에서 애인을 되게 힘들게 했었어요.

아, 지금 애인이 그 사람 이후에 만나게 된 거예요?

아, 중간 중간에 그냥 스쳐 지나간 사람들이 몇 있었고, 지금 애인 만나게 되면서 "영원한 건 없어, 나를 믿지 마" 이런 말들을 하면서 마음에 상처를 주고 그랬어요. 첫사랑을 기다리던 그 시절에 〈유이카〉에서 어떤 느낌이 좋은 글을 봤어요. 그래서 연락하게 된 거죠. 연락을 조금 하다가 서로 사귀자고 하고 만났는데, 굉장히 제 스타일이 아닌 거예요.

네? 사귀자고 하고 처음 만난 거라고요?

네. 제가 그때는 그런 시절을 보냈어요. 하하하. 첫사랑을 기다리던 와중에 그 사람의 글을 보고 마음에 들어서 사귀자고 하고 만난 거예요. 제가 되게 나쁜 사람이에요. '마음은 첫사랑한테 있으니까 다른 사람들을 쉽게 만나도 된다'는 생각을 하던, 나쁜 여자였어요. 아, 이거 되게 민망하네요. 딱 만났는데 정말 제 스타일이 아닌 거예요. 아…… 정말 제 스타일이 아니었어요. 지금도 항상 그때 얘기를 애인한테 직접 말하기도 하지만. 하하. 그때 애인이 체격이 지금보다도 더 크고, 반항한다고 머리를 스포츠로 빡빡 짧게 했었어요. 저는 그런 스타일 별로 안 좋아했거든요. 그런데도 그냥 만났어요.

제 마음은 이미 다른 사람에게 있는 상황이고 기다리는 것에 확신이 있는 상태였으니까 제 스타일이든 아니든 그건 별로 중요한 게 아니었어요. 그 사람은 첫눈에 반했대요, 저한테. 지금 와서 그때 이야기를 나누고는 하는데, 제가 진짜 나쁘게 했대요. 자기 마음대로 오늘 시간 되느냐며 불러내고, 이 사람은 시간이 되든 안 되든 나오고. 제가 시간이 되느냐고 물어봤을 때, 항상 만났거든요. 그리고 중간에 애인이 수능을 볼 때, 제가 전혀 연락도 안 하고. 그러다가 내가 보고 싶을 때 시간 되느냐며 연락하고. 이런 식으로 지내다가 어떻게 날짜가 그렇게 된 건지 모르겠는데, 사귀기로 하고 나서 연말 31일이 100일인 거였어요. 그런데 애인 생일이 29일이거든요. 그런데 생일에 찰 수도 없잖아요. 이건 안 되겠다고 생각하던 중에, 생일 지나고 그다음 날인 99일째에 제가 헤어지자고 했어요. 애인도 별말 안 하고 그렇게 헤어졌어요. 헤어지고 제가 대학에 들어갔고, 대학 생활에 적응하고 하느라 정신없이 보냈어요.

그 후에 다음 해인 가을쯤에 심심해서 〈유이카〉에 들어가서

여자 사람 친구

글을 봤어요. 그러다가 되게 마음에 드는 글을 본 거예요.
그래서 또 연락을 했죠. 그랬는데 그쪽에서 저를 안다는
거예요. 아, 그러냐고. 근데 저는 도저히 누군지 기억이
안 나는 거예요…… 그러면서 서로 지역을 얘기하다가 둘
다 같은 지역에 있다는 걸 알게 됐고 금방 만나게 됐어요.
그리고 만나고 나서야 1년 전에 그렇게 헤어진 그분이구나,
그걸 알게 됐죠.

근데 되게 신기한 게, 서로 다니던 학교가 10분 거리밖에
안 되더라고요. 저는 그때 그 사람이 이 사람이라는 걸
알았지만, 그때 내가 했던 행동이 그다지 나쁜 행동이었다는
생각은 없었어요. 근데 다시 만나서 얘기하면서 새로운 걸
알게 된 거죠. 저야 아무 생각 없이, 별 의미 없이 만났던
거라 기억도 잘 안 나던 상태였는데, 그쪽에서는 저를 처음
볼 때부터 반했고 되게 좋아하는 상태로 만났던 거라는
얘기를 해주더라고요. 저는 전혀 몰랐어요. 애초에 관심도
없었고. 1년 동안 되게 힘들었고, 100일 선물도 준비했고
그랬는데, 제가 헤어지자고 해서 그 선물을 불태우고 되게
힘든 시간을 보냈다는 거예요. 그렇게 시간을 보내면서 1년
정도 지난 후에 자기도 마음을 추스르기 시작했는데, 제가
또 나타났던 거예요.

그 후에 3개월을 이것도 아니고, 저것도 아닌 상태로 만났어요. 그러다가 대학 때 같이 다니던 무리의 언니가 빼빼로데이 때 자기 애인한테 줄 빼빼로를 직접 만든다고 하면서, 너 지금 썸 타는 사람한테 아무것도 안 주면 되게 서운해할 거라고 같이 만들자고 그랬어요. 그때 학교 동기들이 제게 누군가가 있다는 사실을 다들 알고 있었거든요. 신기한 게, 의도하지 않았는데도 그때 몰려다니던 사람들이 다 이반*이었어요. 제가 티가 나는 스타일도 아닌데 어떻게 그렇게 다 모이게 되더라고요. 지금 생각해보면 본인이 혼자 만들기 싫어서 저한테 같이 만들자고 했던 것 같은데. 어쨌든 '그런가?'라고 생각하다가 빼빼로 만들어서 주면서 열아홉 살 후반에 사귀기로 한 거예요.

기억을 못 했다는 게 신기해요.

그러게요, 왜 기억을 못 했을까요? 정이 없어서 그랬던 게 아닐까요?

---

* "이반"은 보통 동성애자를 의미하는 단어로 사용된다. 사람들이 "일반적이다", "일반인"따위의 표현을 사용하니 우리나라 동성애자들이 "그래, 너희들은 일반해라! 우린 '이반'할 테니까" 이런 마음으로 만들어 사용하게 된 말이다. 이반에서의 '이'는 한자로 '다를 이(異)'를 나타내기도 하고, 숫자 2를 나타내기도 한다.

그런데 헤어지자고 말할 정도면 관계가 암묵적이나마 연애 관계였던 것 아니에요?

그니까요. 근데 그게 가능하더라고요. 재미있는 이야기가 하나 있어요. 제가 봤던 영화표를 모으는 게 취미거든요. 어느 날 그 모아놓은 표를 꺼내서 보게 되었어요. 어떤 영화표를 들었는데, 그 영화를 정말 재미있게 봤던 생각은 나는데 누구랑 같이 봤는지가 도저히 기억이 안 나더라고요. 그런데 그걸 지금 애인이랑 같이 봤다고 하더라고요. 나중에 들었어요. 심지어 팔짱을 끼고 봤다는 거예요. 신기했어요.

왜 기억을 못 한다고 생각해요?

의미 없던 관계, 의미 없던 일이라 기억에 없는 것 같아요.

그렇게 스무 살 때부터 지금까지 만나고 있는 거예요?

네. 8년 차죠.

〈유이카〉 등을 찾고 활동했던 시기가 있다고 했잖아요. 정체성에 관한 어떤 고민이나 갈등이 없던 시기인 거죠?

네. 저는 여자를 좋아한다고 생각하지 않았어요. 내가 좋아하게 되었는데 그 상대가 여자일 뿐이라고 생각했어요. 남자가 될 수도 있다고 생각했고요. 대학을 가기 전에,

지금 애인하고 헤어졌을 시기에 같이 아르바이트하던
어떤 오빠랑 잠시 사귄 적이 있었어요. 느낌이 그렇게
깊지 않아서 그저 '내가 이 오빠를 별로 좋아하지 않는가
보다'라고 생각하고 말았어요. 처음에 제가 친구를 좋아했을
때, 내가 여자를 좋아한다는 것에 대해서 뭔가 잠시 생각한
적은 있어요. '내가 여자를 좋아해도 되나?'라는 생각.
그래서 커뮤니티를 즉시 찾았고, 교류하다 보니 심각하게
고민할 이유나 여지가 없었어요. 오히려 사랑에 더 집중하고
그런 고민들을 했지, 정체성 고민을 하거나 하지는
않았어요.

커밍아웃은 언제 했어요?

중학교 때는 못 하고 고등학교 입학해서 했어요.
커밍아웃하기 전에는 아무 근거도 없이, 커밍아웃을
하면 친구들이 나를 떠날 거라는 생각을 했어요. 그런
생각을 강하게 했었어요. 그 당시에는 내게 정말 중요한
친구들이었어요. 내가 마음을 둘 곳이 없는 상태였는데,
학교에서 만난 친구들이 정말 좋았고 그 친구들이
필요했어요. 그래서 나한테는 자연스러운 일이지만 저
친구들에게는 자연스러운 일이 아니라서 친구들이 받아들일
수 없으면 어떻게 하나 하는 걱정을 했던 것 같아요. 그래서
조금 늦게 했는데요. 고등학교 올라가서 중학교 친구들에게

커밍아웃을 했어요. 그 전에는 아무에게도 얘기하지
않았어요.

그렇게 중학교에서 같이 고등학교에 올라간 친한 친구가
있었는데, 그 친구가 옆 반이었어요. 그래서 그 친구
반에 자주 놀러 갔었는데요. 거기에 굉장히 예쁜 애가
있었어요. 그 애와 친구하고 싶을 정도로. 그런데 그 아이가
레즈비언이었던 거예요. 그때 아무에게도 커밍아웃하지
않았는데, 서로 레즈비언인 걸 눈치채고 더 친하게 지낼
수 있었어요. 그게 최초고. 그다음이 중학교 친구들에게
고등학교에 올라가서 한 거예요. 원래 더 빨리 하고
싶었는데, 커밍아웃을 하고 나면 나를 떠날 수도 있을
거라는 생각이 들어서 못 하고 있다가 고등학교 올라가서
하게 됐어요. 커밍아웃을 했는데 친구들이 "알고 있었어.
그럴 것 같더라." 이렇게 말하더라고요.

(이렇게 연애, 친구들, 커밍아웃에 관한 이야기를
나누다가 자연스럽게 현재의 애인과 겪었던 일들에 관해
말씀해주셨는데요. 은님의 아픈 가족사와 연결되는 부분이
많았어요. 그래서 이 부분은 드러내기가 곤란하다고 판단하여
공유하지 않기로 했답니다. 그래서 이후 내용과의 흐름이
다소 끊기는 느낌입니다. 이해해주시리라 믿어요.)

제가 힘들고 어려운 상황에 있을 시기에 애인이 개인적인
이유로 대학교를 자퇴하고 제가 머물고 있던 동네로
이사를 왔어요. 그 당시 애인은 막무가내로 집을 나온
거라 집에서 어떤 지원이 있는 상황도 아니었어요. 그래서
애인이 처음에는 아주 작은 고시원에 들어가서 살다가,
조금 더 큰 고시원으로 이사하고, 이후엔 화장실이
있는 고시원, 그러다가 작은 원룸에도 살고, 그다음엔
오피스텔을 구해서 살게 되었어요. 그 시기에 저도 머물고
있던 곳에서 나와야 해서, 그때부터 같이 살게 되었어요.
저는 돈이 없는 시기였고요. 그사이에 돈을 벌 수 있는
여건이 안 됐었거든요. 모아놓은 돈이 있기는 했지만,
이래저래 가족에게 들어가는 일들도 잦았고요. 가족에게 다
들어갔어요. 애인하고 3년 정도 만나던 때였지만, 돈을 한
푼 보태지 않는 상황에서 합치는 것에 관해서 고민을 많이
했어요. 함께 살다가 트러블이 생길 때 내가 작아지는 일이
있지 않을까 하는 걱정도 많았어요. 그런데 애인이 걱정하지
말라고 말해주고, 심지어 오피스텔을 구했을 때 명의를
공동으로 해주더라고요. 그 마음이 참 고마웠어요.

가족에게 경제적인 지원을 계속해야 했던 상황이군요.
네. 그 부분이 많이 힘들었고, 애인과의 관계에서도 늘
문제였어요. 애인이 저한테 어떤 부담을 줘서 그런 게

아니라, 내가 아무리 열심히 일해서 돈을 모으고 모아도 다시 가족에게 돈을 보내야 하는 어쩔 수 없는 상황이 반복되면서 제 마음이 너무 힘들었어요. 연애 5년 차, 6년 차쯤에 애인이랑 같이 호주로 워킹 홀리데이를 떠났어요. 진짜 열심히, 고생도 많이 하면서 꽤 큰돈을 모을 수 있었어요. 고생도 많이 하고, 사기도 당하고요. 그렇게 모은 돈도 보내야 했어요. 정말 이루 말할 수 없는 고통이었어요. 그 돈은 제 돈이 아니라 둘이 같이 모은 거잖아요. 그런데 애인이 그냥 보내자고 하더라고요. 결국 보냈어요. 그 돈을 보냈어요.

그런데 그렇게 돈을 보내고 나서 무슨 생각이 들었냐면, 굉장히 이기적인 생각이었는데요, 이런 생각이 들더라고요. '나는 늘 가진 게 없고, 돈을 모아도 이렇게 되기 일쑤고. 내가 한국에 가면 당장 돈이 없는데, 나는 그러면 어떻게 한국에서 살 수 있을까?' 이런 생각들이 휘몰아치는 거예요. 그때를 계기로 '남자를 만나야겠다'는 생각을 처음으로 했어요. 옆에 사람이 있는데 그런 생각을 하기 시작했던 거예요. 연애 6년 차 정도에 있던 일이에요. 여름에. 엄청난 생각을 했었어요. 경제력 문제로 혼자 많이 고민했어요.

나는 경제력도 없고 자신도 없고요. '한국에서 여자로

살면서 여자를 만나 살면서 경제적인 부분을 해결할 수 없을
것 같다'는 생각이 들었어요. '그래. 한국에 가면 남자를
만나야겠다'고 생각했어요. 그 돈을 그렇게 보내고 난 뒤에
대성통곡을 하면서 애인한테 "나는 이렇게 못 살 것 같아.
이렇게 아무것도 믿을 게 없는데, 자신도 없는데 어떻게
살아야 할지 모르겠어"라고 말했어요. 그랬더니 애인이
저를 위로하면서 "괜찮아, 괜찮아. 네가 하고 싶은 대로 해.
남자 만나도 돼"라고 그렇게 말해주는 거예요.

그렇게 불안정한 시간을 보내고, 이렇게 불안정한 내 옆에
있는 그 사람도 불안해하고 고생하고. 그러다가 어느
날 문득 갑자기 이런 생각이 들더라고요. '내가 나로서
서야겠다. 남자를 만나고 여자를 만나고의 문제가 아니다.
내가 바로 서야겠다. 그래야 내가 어떤 선택도 할 수 있고,
어떤 선택을 하지 않을 수도 있다'는 생각이 들더라고요.
그런 생각이 들고 나니 그제야 내 옆에 있는 사람이
분명하게 보이기 시작했어요. 어쩌면 바로 그때 제대로
정체화를 했다고 볼 수 있어요. '나는 레즈비언이야'라는
의미에서의 정체화가 아니라, '내가 바로 서야 한다. 바로
서야 내가 온전하게 내 선택으로 누구든 만날 수 있는
거다. 그 상대방이 여자인지 남자인지도 내 선택이어야
한다'는 생각을 하기에 이른 거예요. 그 후부터 내 옆에

있는 사람에게 충실하게 대할 수 있었고. 특별히 '나는 레즈비언이다'라는 정체화를 한 상태가 아니었는데, 그런 의미에서 처음으로 확실하게 '나는 레즈비언으로 살 거다' 이런 생각이 들기 시작했어요.

애인에게 상장 하나 만들어줘야겠어요.

아, 그러네요. 좋은 이벤트가 될 것 같네요. 참 고마운 사람이에요. 이루 말할 수 없이 좋은 사람이에요. 제가 정말 못된 사람이었거든요.

이유가 있었잖아요.

이유가 있었지만 그래도 너무 못되게 굴었어요. 제가 너무 불안정했고. 불안정한 상태의 나쁜 짓을 애인에게 다 퍼부었던 것 같아요. 그러다 마음의 안정을 찾을 수 있도록 애인이 많이 도와주었고. 그래서 마음의 안정을 찾을 수 있었어요. 안정된다는 것이 얼마나 좋고 편한 건지 처음 알았어요. 무엇보다 나라는 사람이 마음의 안정을 찾았을 때 뭐든 할 수 있다는 마음을 가지게 된다는 것도 알았어요. 나라는 사람의 어떤 가능성을 새롭게 발견했다고 할 수 있어요.

그 후부터 애인과의 관계에 대한 상이 많이

변했겠네요.

네. 그랬어요. 서로 많이 달라서 싸우기도 하고 했는데,
그래도 이렇게 잘 지내오고 있어요. 그런데 가끔씩 이렇게
많이 다른데 어떻게 우리가 잘 지내고 있는지 그 부분이
의아하기도 했었어요. 근데 얼마 전에 수진님이 이런 말을
했어요. 애인과의 관계에서 세계관이 같거나 비슷한 것이
중요하다고요. 그 말을 듣고 보니까 우리가 그렇다는 생각이
들더라고요.

그러니까 우리 둘은 기본적인 가치관이나 세계관이 같아요.
같은 가치관을 가지고 있지만 다만 그것을 목표로 두고 가는
과정에서 수단이 굉장히 다른 것 같아요. 예컨대 영원한
사랑을 믿는 것은 둘이 똑같아요. 그런데 저는 그 영원한
사랑이라는 목표를 향해 가는 과정에 굉장히 많은 노력을
기울여야 한다고 생각하고, 애인은 과정보다는 "영원한
사랑이 있다"는 확신 자체에 더 의미를 두는 거죠. 이런
차이점들은 있다는 생각이 들더라고요. 이런 차이들이
있어서 싸움도 많이 했고요. 수진님도 그런지 모르겠는데,
오래 살고 하다 보니까 이 부분이 굉장히 좋아서 끌렸던
건데 오히려 그 부분이 굉장히 스트레스로 다가오는 점이
있어요. 그 무던하고 한결같음이 너무 답답할 때가 있어요.
사람 마음을 되게 몰라요. 하나부터 열까지 다 얘기해줘야

알아요. 이런 부분 때문에 자주 싸워요. 나는 왜 내 마음을
모르느냐고, 왜 꼭 말해야 아느냐고 하고.

말을 해야 알죠. 하하하.
하하하. 그런 건가요? 그런 거군요.

그런 대화 끝에 결말은요?
애인은 내게 "내가 조금 더 먼저 알고 이해하려고
노력할게"라고 말하고, 저는 "그래. 모를 수 있어. 내가 네가
모를 수 있다는 것을 인정하려고 노력할게"라고 하고요.
그렇게 싸우고 노력하기를 반복하면서 오래오래 평생
그렇게 살아갈 것 같아요.

**제 생각에는 싸우고 노력하는 것을 반복하는
것만큼이나 포기하는 마음을 내는 것도 참 중요한
것 같아요. 안 되는 건 안 되는 걸로 빨리 정리하는
것도 방법이더라고요. 서로 너무 달라서 결국 화해할
수 없는 부분들이 있어요. 저도 눈치가 정말 없는
편이서요. 하하. 아, 조금 앞으로 돌아가서 듣고 싶은
이야기가 있는데요, 고등학교 올라갈 때 중학교
친구들에게 처음 커밍아웃을 했다고 했잖아요. 그
이후에도 커밍아웃은 이어졌던 거죠?**

네. 첫 스타트를 계기로 굉장히 여러 사람들에게 커밍아웃을
했어요. 굳이 우리 둘이 만나는 사실을 숨기고 싶지
않았어요. 주위 어른들에게도 하고 만나는 친구들에게도
자연스럽게 하고요. 직장 사람들도 아는 눈치였고요. 저는
우리 관계를 숨기고 싶지 않았어요.

커밍아웃을 했던 어떤 언니가 이런 말을 한 적이 있어요.
"지금 네 애인이 참 좋은 사람인데, 남자였으면 더 좋았을
텐데. 그래도 애인이 네 옆에 이렇게 있어서 참 다행이다."
이런 말을요. 기분 나쁜 말은 전혀 아니었고요. 그냥 약간의
아쉬움을 표현하는 말이었다고 생각해요. 그리고 그 언니가
이런 말도 해줬어요. 제가 애인하고 너무 자주 싸우고
힘들다고 말했을 때, 언니가 제게 "네가 느끼는 것보다 훨씬
더 깊은 사람인 것 같아. 너의 힘든 부분을 다 포용해줄 수
있는 깊은 사람이야. 너를 받아준다고 함부로 생각하지
마"라고요. 그 말을 듣고 처음으로 제가 애인에게 함부로
하는 면이 있다는 생각을 했던 적이 있어요.

애인의 가족들은 이 관계를 알고 있나요?
애인이 이미 어렸을 때 여동생에게 커밍아웃을 한 상태에서
저를 만난 거라 동생은 초창기부터 알고 있고요. 다른
가족들에게 직접적으로 커밍아웃을 하지는 않았어요.

하지만 애인이랑 같이 살기 시작하면서 가족들에게 저를
알리게 된 거죠. 그러면서 조금씩 저에 관한 좋은 정보들을
흘렸어요. 그래서 그쪽 어른들이 저를 방황하는 청춘으로
보지 않고 성장하는 청춘으로 좋게 봐주시고요. 조금씩
왕래도 잦아졌어요. 어머니 도움도 많이 받았고요. 저는
가족과의 왕래가 없게 되었고, 애인 가족들이 저를 딸로
생각하고 그렇게 받아들여 주신 분위기예요. 아주 가끔 둘이
사귀는 게 아닌가 하는 것 같기는 해요. 우리가 서로 썼던
러브레터를 두 번 정도 걸리기도 했고. 그럴 때마다 애인이
"친구끼리 장난하는 거야" 이렇게 말하고, 동생도 "엄마,
여자애들끼리는 원래 이렇게들 놀아"라고 지원도 해주고.
그렇게 넘어간 일들이 있어요. 그래도 동생한테 둘이 사귀는
게 아니냐고 묻기도 하시는 걸 보니까 뭔가 알고 계신 것
같기는 해요. 하지만 드러내서 그런 말씀을 직접 하거나
그러지는 않으세요. 시간도 많이 흘렀고요. 다른 가족들도
눈치를 채고 있을 것 같기는 한데 우리는 한마디도 하지
않았기 때문에 어쨌든 공식적으로 많이 친한 친구인 거예요.

그러면 앞으로도 이 모드를 유지하고요?
아니요. 우리 둘이서는 이렇게 말하고 있어요. 제가
30대 중반쯤에 경제적으로 안정되면 그때 우리 관계를
알리자고요. 여자 둘이 사는데, 경제력이 없는 상태에서

말씀드리는 건 아닌 것 같다는 생각이 들었어요. 우리
둘이도 충분히 잘 살 수 있다는 어떤 확신을 드리고 싶어요.
물론 지금까지도 우리 둘의 힘으로 성장하고 그 성장하는
모습을 모두 보여드리고 있지만, 어떤 안심을 시켜드리고
싶어요. 우리는 지금 잘 보내고 꼭 커밍아웃을 하기로
했어요. 인정받고 싶어요. 우리의 성장을 보여드리고, 우린
여자 둘이서도 충분히 살 수 있다는 걸 보여드리고 싶어요.

**멋있어요, 두 분. 아, 만나는 레즈비언 친구들은 많은
편이에요?**

제가 커밍아웃을 하지 않았음에도 불구하고 이상하게
주변에 늘 레즈비언이 많았어요. 심지어 제가 외모로 티가
나는 것도 아닌데도 사람들은 다 알더라고요. 지금 생각해도
진짜 신기한 일이에요. 고등학교 때도 그랬고 대학에 와서도
그랬고요. 애인이랑 같이 레즈비언 커뮤니티에서 이런저런
활동을 하면서 만났던 많은 분들이 있어요. 저희랑 비슷한
시기에 사귀기 시작했던 언니들도 공유할 수 있는 것들이
많아서 만나고 있고요. 커플 친구들도 있고. 그 커플들이
헤어져서 또 각자 새로운 애인을 사귀면 또 아는 사람들이
늘어나고 이렇게요.

은님 얘기가 참 재미있어요.

재미있어요? 오래간만에 재미있는 일인 거예요?

네. 재미있어요. 얼마 전에 국민임대 됐다고 했죠?
완전 축하드리고요, 그 얘기 좀 해줄 수 있어요?
우리가 노력해서 같이 벌고 모으고 하면서 살아왔는데,
적금도 부어야 하고 생활도 해야 하는 상황에서 매월 월세
50, 60만 원 나가는 게 너무 안타까웠거든요. 이래서는
돈을 모을 수가 없겠더라고요. 지금 당장이야 살 수 있지만,
나이가 더 든 후를 생각하면 앞이 캄캄한 거예요. 그러던
중에 우연히 국민임대를 알게 되었어요. 당첨되기가
어렵다고 알고 있었는데 알고 지내던 게이 오빠가 된
거예요. 그래서 우리도 시도해봤던 거죠. 경쟁률이
세더라고요. 두 번 넣었는데 두 번 다 안 됐어요. 그러다
포기하고 그냥 넣었는데 세 번째에 된 거예요. 되게 운이
좋았어요. 거기가 지리적으로 외진 곳이었어요. 그래서
우리가 가산점이 하나도 없었는데도 된 거예요! 둘 다
됐어요. 평수를 달리해서 넣었거든요. 그래서 조금 더 큰
평수로 된 거예요.

10년 정도 살 수 있는 거죠?
네. 10년이요. 10년 바라보고, 아주 적은 월세 내고요.
그리고 보통 월세는 집주인을 아주 잘 만나야 하잖아요.

그런데 당분간 집주인 신경 쓰고 그럴 일이 없어서 참
좋아요. 다시 생각해봐도 되게 신기해요. 특히 이런 게 참
좋아요. 우리 둘이 노력해서 뭔가 상황들이 조금씩 좋아지고
있다는 느낌이 들어서요. 얼마 전에 이런 말을 나눴어요.
"우리가 원래 상황이 좋은 사람들이었다면 우리 힘으로
이렇게 조금씩 나은 상황을 만들어나가는 이런 느낌, 기쁨을
알지 못했을 텐데, 이렇게 성장할 수 있는 걸 경험하는 게 참
좋다." 이렇게요. 그래서 우리는 우리가 앞으로는 얼마나 더
좋아질지 그 생각을 하면 두근두근거려요. 이번에 집 되니까
진짜 신기하더라고요.

곧 집도 사겠네요.
네. 30대 중반에는 집도 사야죠.

**오늘 시간 내주시고, 말하기 편하지만은 않았을 텐데
경험 나눠줘서 정말 고마워요.**
네. 저도 감사해요!

달
로

'니들이
몰라도
나는
여기에
있지!'

달로는
1991년생으로
서울에 거주하고
있다.

종교는 없고,
인터뷰 당시
직업은
대학원생이었으나
현재는 회사에
다니고 있다.

특별한 질문지는 없어요.
산으로 가면 어떻게 해요?

괜찮아요. 시작하기 전에 우리가 잠시 대화했지만,
정체성이나 정체화하는 문제에 관해 어떻게 생각해요?
지난번에 이야기했던 적이 있었던 것 같은데요, 정체화나
정체성을 카테고리화하는 문제에 있어서요. 생각해봤는데,
그런 게 필요했던 시기가 있었던 것 같아요. 10대 후반에
처음 여자를 좋아한다는 것을 알게 되고, 연애할 때
'내가 레즈비언이구나'라고 정체화를 하는 게 저에게는
되게 중요했던 것 같아요. 나와 비슷한 사람을 만나보고
싶고, 이런 사람이 이상하지 않고, 나 말고도 있다는 것을
확인받고 싶어 하는 마음이 있었던 것 같아요. 대학에
들어간 뒤의 저는 운이 좋은 편이었다고 생각해요. 굳이

학교에 있는 성소수자 동아리를 들어가지 않아도 친구들 중에 레즈비언이나 바이들이 꽤 있었어요. 그래서 그냥 자연스럽게 지낼 수 있었고. 2014년 정도부터 정체화하는 것에 대해서 후회랄까, 회의감 같은 게 들더라고요. 그런데 1, 2년 전부터 여성주의에 관심을 가지기 시작하면서 생각이 많이 바뀐 것 같아요. 지금은 레즈비언이라고 생각은 해요. 사실 '레즈비언에 가까운 사람이겠다'고는 생각하지만, 특별하게 딱 고정하거나 정체화를 하고 싶지는 않아요. 그런데 '시스젠더인 헤테로 남성을 만나는 일은 없지 않을까?'라고 생각하고는 있어요.

정체화에 관한 생각이 달라진 계기나 이유가
여성주의였던 건가요?

네. 제가 원래 페미니즘이나 LGBT 운동에 관심이 없던 편은 아니었어요. 고등학교 때도 열심히 찾아보는 편이었고요. 그런데 대학에 와서 연애를 했는데, 그때 만나던 애인이 활동을 좋아하지 않았어요. 그래서 그냥 묻어놓고 살았어요. 제가 연애를 하면 완전히 연애에 집중하는 사람으로 바뀌는 편이거든요. 그래서 애인이 싫어하는 건 안 하고, 애인이 싫어하는 건 별로 생각하고 싶지도 않고 그랬어요. 그러다 그 애인하고 헤어지면서 다시 관심을 가지게 되었던 것 같아요.

**'레즈비언인가?'라는 생각을 하게 된 건 누구를
좋아하면서부터인가요? 그 이전부터였어요?**

그 이전에도 어떤 느낌은 있었는데, 그걸 확실하게 알지는
못했어요. 중학생일 때요, 같이 다니던 친구에게 친구
이상의 감정을 항상 느꼈는데, 그거를 사랑의 감정이라고
생각하지 않으려고 했던 것 같아요. 그 시기에 남자
친구들을 많이 만났었어요. 그런데 한 명도 오래간 적이
없어요. 사귀었던 거예요. 그런데 오래가지 못했어요. 주변
친구들도 그 나이 또래 남자애들하고 연애를 하고 그랬는데,
저도 그랬던 것 같아요. 중학교 1학년 때부터 연애를
했었어요. 그런데 남자 친구를 만날 때보다 그냥 그 친한
친구랑 있을 때가 더 재미있었어요. 저는 집에 들어가면
연락이 안 되는 사람인 거예요, 상대 남자 친구들에게는.
아마 제가 그 관계들을 별로 중요하게 생각하지 않았던 것
같아요. '관심도 별로 없는 상태로 만났던 게 아니었을까?'
그런 생각이 들어요. 주변 친구들이 애인을 사귀고 소개를
해줄 때 거절을 못 하는 편이었거든요. 그러다 보니까 그냥
한 달 혹은 길어야 100일 정도 만나고 헤어지고 하는 경우가
많았어요.

**어, 제가 제안하는 소개팅은 매번 거절하시던데요.
매우 완강하게.**

하하, 그건 10대 때 그랬던 거고요, 지금은 거절을 잘하는
사람이 되었죠.

아…… 아까 하던 얘기 계속해주세요.
뭔가 그때는 정확하게 '내가 얘를 좋아하거나 사랑한다'는
느낌보다는 '얘한테 더 잘해주고 싶다, 얘가 나를 마음에
들어 하면 좋겠다'는 생각을 많이 가지고 있었던 것 같아요.
그러다가 얘랑 '사귀고 싶다'는 생각을 한 건 고등학교
들어가서부터였어요.

**중학교 때는 여자 친구랑 연애를 하거나 그렇지는
않았네요?**
네. 안 했어요. 동성애 뭐, 이런 게 제 머리에도 없었어요.

여고였나요?
중학교, 고등학교 다 남녀 공학이었어요. 저는 중학교
때부터 남자애들을 별로 좋아하지 않았어요. 남자애들이랑
연애를 했던 건 중학교 시절이 끝이에요.

당시에 동성애자인 친구가 있었나요?
없었어요. 주변에 누가 사귀는 친구라고 알고 있던 그런
경험도 없었어요. 소문이 난 경우도 없었고요. 아마 제가

관심이 없었기 때문에, 있었더라도 모르고 지나쳤을
거예요. 저는 혼자 되게 어두운 노래 듣고 좀 그런 애였던 것
같아요. 또래 친구들에게 큰 관심은 없었고, 친한 친구들이
뭔가를 하면 같이하고 싶어 하고 그랬던 것 같아요. 그 외의
사람들에게는 별로 관심이 없었어요.

고등학교에 들어와서 레즈비언이라는 단어를 알게 됐어요.
처음 접했던 건 고등학교 1학년 때였어요. 선생님 중 한
분이 여대 출신인데 자기 학교에 레즈비언 커플이 있었다는
얘기를 하면서 반 전체가 굉장히 "그게 뭐야?" 이런 식으로,
되게 우습게 얘기하는 분위기가 된 적이 한 번 있었거든요.
그때는 제가 정체화를 했던 때도 아니고요. 물론 그런
웃는 분위기가 불편하기는 했어요. 그렇다고 그런 반응이
특별히 잘못됐다는 생각을 하지도 못했던 것 같아요.
그런데 돌이켜 생각해보면 되게 기분이 나쁘더라고요.
분명히 그 반에도 있었을 텐데 말이죠. 교육자답지 않은
사람이었죠. 분명히 있었을 거거든요. 정확히 제 친구들
중에 있던 건 아니었는데, 여중을 나온 애들이 있었어요.
걔들이 "우리 학교에는 그런 애들이 있었다. 하키부에
있는 언니들이 와서 누구한테 뽀뽀하고 그랬다" 뭐 이런
얘기를 하더라고요. 그때부터 슬슬 알게 되었던 것 같아요.
고등학교 1학년 때였죠. 그때 같은 반이었던 친구랑 2학년이

되어서 사귀었어요. 친구였는데 그 친구가 저에게 스킨십을
과하게 했었어요. 다른 친구들에게는 안 그랬는데 저한테만
그러더라고요. 그런데 별로 기분이 나쁘지 않더라고요.

우와, 어떻게 사귀게 되었어요?

누가 먼저랄 것도 없이 그냥 자연스럽게 사귀게 됐어요. 그
친구가 저를 먼저 좋아했던 것 같아요. 그런데 어느 날 정신
차리고 봤더니 저도 좋아하고 있더라고요.

그 친구는 전에 여자 친구를 사귀어본 적은 있었대요?

없었어요. 시작이 되게 조심스러웠어요. 버디버디 같은
인터넷 채팅으로 얘기를 하다가 그 친구가 저에게 "할 말이
있다"고 했고 저도 "할 말이 있다"고 하고. 그렇게 둘이
서로 동시에 고백을 했어요. 서로 상대방이 무슨 말을 할지
짐작은 하고 있었던 것 같아요. 그래서 "동시에 얘기를
하자"고 했고, 동시에 고백하고 사귀었어요.

오⋯⋯ 낭만적이네요! 그 친구는 지금 어떻게 지내요?

모르겠네요. 저랑 헤어진 뒤로는 여자를 만난 적은 없는 것
같고, 전해 듣기로는 남자 친구가 있고 결혼도 할 것 같다고
그러더라고요. 생각해보면 그 친구는 레즈비언이라는
단어도 굉장히 싫어했고 부정했던 것 같아요. 저는 그

친구를 만나면서 오히려 '공부를 해야겠다'고 생각한
반면에 그 친구는 "우리가 사귀는 거는 그렇게 특별한 거는
아니지?"라고 말하는 느낌을 주었어요. '레즈비언'이라는
단어 자체를 굉장히 안 좋아했어요. 처음부터 어떤 두려움을
갖고 시작했던 것 같아요.

오래 만났어요?

오래 못 갔어요. 100일 정도 사귀었어요. 고등학교 2학년
2학기 때부터 사귀었는데, 3학년 올라가면서 그 친구가
수능도 준비해야 하니까 그만하자고 했어요. 생각해보면
제가 집착이 되게 심했던 것 같고. 그 시기에 어떻게 해야
할지 잘 모르겠더라고요. 시작은 굉장히 낭만적이었는데,
끝이 썩 좋지는 않았어요. 그 친구가 그 관계를 두려워했던
것 같기도 해요. '비정상'이라고 생각했던 것 같기도
하고요. 그런데 저도 어렸으니까 그런 부분에 대해서 잘
알지 못하고, 처음이었으니까 더 그랬을 거고. 그리고 제가
질투가 굉장히 많은 사람이에요.

지금도요?

지금은 많이 나아진 것 같기는 한데, 또 모르겠어요.
앞으로는 어떨지 모르겠네요. 그때는 질투하는 것 자체를
스스로 주체를 못 하는 거예요. 그래서 옆에 누가 와서

앉아 있거나 그러기만 해도 눈에 불을 켜고 그러니까, 그런 제 모습을 부담스러워하는 것 같기는 하더라고요. 이런 제 모습이 헤어지는 원인 중 하나였다고 생각하고 있어요. 간다고 해서 잘 놔주고 혼자서 되게 힘들어했죠. 헤어지자고 하는 것도 인터넷으로 말했어요. 제가 생각할 때, 얘가 이전만큼 나를 좋아하지 않는 것 같으니까 큰마음 먹고 물어봤거든요. 그랬더니 "좋아한다, 친구로서 좋아한다"라고 얘기하더라고요. 엄청 울었죠. 그렇게 3학년이 되고 반이 달라져서 그렇게 그냥 정리되고.

그렇게 실연의 고통에 휩싸이고, 그 고통을 공부로 승화시켰겠네요.

하하, 공부로 승화시키지는 않았고요. 겨울 방학 때 밥을 거의 안 먹어서 몸무게가 40킬로그램 초반까지 갔어요. 엄마랑 선생님은 제가 다이어트를 한다고 생각했던 거예요. 제가 너무 안 먹으니까 얼굴도 굉장히 안 좋았었고요. 선생님이 다이어트하지 말라고 말씀하시고. 그러니까 뭔가 이중으로 서러웠죠. 밥을 안 먹은 이유가 밥이 안 들어가서 안 먹은 건데. 헤어지고 잠을 정말 많이 잤어요. 도피하듯 잠만 잔 것 같아요, 그 겨울 방학에. 그러다 보니까 개학한 뒤에 제 몸이 말이 아니더라고요. 이제는 헤어져도 그렇게 못할 것 같아요.

하하. 힘들어서? 체력이 안 받쳐줘서요?

하하하, 네.

그 친구랑 사귀는 동안, 자기들 관계를 아는 다른 친구들은 있었어요?

있었어요. 같이 놀던 무리가 있었는데 그 무리한테는 얘기를 안 했어요. 그런데 다른 친구한테 둘이 같이 얘기했던 적이 한 번 있었어요. 아마 사귀는 거를 되게 말하고 싶어 했던 것 같아요. 자랑하고 싶은 마음으로요. "내가 얘랑 사귄다, 우린 커플이다" 이런 말을 하고 싶었고, 그 친구가 무난하게 잘 받아줬어요. 그 친구는 같은 반 친구였고요.

같이 놀던 친구들에게는 왜 안 했어요?

저도 그걸 가끔 생각하고는 하는데요. 아마 그 친구들이 눈치를 채고 있기는 했을 거예요. 그중 한 친구가 저에게 이런 말을 해준 적이 있어요. "네가 어떤 사람이든 상관없어"라고요.

오, 그 장면도 참 낭만적이네요!

네, 맞아요. 그 친구의 말이 굉장히 위로가 되었어요. 그 친구가, 제가 커밍아웃을 하지 않아도 알고 있던 유일한 친구였을 거예요.

그렇게 100일 정도 사귀고 헤어진 거군요.

네. 그때 헤어지고 저는 '나는 사람을 오래 못 사귀는
사람인가?' 이런 생각을 했었어요. 100일 이상을 사귀어본
적이 없으니까요. 남자 친구들하고도 그랬고, 그 여자
친구와도 그랬고. 그러고 보니까 남자 친구들한테 차인 적은
없는데, 여자 친구들한테는 다 차였네요.

**어렵기는 했지만, 중학교 때 남자 친구들도 사귀고
했잖아요. 그리고 고등학교 때 처음 여자 친구를
사귀었잖아요. 뭔가 다르던가요?**

완전히 달랐어요. 스킨십에 거부감이 전혀 안 들었어요.
남자애들을 사귈 때는 거부감이 있었던 것 같아요. "이
이상은 안 했으면 좋겠다"고 말할 정도로요. 손을 잡는 것도
별로 안 좋아했던 것 같아요. 그 부분도 스스로 '아, 나는
원래 스킨십을 안 좋아하는 사람이구나'라고 생각했어요.
뽀뽀하는 것도 싫고. 그런데 애랑 사귀니까 그냥 다 되는
거예요.

**그때, 그 친구는 자기혐오를 하는 상황이었다면 자기는
오히려 공부를 했다고 했잖아요. 어떤 걸 찾아봤어요?**

커뮤니티를 찾아볼 생각을 하지는 못했어요. 저는 책을
찾아봤어요. 게이나 레즈비언 관련 서적이요. 굉장히

신기한 책들이 많았어요. 제가 몰랐던 다양한 정체성들에 대해서 말하는 책들이요. 10대들이 부모에게 커밍아웃을 하거나 아우팅을 당한 에피소드가 담겨 있는 책도 읽었고, 그 책을 읽으면서 위안을 많이 받았어요. 학교 도서관에 그런 책들이 있었어요. 그래서 도서관에서 읽었어요. 되게 작은 공간이었지만 그런 책들도 있더라고요. 책들을 읽으면서 위안을 많이 받았어요. 책 내용 중에 할머니에게 커밍아웃을 한 얘기도 있었는데, 그 할머니가 되게 잘 받아준 거예요. 할머니가 "나는 나치 시대를 겪은 사람인데, 사람을 혐오하고 차별하는 게 얼마나 잘못된 일인지 잘 아는 사람이다"라고 말하면서 굉장히 따뜻하게 받아주는 이런 내용도 담겨 있고. 그 시기에 읽었던 도서들은 또 전부 외국 번역 도서였어요. 커뮤니티가 있다는 걸 알게 된 건 대학에 와서였고요, 고등학교 때에는 검색을 하면서 이반 바가 있다는 건 알기는 했어요. 고등학생이었으니까 가본 적은 없어요.

자기는 편안하게 받아들인 편이네요.
네. 그랬어요. 특별히 잘못됐다는 생각을 해본 적은 없었던 것 같아요. 또래들 중에도 동성애를 못 받아들인 애들이 있었고, 사귄 애도 그랬는데, 저는 왜 그렇게 편안하게 잘 받아들였는지 그 이유는 잘 모르겠어요. 아마 '내가 좋아하는데, 뭘!' 이런 공격적인 마음이 있었던 것 같아요.
얼마 전에 동생이랑 얘기를 나눈 적이 있는데, 저는
동생에게 커밍아웃을 했어요. 내가 좋아하는 상대가 있고
그 사람이 어떤 성별이든 무슨 상관인가 이런 이야기요.
부모님이 보수적인 분들인데 우리는 왜 이렇게 다른 생각을
하는지는 잘 모르겠어요. 아마도 너무 보수적인 분위기여서
반발심이 어떤 작용을 하나 싶기도 하고, 자기애가 커서
그런 것 같기도 하고 그러네요. 그런데 자기애가 있는 건
맞는 것 같은데. 연애하면서 제가 집착하는 걸 보면 약간
뒤틀린 사람 같기도 해요. 그 상대에 대한 사랑이 굉장히
커서 남들이 우리를 뭐라고 하든 상관없다는 느낌인 것
같네요.

그것 때문에 대학 때 사귀었던 사람과는 싸운 적도 있어요.
길에서 아무렇지 않게 손을 잡고 그러니까. 그때도 그게
잘못됐다고 생각하지도 않았고, 지금도 그건 그런데,
대학에서 만난 애인이 그걸 조심스러워했어요. 아마 그
사람이 아우팅을 당한 경험이 있어서 그랬던 것 같아요.
손을 잡고 가다가 아는 사람이 지나가거나 하면 손을 놓고
그랬었죠. 물론 사람들이 볼 때는 이상하게 보이기는 했을
거예요. 그 사람이 제게 "조심했으면 좋겠다"고 했었는데,
당시에 저는 납득을 못 했던 거죠.

고등학교 때 그 친구와는 그렇게 헤어지고는 별일이 없었어요?

헤어지고 나서 제가 친구에게 커밍아웃을 했어요. 뭔가 속에서 말하고 싶어 했어요. 그 친구에게 얘기했죠. 3학년 1학년 때, 처음 만난 친구랑 놀러 갔다가 했어요. 그런데 그 친구도 잘 받아줬어요. 저는 커밍아웃을 했을 때 실패했던 적은 없어요. 실패 비슷한 것을 한 적이 한 번은 있지만요. 그 이후로는 고3 시기는 그냥 그렇게 지냈어요. 그 친구 이후로는 커밍아웃을 한 친구는 없었고요.

애인 만나면서 친구 한 명에게 커밍아웃을 했고, 헤어지고 나서도 또 다른 친구 한 명에게 커밍아웃을 한 거네요.

네, 그랬죠.

그리고 대학에 진학했네요?

네. 대학에 가서 연애를 빨리 시작했어요. 연애를 빨리 시작하는 바람에 동기 중 친구는 별로 없었어요. 그때 소문도 다 났고요. 사실 저는 대학에 들어가서 연애할 생각이 없었어요. 그때까지도 상처가 남았었는지, 혼자 흑백 톤인 사람처럼 '앞으로 연애는 하지 않을 거야' 이렇게 생각하고 지냈어요. 그런데 대학에 들어가자마자 사귄 거죠.

그때도 그 사람이 또 저를 먼저 좋아해서 사귀었죠. 경험도
많은 레즈비언이었어요.

아, 그분이 손을 뿌리쳤다는 그분인가요?

네, 맞아요. 처음에 저한테 이쪽 사이트를 아느냐고
물었어요. 그래서 전혀 모른다고 했고요. 그랬는데 사실은
거기에서 그냥 포기하려고 그랬대요. 쟤는 아닌가 보다
하고요. 레즈비언인 것 같아 보여서 물어봤는데 모르겠다고
하니까요. 그렇게 포기했나 싶었는데, 주변에서 "요즘
애들은 그런 거 잘 몰라" 하고 얘기해준 사람이 있었나 봐요.
결국 저한테 자기가 먼저 커밍아웃하고, 저도 커밍아웃을
했고요.

어머, 이 장면도 참 멋있네요.

저는 참 무서웠어요. 선배가 그러니까. 제가 고등학교 때
하던 동아리가 위계가 강해서 늘 선배를 무서워했거든요.
그래서 그랬는지 무섭더라고요. 그렇게 서로 커밍아웃을
하고 바로 사귄 건 아니었고, 서로 조금씩 연락하다가
데이트를 했죠. 제대로 된 데이트를 한 건 그때가
처음이었던 것 같아요. 고등학교 때 연애를 할 때는 공원에
가서 앉아 있고, 노량진 같은 곳에 가서 앉아 있고.

그건 왜 데이트 같지가 않았어요?

데이트라는 느낌보다는 무리로 다니던 친구들과 늘 가던 장소를 그저 둘이 왔다는 느낌이었어요. 어쨌든 그렇게 그 선배랑 데이트를 하고 얼마 안 지나서 사귀기 시작했어요. 선배가 고백할 때 저한테 그걸 물어봤어요. "너는 부치냐, 펨이냐?"* 물론 "모른다"고 했죠. 그런 용어를 몰랐어요.

(잠시 공개하기가 어려운 매우 개인적인 이야기들을 자유롭게 나누었어요.)

그 연애는 편안했나요?

4년 정도 만났어요.

대학이 4년제 대학이었나요?

네, 그랬어요. 대학 시절 내내 사귄 거네요. 이 사람이 되게 좋은 사람이고 다정한 사람인데 또 아픈 사람이기도 했어요. 개인적인 어려움이 많은 사람이었어요. 지금도 사람 자체는

---

* "부치(butch)"는 레즈비언 커플 관계에서 "남성적인 역할"을 하는 사람을 의미하고, "펨(femme)"은 "여성적인 역할"을 하는 사람을 의미한다. 펨-부치라는 용어의 사용에 관해 "펨-부치 정체성은 이성애주의에 입각한 이분법적인 성 역할에 관한 고정관념을 강화한다"는 비판과 "펨-부치 정체성은 이성애주의의 모방이 아닌 레즈비언들이 스스로 만들어낸 새로운 정체성이다"는 평가가 공존한다.

좋은 사람이라고 생각하고 있어요. 그랬지만 연애가 순탄한 편은 아니었어요. 이 부분은 제 이야기가 아니니까 이 이상 자세하게 말하기는 어렵네요.

아, 이런 건가요? 둘의 마음이나 관계는 참 좋은데, 그 사람의 개인적인 환경이나 이유들로 그 사람이 힘들어하고, 그 영향을 관계가 받는 뭐, 그런?
네, 맞아요.

감당하기가 어려웠겠네요.
감당하기 어려운 일들이기도 했고, 제가 어리기도 했고요. 저는 많이 참는 편인데 그게 별로 좋지 않았던 것 같아요. 평소에는 짜증도 많은 스타일이고, 까칠하다고 해야 하나, 그런 사람인 편이에요. 그런데 애인한테는 확실히 잘해주는데, 그런 일이 발생했을 때 내가 어떻게 해야 할지 모르겠고 힘들더라고요. 옆에 있고 싶은 생각이 강하기는 했는데 현실적으로 그게 쉬운 일이 아니었고요. 그것도 그렇고 그 사람이 어려우니까 저를 방치하는 일도 잦아졌고. 저는 그게 또 힘들었고요. 중간에 또 헤어질 위기가 있었지만 헤어지지 않았어요.

저는 그래도 계속 좋아하면서 지낼 수 있었어요. 그런데

시간이 흐르면서 상대방이 이전만큼 나를 좋아하지
않는다는 걸 느끼게 되더라고요. 점점 서로 모르는 시간이
늘어나기 시작했고, 그만큼 마음의 거리도 생겼던 것 같고.
그러더니 저한테 안 만나고 싶다고 하더라고요. 4년이라는
시간이 짧지 않았고, 연애는 제 생활의 전부였어요. 그
관계가 사라지면 살 수 없을 것 같았어요. 많이 좋아했어요.
아마 살면서 제일 좋아했던 사람인 것 같아요. 그래서 집
앞에 찾아가기도 하고 그랬는데 안 만나줬어요. 처음에는
되게 쿨하게 "알았다!" 이런 식으로 했는데, 그다음에는
울면서 찾아갔어요. 그랬는데도 안 만나주더라고요. 그렇게
헤어졌죠. 정말 힘들었어요. 그 사람도 제가 걱정되기는
했는지 "죽지 마라"라고 말하기도 했어요. 그런데 정말 그
당시에는 사는 게 의미가 없다는 생각이 들면서 죽는 것도
나쁘지 않겠다고 생각하기도 했어요.

그 당시 그 시간들을 어떻게 보냈는지 모르겠어요. 제정신이
아니었던 것 같아요. 옆에서 그 관계를 지켜봐주던 이반
친구들이 있었어요. 아, 다른 얘기지만 제가 아까 후회하는
커밍아웃이 있다고 했었잖아요? 그 선배랑 사귀기
시작하면서 일반인 친구 두 명에게 커밍아웃을 했던 적이
있는데, 한 명이 어느 날 이런 말을 하더라고요. "나, 우리
엄마한테 너 레즈비언이라고 말해도 돼?" 그래서 "너희

여자 사람 친구

엄마가 잘 받아들이실 것 같아서?"라고 물으니 아니라고
하면서 "엄마가 되게 신기해할 것 같아서"라고 말하는
거예요. 그러더니 나중에 자기네 집에 놀러 오라는 거예요.
저를 동물원 원숭이 취급을 하는 거죠. 그 친구가 저한테
되게 이상한 발언을 많이 했어요. "너도 생리하니?" 이런
걸 질문이라고 하고. 여기저기 소문을 많이 내고 다녔고요.
나머지 한 명은 좋은 친구고 지금도 만나는 친구이기는
한데, 개신교 신자예요. 처음에는 당황하기는 했지만 잘
받아준 편이었는데, 나중에는 '쟤가 지금 한때 이러는 거지,
나중에는 남자 친구를 만날 거야'라고 생각하는 거죠.
그래서 제가 연애한다고 말하면 "남자 친구 생겼냐?"
이렇게 묻고요. "다음에는 남자 친구를 만나게 될 거야"
이런 말을 하고요. 그 후에 만난 친구들은 모두 이반이고,
서로 잘 알아서 만나면 이야기도 자유롭고 좋아요.

**그 친구들을 제외하고는 대체로 성공한
커밍아웃이었네요.**

네. 저는 누가 아는 것 별로 두렵지 않아요. 워낙 연애할
때에는 그 관계만 보이니 다른 것들을 아예 신경 쓰지
않았던 것도 있고요. 저는 극단적으로 말하면 세상에 이
사람밖에 필요가 없는 거죠. 저는 평소에 부모님과 직장
사람들만 모르면 다른 어떤 사람들이 알든 상관없다고

생각해요. 그런데 예전에 스무 살 때, 엄마가 알 수도 있었던 일이 있었어요. 그래서인지 나중에 말을 할 것 같기는 해요. 아버지한테는 안 하겠지만. 제가 사진 찍은 걸 엄마가 보게 된 일이 있었어요. 엄마가 혼자 고민을 많이 하셨나 봐요. 나중에 얘기하시더라고요. "엄마가 이걸 아빠한테 얘기를 해야 하나 말아야 하나 고민하다가 너한테 먼저 물어보는 게 맞는 것 같아서 너한테 먼저 물어본다. 너 여자 좋아하니?" 이렇게 물으시는 거예요. 그래서 많이 당황했죠. 그때는 저도 무서웠던 것 같아요. 주변에 이반 친구가 있던 것도 아니었고, 이런 상황이 발생하면 어떻게 해야겠다는 생각을 해본 적도 없고요. 그래서 거짓말을 했어요. 장난친 거라고요.

믿으셨어요?
믿고 싶었던 거겠죠. 저는 지금도 엄마가 그렇게 믿고 싶었고, 믿고 싶었기 때문에 지금도 믿고 있는 거라고 생각하고 있어요.

그런데 왜 아버지에게는 커밍아웃을 할 생각이 없나요?
아버지와 사이가 좋은 편도 아니고요. 별로 좋아하지도 않는 아버지한테 인정받고 싶다는 생각도 안 들어요.

그런데 엄마는 제가 굉장히 사랑하고 인정받고 싶은 그런 마음이 커요. 문제는 커밍아웃을 했을 때 엄마가 받아들이기 어려워할까 봐, 엄마와의 관계가 불편해지고 틀어질까 봐 두렵다는 거예요. 엄마에게 어떤 짐을 지운다는 의미에서 무서운 게 아니라, 그 문제들로 인해서 관계가 멀어지면 어떻게 하나 그런 두려움이요.

남동생에게는 커밍아웃을 했다고 했죠?

네. 남동생에게는 4년 만났던 그 사람하고 헤어지고 나서 했어요. 너무 힘들어서. 그때 너무 힘들었는데, 말하고 싶었어요. 남동생에게는 되게 공을 들여서 커밍아웃을 했어요. 평소에 관련 이슈들이 나올 때 옆에서 계속 얘기하거나 그렇게 해서 공을 많이 들였어요. 남동생이 정말 착해요. 제 영향도 많이 받는 편이고요. 우리 둘이 사이가 굉장히 좋아요. 남들이 이상하게 볼 정도로요. 아, 남동생이 얼마 전에 본인이 게이가 아닌지 생각해봤다고 그러는 거예요. 그래서 왜 그렇게 생각하느냐고 물었더니 누나인 제가 동성애자이기 때문이래요. 그런데 생각해봤는데 아닌 것 같더래요. 그래서 "나중에 남자를 좋아하게 되더라도 이상하고 나쁜 것 아니니까 부정적으로 생각하지 마"라고 말해줬죠. 이런 대화도 아무렇지도 않게 나눌 수 있는 관계고, 그런 부분에서 둘이 생각도 많이 비슷해요.

좋아하는 사람의 성별이 무슨 상관이냐, 이런 식이죠. 저는 늘 동생이 참 많이 의지가 돼요. 집에 제가 동성애자인 걸 아는 사람이 있으니까 확실히 좋더라고요.

어떤 부분이 좋던가요?

저는 어릴 때부터 결혼을 하지 않겠다고 자주 말했어서 부모님이 그런 부분에서 크게 스트레스를 주는 편은 아니에요. 엄마는 최근에 분명하게 납득하고 계신 것 같아요. 이런 과정에서 동생의 도움이 컸어요. 남동생이 옆에서 제 이야기를 거드는 거죠. "싱글로 사는 사람들도 많고, 요샌 그게 좋은 거야"라는 식으로요. 제가 이반이니 걔도 많이 생각하려고 하는 것 같아요. 혐오 세력에 대해서도 남동생이 비판도 하고요.

좋은 동생이네요, 정말. 우리가 아까 대학 때 만났던 사람하고 헤어진 부분 이야기하다가 말았죠? 그분은 지금도 여자 친구를 만나고 있을까요?

네, 아마 그럴 거예요. 아, 그 사람이 굉장히 보이시한 사람이었는데, 최근에 전해 듣기로는 많이 변했다고 하더라고요. 당시에 그분하고 연애할 때, 그분도 보이시하고 저도 보이시한 편이었는데, 그분이 저에게 원했던 건 '여성스러운 것'이었어요. 예를 들면 머리를 기르라는 거죠.

그래서 길러보기도 했어요. 그런데 어느 정도 이상이 되면 못 기르겠는 거예요. 그 관계에서 이 문제가 가장 큰 갈등을 일으키는 문제였어요. "머리를 기르면 좋겠다", "치마를 입어라" 이런 외모적인 문제들이요. 괜히 싫은 거예요. 입을 수 있는데도 싫더라고요. 대체 왜 그래야 하는지를 모르겠는 거죠. 그 사람의 친구들이 합세해서 저한테 화장을 하려고 하거나 치마를 선물해준다거나 하는 일들도 있었고요.

그 사람은 말하자면 펨인 사람을 원했던 거네요.
네, 그런 거죠.

4년 내내 그 문제로 싸웠어요?
그런 편이었어요. 그렇다고 제가 협조를 아예 안 했던 것도 아니에요. 노력 많이 했어요. 하지만 항상 그렇게 입고 다닐 수는 없는 거예요.

아, 그건 완전 자기 스타일을 버리라는 거잖아요.
네, 제 스타일을 버리라는 거죠. 화장을 하면 좋겠고 치마를 입으면 좋겠다고 하니까 기념일이나 데이트가 있는 날이면 따라서 입어주기는 했는데요, 계속 그럴 수는 없잖아요.

참 어렵네요. 이게 참 쉬운 일이 아닌데 말이죠. 왜 그런

것들을 그렇게 원할까? 생긴 대로 그냥 좋아하면 안 되나 싶네요.

그러니까요. 참 이상한 게, 처음부터 저는 머리도 짧았고 절대 치마를 입는 사람도 아니었거든요. 그런 상태의 저를 좋아했던 건데 저를 바꾸고 싶어 하는 거죠. 만약 처음부터 제가 머리가 길었고 치마를 입는 스타일이었을 때 좋아했다면 어느 정도 납득할 수가 있는데 저는 애초에 그런 사람이 아니었거든요. 근데 저는 그런 요구나 그 요구에 따르는 게 당연하다고 생각했던 것 같아요. 제가 그 사람을 좋아하고 또 선배고 그러다 보니까 그랬는지, 협조를 잘했던 것 같고 그래요. 워낙에 선배였고, 제가 존경심도 갖고 있었고 그래서인지 그 사람 말이 맞는 것 같고 왠지 반박도 못 하겠고, 따르는 게 맞는 것 같다고 그렇게 생각했던 것 같아요.

달로님 이야기를 듣다 보니까 연애를 하면 완전히 자아를 내려놓는 그런 사람인 것 같군요!

하하. 네, 맞아요. 그리고 헤어지면 그제야 자아가 완전 세지고요.

그 사람하고 그렇게 헤어지고 나서 마음 정리를 잘 했나요?

사실 지금도 극복 중이라고 말할 수 있어요. 그 후에 만난
사람이 있는데, 그 관계에도 그 사람의 영향이 있었다고 할
수 있거든요. 그 사람 다음에 만난 사람이 있었는데 이전
애인의 영향이 너무 컸어요. 그게 너무 미안했어요. 그
연애도 끝나고 나서는 또 다른 사람에게 똑같은 잘못을 할
것 같아서 못 만나겠더라고요. 세 번째 만난 사람하고는
중간에 제 친구가 다리가 되어줘서 연결이 된 거였어요.
어쩌다 보니까 만나게 될 기회가 있었고, 만나다 보니
굉장히 좋은 사람이었어요. 또 만나본 사람 중에서 가장
외모에 대한 요구도 없었고, 정말 '네가 어떤 모습이어도
좋아' 이렇게 생각한 사람이었어요. 그게 참 좋았는데.
사람도 좋고요. 그런 좋은 사람이 나한테 그런 취급을 받고
있다고 생각하니 '이건 아니다' 싶더라고요.

제가 착각했던 것 같아요. 연애를 해서 긴밀한 관계를 맺고
싶은 마음과 호감을 잘 구분하지 못했던 것 같아요. 그냥
선후배로 지냈으면 오랫동안 잘 지냈을 사람하고 연애를
하면서 그 관계를 망친 거죠. 저는 연애를 할 준비가 안 되어
있던 거예요. 만일 시간이 조금만 더 지난 후에 만났더라면
결과가 달라질 수도 있었을 거라고 생각해요. 문제가 오롯이
저한테만 있었지, 상대방에게 있었던 게 아니었어요. 오히려
저에게 정말 잘해주려고 했고요. 처음에는 좋고 그랬는데,

지날수록 뭔가 이전 연애에 대한 미련이 많이 남아 있다는
걸 알게 된 거예요. 이 사람이 안 좋은 건 아닌데 감정이
더 이상 발전하지를 않는 거예요. 자꾸 관계가 깊어지려는
걸 제가 회피하게 되는 거죠. 신경을 못 쓰게 되고, 만나도
표정이 굳어 있고 그랬어요. 이 사람하고는 3개월 정도만
만났어요. 가끔 이 사람에 관한 소식은 듣는데요, 잘 지내고
있다고 들었어요.

세 번의 연애 모두 그 관계가 이어지지는 않았네요.
네. 저는 안 만나요.

의도적으로 그렇게 하시는 건가요?
의도하는 것 같아요. 소식을 안 듣고 싶고 안 만나고 싶고요.
만나면 감정 정리를 못 할 것 같거든요.

달로님한테 연애는 뭐였고 지금은 뭐라고 생각하세요?
친한 친구랑 그런 이야기를 나눈 적이 있는데요. 그 친구는
연애가 삶의 목적이래요. 연애를 할 때 가장 행복하다고요.
저도 비슷했던 것 같아요. 연애할 때 그냥 내던지는 거
있잖아요. 연애를 하면 함몰이 되는 거죠. 그게 위험하죠.
지금은 그렇게 생각해요. 헤어지면 다시 자아가 세진다고
했잖아요. 저는 그걸 잃지 않고 싶은 거예요. 이걸

이해해주는 사람을 만나면 좋겠지만 별로 그럴 일은 없을 것
같고요.

> **궁금한 게 있는데요. 어떤 상태를 이해하는 사람을
> 만나고 싶어 하는지 잘 모르겠어요. 강해진 자아를
> 이해하는 사람이요? 아니면 그냥 다 자아를 내던지는
> 달로님을 이해하는 사람이요?**

강해진 자아를 이해하는 사람이요.

> **어머나, 그런데 자아를 막 내던지는 사람은 달로님
> 자신이잖아요. 연애를 시작하면 다 던진다면서요.
> 그런데 그 상대방이 달로님의 강한 자아를 어떻게
> 이해할 기회가 생겨요?**

아, 저는 이제 그 강한 자아를 놓지 않을 것 같단 말이죠.
그래서 강한 자아를 있는 그대로 이해하는 사람을 만나고
싶다는 거예요.

> **아, 이제 이해했어요. 그런데 그게 가능하겠어요?**

하하. 확신할 수는 없어요. 그래도 이런 건 있어요. 그 후에
페미니즘 이슈에 지속적으로 관심도 갖고 공부도 하다
보니까 이제는 이런 걸 이해하지 못하고 같이 얘기하기
어려운 사람을 만나고 싶은 생각 자체가 없는 거예요.

생각만 해도 아주 귀찮아요. 그 사람하고 어떤 의견 대립이 있을 때마다 뭔가 마음이 굉장히 불편해도 설명할 길이 없어서 반박을 못 하고 그랬거든요. 그런데 이제는 어떻게 말하면 되겠다, 이런 것도 생겼으니 얼마나 싸우겠어요! 아주 생각만 해도 귀찮아요. 그래서 사람을 만나는 게 더 두려운 것도 있어요.

이제는 누구를 만나든 그 사람이 자기를 자기답게 놔두지 않고 이렇게 해라, 저렇게 해라 막 이럴 것 같나 봐요.

이런 생각까지 들어요. '그 누군가가 연기하지 않는 나를 좋아할까?' 물론 연애는 서로 맞춰가는 과정이잖아요. 그런데 그런 것과 별개로 '나 자신을 있는 그대로 좋아하는 사람을 만날 수 있을까? 그런 경험을 할 수가 있을까?' 이런 두려움이 있어요. 가까운 친구들이 요새 저한테 연애하라고 난리도 아니에요. 그런데 저는 지금 이렇게 혼자 있는 게 또 편해요.

연애를 할 때 가장 에너지가 강한, 좋은 상태라고 말했었는데요. 하지만 싱글인 지금 상태에서 누리는 자유나 자기 모습 그대로 지낼 수 있는 시간들도 그 이상으로 좋은 거라고 느끼고 있는 거네요.

　　　　　여자 사람 친구

네, 맞아요. 연애가 인생에 꼭 필요한 거는 아닌 것 같아요. 연애하면 좋기도 하겠지만, 지금 상태로는 연애를 하면 좋고 안 해도 좋고. 이런 생각을 하고 있어요. 저는 헤어지고 또 바로 다른 사람하고 연애를 하는 사람들을 보면 되게 신기하더라고요. 저는 미련도 많고 그래서인지 정리하는 데 시간이 많이 걸리거든요.

미래를 생각하면 혼자인 자기를 그리기가 더 쉬워요?

네. 혼자인 저를 그리는 편이에요. 가능하다면 친구들하고 같은 집은 아니더라도 가까이 살고 싶다는 생각은 있어요. 순위가 달라진 것 같아요. 예전에는 친구는 다 필요 없고 애인만 있으면 된다고 생각했어요. 그런데 지금은 반대로 생각하고 있는 거죠. 연애가 그렇게 안정적인 건 아니잖아요. 그런데 친구는 연애하듯이 시작했다고 끝나고 그러는 건 아니니까요. 멀어지기는 할 수 있지만 의지로 관계를 시작하고 끊고 막 그러는 건 아니잖아요.

어머, 저는 의지로 막 끊고 그러는데요. 하하.

아, 그게 가능해요? 하하. 그런데 저는 친구가 별로 없어요. 애초에 친구를 많이 사귀는 편은 아니에요. 소수의 친구들하고만 관계 맺는 게 편하고 좋아요. 그리고 동생이 저한테는 참 중요해요. 많은 것을 함께하거든요. 둘이

죽이 되게 잘 맞아요. 같이 영화도 보고, 여행도 가고, 둘이
홍대에도 놀러 다니고요.

**우와, 남동생하고 그렇게 사이가 좋다니요! 저는
지금까지 주변에 그런 경우는 본 적이 없는 것 같아요.**
친구들도 그런 말을 해요. 그런데 저는 살면서 제 동생만큼
좋은 사람을 못 만날 것 같아요. 어떤 사람으로서 되게
좋은 사람 있잖아요. 동생은 굉장히 긍정적이에요. 저는
굉장히 비관적인 사람인데요, 어떻게 같은 집에서 이렇게
다른 종류의 사람이 있을 수 있는지 모르겠어요. 동생이
되게 편해요. 나이도 비슷하고. 아마 부모님 사이가 별로 안
좋아서 그랬던 게 아닐까 싶어요.

커뮤니티 경험은 많은 편인가요?
많은 편은 아니고, ○○ 등 레즈비언 사이트에 가입한 적은
있고요, 친목모임 활동을 해본 적은 없어요. 오프라인 가입
활동은 〈레즈비언생애기록연구소〉가 처음이에요. 2014년에
퀴어 퍼레이드에 처음 갔었어요. 그때의 영향이 되게 컸던
것 같아요. 마지막으로 만났던 사람하고 사귀기 전에 그
사람하고 퀴어 퍼레이드에 갔었는데, 그 경험이 굉장히
좋았어요. '와! 이렇게 많네!'라는 감동이. 그런데 같이 갔던
그 사람 눈에는 혐오 세력이 더 들어왔던 거예요. 2014년

퍼레이드는 예정 진로로 못 가고 돌아갔잖아요. 그 사람이 그걸 되게 충격적으로 받아들이더라고요. 그런데 저는 그 규모에 너무 놀랐고 좋았어요. 그리고 후배 중에 한 명이 대학생이면서 성소수자인 사람으로 저를 인터뷰했던 적이 있는데, 인터뷰했던 그 시기에 '나는 왜 활동을 안 하지?' 이런 생각을 처음 했어요. 그러던 중에 회원모집 홍보 글을 보고 가입하게 된 거예요.

그, 레즈비언 사이트 가입해서는 어떤 활동 하셨어요?

활동을 자주 하거나 그러지는 않았어요. 채팅 몇 번 해본 적은 있고 만난 적은 없어요. 연락을 주고받았던 사람들이 있기는 했지만 오래가지는 못했어요. 뭔가 온라인에서 만난 사람을 오프라인에서 만난다는 게 부담스럽더라고요. 워낙에 친구들로부터 실패담을 너무 많이 들어서. 하하하. 친구가 별로 추천하지 않는다고 하더라고요. 온라인에서 만난 사람들을 오프라인에서 만나는걸요.

현재 교류하고 있는 이반 친구들의 규모에 만족하는 편인가요?

아니요. 저는 이반들을 더 많이 만나고 싶어요. 지금은 바빠서 열심히 시도하지는 않고 있지만, 여유가 생기는 시기에는 기회를 많이 만들어보고 싶어요. 활동도 열심히 하고 싶어요.

어떤 활동에 관심이 있어요?

저는 퀴어 퍼레이드나 영화제에서 활동하고 싶어요.
생각만 해봤지, 아직 시도했던 적이 없거든요. 예전에는
전주국제영화제 활동도 하고 싶었는데 시간이 없어서 못
했었어요. 올해 가을 이후부터 뭐든 해보려고 해요.

**좋은 계획이네요. 평소에 달로님 보면 무지개 액세서리
많이 차고 다니잖아요. 특별한 이유가 있나요?**

너무 재미있어요. 이런 것들을 차고 다녀도 관련되어
있는 사람이 아니면 아무도 못 알아보잖아요. 그게 너무
재미있고, 이반들이 알아차리고 관심을 보이면 그 사람들을
보는 것도 참 재미있고요. 대중교통 이용할 때, 알아차리는
사람들을 만나고 그네들이 반갑게 생각할 거라는 상상을
하면 너무 좋고 재미있어요. 실제로 만나서 그런 장면에서
얘기를 나누거나 그런 적은 없지만요. 이걸 차고 있는 저를
보고 누군가들이 반가운 마음을 가지면 그게 되게 좋을 것
같아요. 그런 걸 생각하면 참 좋아요. 보고 웃는 사람들도
있거든요. 그럼 반갑고 되게 좋아요. 아는 사람 중에서도
친하지는 않은데 제가 레즈비언이라는 걸 아는 사람들이
있어요. 그런 사람들에게 "맞다"는 사인을 주는 거라 그런

것도 좋아요. 그런데 무관심한 사람들은 이걸 봐도 뭔지도 모르고 그럴 때 이런 느낌이 들어요. '니들이 몰라도 나는 여기에 있지!' 이런 걸 막 보여주는 그런 느낌이요.

이야기를 듣다 보니까 달로님은 달로님의 모습 그대로를 드러내고, 사람들에게 어필하고 하는 걸 중요하게 생각하는 분 같다는 생각이 들었어요.
예전에는 숨기려고 애쓰던 시기도 있었는데요, 시간이 흐르면서 그건 아니라는 생각이 들더라고요. 그냥 애인하고 둘이서만 좋아하고 살고 그런다고 세상이 바뀌는 건 아니잖아요. 저는 어떤 사람이든 평등하게 대우받는 세상이 되어야 한다고 생각해요. 그런 사회여야 내가 존중받게 될 테니까요. 언젠가 그런 세상이 오리라 믿고 있어요. 그 과정이 순탄하지는 않을 테지만, 그리고 모두가 평등한 그런 유토피아적인 세상이 아닐지라도 점점 좋아질 거라고 믿고 있어요. 그렇게 생각하지 않으면 우울해서 견딜 수가 없을 것 같아요.

자기는 자아도 강철같이 강하고, 자기만의 시간을 누리면서 자유를 만끽하고 있고, 앞으로도 사랑이나 연애를 하지 않아도 잘 살 수 있을 것 같아요. 맞죠?
네, 맞아요.

**그럼 영원히 싱글로 산다고 가정하고요, 그래도
레인보우 팔찌를 계속 착용할 계획인가요?**

물론이에요. 그리고 저는 영원히 싱글로 살 생각은 없어요.
하하하하.

아, 네. 하하하하.

(그리고 우리는 달로님이 좋아하는 연예인에 관한
이야기꽃을 피우면서 대화를 마무리했어요. 달로님,
감사해요.)

완두

"어떤 대상에게
관심과
에너지를
쏟느냐의
문제이지,
그게 곧 연애로
귀결되는
문제는
아니에요"

완두는
1990년생으로
인천에서
태어났고, 현재
서울에서 거주하고
있다.

종교는 없으나
불교 공부를
열심히 하고 있다.

인터뷰 당시
직업은
활동가였으나
지금은 콜센터에서
상담원으로 일하고
있다.

▼

〈첫 번째 만남〉

아, 부담스럽네요.

부담스러워요?
네. 내가 인터뷰를 하다가 이렇게 인터뷰이가 되니까 뭔가
되게 부담스럽네요.

옛날 얘기, 살아온 얘기 그냥 편안하게 해주시면 돼요.
편하게 얘기해주시고, 나중에 녹취 다 푼 다음에
불편한 부분들은 다 자르면 돼요.
다 잘라야 하는 것 아니에요?

그럼 다 자르죠, 뭐.

여자 사람 친구

조금 전에 〈그것이 알고 싶다〉 보다가 왔는데, 갑자기 내
정체성 얘기하려고 하니까 되게 웃기네요.

완두님은 정체화라는 걸 했나요?
이전에는 정체화가 되게 중요했었어요. 내가 레즈비언인지
뭔지, 내가 부치인지 펨인지 뭐, 이런 것들이 되게
중요했는데, 지금은 '내가 그런 걸 얘기하는 게 그게
중요한가?' 이런 생각이 들어요. 이게, 혼란한 상태여서
이렇게 생각하는 것도 아니고, 정체성이나 정체화가
중요하지 않아서 하는 생각도 아닌데, 뭔가 안정을 찾았기
때문인 것 같기도 해요. 이성애자들이 나는 이성애자고
나는 뭐고 이런 생각을 굳이 하지 않듯이 저도 마찬가지
상태라서 그런 것 같아요. 지금 내가 만나는 사람들, 내가
내 정체성을 공유하고 만나는 사람들과의 관계에서 모든
것들이 편안해졌으니까요. 일상적인 일이 되어버려서?

지금처럼 누군가 굳이 물어본다면 레즈비언이라고 하죠.
그런데 그걸 굳이 입 밖으로 내는 게 어색한 것 같아요.
뭔가 누가 나한테 "너 누구 좋아해?"라고 물어보면 뭔가
쑥스러워서 얘기하기 어려운 그런 느낌하고 비슷해요.
그냥 원래 나에 대해서 얘기하는 것 자체를 쑥스러워하는
사람이어서 그런 것 같기도 하고요.

너무나도 자연스러운 일이기 때문에 그걸 굳이 언어화해서 표현하는 게 어렵다는 뜻인 거죠?

네. 마치 "내 이름이 뭐다" 이렇게 얘기하는 것 같은 거예요. 내가 내 이름을 부를 때 뭔가 기분이 이상한 것처럼, 그런 느낌인 것 같아요.

그토록 자연스럽고 편안하다는 얘기네요. 명명이 필요 없을 정도로.

네. 그런데 그런 명명이 필요한 순간들이 있잖아요. 차별이나 편견에 관해 설명해야 하는 순간 혹은 커밍아웃을 할 때, 아니면 주변에 일반 친구들이 많은데 그 친구들이랑 얘기할 때 이런 경우에는 필요하죠. 하지만 대체로 맺고 있는 지금의 관계는 성소수자 친화적인 사람들이 대부분이니까 그런 것 같아요. 그러니까 굳이 내 정체성을 설명할 필요를 못 느끼는 거죠. 서로 그냥 다 알고 넘어가는 거죠. '쟤는 레즈비언이다' 이렇게. 이게 현재 내가 누구하고 관계를 맺고 있고, 어떤 공간에 있느냐에 따라서 그런 것들을 고민하고, 생각하고, 얘기하는 게 다른 것 같아요.

처음 대학에 들어갔을 때 혼란이 있었어요. 그런데 그때는 주변에 아무도 없었거든요, LGBT가. 그런 커뮤니티도 전혀 없었고. 고등학교 다닐 때 친구가 저한테 커밍아웃을 한 적이 있었는데 그때 처음 알았고요. 그랬으니까 처음에는 '나는 뭐지?' 이 생각을 했어야 했죠. 몰랐으니까 알아야 했었고. 그 문제가 당시에는 너무나도 절박하고 절실했죠. 그러면서 알아가기 시작했고, 연애를 하고 친구를 사귀면서 내 세계를 구축해간 거죠. 그런 과정을 통해서 자연스럽게 스며든 그런.

'굳이 정체화가 필요한가?' 이런 생각을 하기도 하나요?

그렇죠. 그런 가능성을 생각하기도 하는 것 같아요. '내가 언젠가 시간이 흐르면 남성에게 끌림을 느낄 수도 있겠다', '어떤 남자와 사귀고 싶다는 생각을 할 수도 있지 않을까?' 이런 생각들. 그런데 동시에 그럴 가능성이 없다고 확신하기도 해요. 그렇다고 그런 가능성을 또 완전히 닫고 싶지는 않은 거예요. 왜냐하면 그런 심정적인, 감정적인 변화들을 겪는 사람들이 있으니까. 제 주변에도 있었고, 고등학교 때 저한테 커밍아웃했던 그 친구도 마찬가지였고. 그래서 그런 부분에서는 제 자신에게 열어놓고 싶고, 다른 성소수자로 정체화한 사람들에게도 열어놓고 싶은 거고. 저는 정체성 자체도 생애주기의 과정에서 일어나고 변화할 수 있는 일이라고 생각하거든요. 사람들이 동성애를 두고 선천적이냐 후천적이냐 이런 얘기들을 하는데, 저는 그게 다

맞는 것 같거든요. 각자 정의 내리는 게 또 다 다르니까요.

**아까 대학에 들어가서 처음 이런 문제들에 관해
생각해보기 시작했다고 했는데, 그럼 고등학교 때는
그럴 기회가 없었던 거예요?**

그, 저한테 커밍아웃을 했던 그 친구가 당시에 연애를
하고 있었어요. 그 친구가 연애를 하고 만나고 헤어지면서
힘든 이야기들을 저한테 하고. 그러면서 저는 경험해보지
못했지만 그 친구의 경험을 보게 된 거죠. 다른 사람들이
동성 관계를 이상하게 본다는 사실을 알기 전에 먼저 그
친구의 경험을 본 거예요. '다르지 않구나'라는 생각을 먼저
하게 된 계기가 된 거죠.

그런데 사실 제가 그 친구를 좋아했거든요. 당시에는
친구로서 되게 많이 좋아한다고 생각했는데, 나중에 그
친구가 당시에 연애하던 사람하고 헤어지고 나서 다른
후배를 사귀는 걸 보고 너무 질투가 나는 거예요. '내가
자기 힘들 때 그렇게 얘기를 들어주고 그랬는데, 어떻게
다른 애를 사귈 수가 있지?' 이런 생각을 하고. 그리고 그
친구가 저한테 커밍아웃을 하고 나서 제게 스킨십을 되게
많이 했었거든요. 그 전에는 안 그랬는데. 그리고 저에게
관심을 보이고, 말 걸고, 같이 놀려고 하고 그러는 게

특별하게 느껴졌고. 그러면서 내가 고민을 했어요. '이게 무슨 감정이지?' 하고요. 그 당시에 썼던 일기를 보면 그 친구 얘기밖에 없는 거예요. 하지만 그 친구한테는 얘기할 수 없었죠. 그 친구는 다른 친구를 사귀고 있었으니까. '내가 왜 이런 이상한 감정을 느끼고 있지?' 이런 게 문제였던 게 아니라, 그저 그 친구가 다른 친구를 사귀고 있었기 때문에 얘기를 못 했던 경우예요.

그러다가 졸업하고 대학에 들어갔는데, 정말 심각하게 누군가를 좋아하게 된 거죠. 그러면서 관련된 것을 막 찾아보고 그랬죠. 그 문제를 굉장히 심각하게 고민하기 시작할 때 나의 과거를 들추게 되잖아요. 그래서 돌이켜 생각해봤더니 초등학교 때도 그랬고, 중학교 때도 그랬고 항상 반에서 한 명씩은 좋아하는 여자애들이 있었던 거예요. 그런데 그런 부분들이 대학에 들어가서 정말 심각하게 누군가를 좋아하게 되면서, 과거의 그런 일들이 중요한 사건으로 떠오르게 되더라고요.

생각해보면 그런 식으로 누군가를 되게 좋아했던 경험들이 있는데 자각하지 못했던 것 같아요. 어떻게 보면 '내가 끼워 맞추고 있는 건가?', '내가 지금의 경험을 설명하기 위해서 과거의 내 경험에 의미를 두고 그렇게만 생각하는

건 아닐까?' 이런 생각을 하기도 했어요. '내가 사랑을
하고 있는 거고, 누구를 좋아하는 건 긍정적이고 아름다운
경험인데, 나는 왜 나의 과거의 어려운 문제들을 찾아서
설명하려고 할까?'라는 생각을 하기도 했고요. 그런
생각들을 하면서 더 이상 그런 것들에 대해서 가질 수
있었던 불편함이나 죄책감이 없어졌던 것 같아요.

**그, 고등학교 때 완두님에게 커밍아웃했던 친구 얘기
더 해줄 수 있어요?**

당시에는 친구로 좋아한다고 생각했고, 그 친구도 저를
좋아해줬고. 시험 기간이었는데 친구한테 문자가 온
거예요. "너, 여자가 여자를 좋아하는 것에 대해 어떻게
생각해?"라는 문자가요. "흔하지 않지만, 특별한 거라고는
생각하지 않아"라고 보냈더니 그때부터 그 친구가 더
이야기를 하게 되었고, 그래서 더 많이 친해질 수 있었어요.
저한테는 놀랄 일이 아니었어요. 내가 그 친구를 좋아하고
있었고, 이미 친밀한 관계인 거잖아요. 저는 친구가 배신을
하지 않는 이상 관계를 끊고 그러지 않거든요. 그 친구를
많이 신뢰했고, 친구의 얘기가 궁금하기도 했고요. 나중에는
'내가 레즈비언이라 그런 얘기들이 안 불편했나?' 이런
생각을 하기도 했어요.

중고등학교 다닐 때, 주변 친구나 다른 애들 중에서 "누가 누가 동성애자다" 이런 소문을 듣거나 본 적은 없었던 거예요?

제가 둔한 편이어서 다는 모르겠지만, 아, 친한 친구 하나가 그렇다는 소문을 듣기는 했어요. 저는 여중, 여고를 나왔는데 그래서인지 얘기를 아예 못 들은 건 아니에요. 그런데 제게 직접적으로 커밍아웃을 했던 사람은 그 친구가 처음이었고. 하지만 알게 모르게 뭔가 사귀는 것 같은 친구들이 많이 보이기는 했던 것 같아요. 또 당시에는 저한테 뭔가 친구가 자기의 비밀을 얘기해줬다는 것에 대한 고마움이라든가 으쓱함이 있었어요. 그래서 더 그 비밀이나 친구를 지켜주고 싶고 그랬어요.

학교뿐만 아니라 매스컴 등을 통해서 관련 정보를 접할 일들이 있었죠?

그런 정보들이 있었겠지만 그 세계는 나와는 무관한 세계였던 거죠. 그래서 무관심했는데 그 친구가 커밍아웃을 한 이후에 동성애 감정, 관계들이 들어오기 시작한 거죠. 그 친구가 판도라의 상자를 열었다고 생각하거든요. 그런 언어들을 가질 수 있게 해준 거죠. 그 친구 얘기를 조금 더 하자면, 나중에 대학에 가서 나를 정체화하고, 나의 감정들을 진짜로 긍정적으로 인정하고, '누구와 관계를

어떻게 맺을까?'를 고민하던 시기에 가장 처음 커밍아웃을
한 친구가 이 친구였어요. 그 친구가 나에게 커밍아웃을
해줬으니까 나도 그 친구에게 제일 처음으로 하고 싶었어요.

커밍아웃 선물 교환이네요.

하하, 네. 그랬어요. 서로 다른 대학에 다니기도 하고 좀
거리가 있는 채로 지내고 있던 시기였는데 그때 커밍아웃을
한 거죠.

**커밍아웃하면서 "내가 너를 좋아했었다" 이런 말도
했어요?**

아니요, 절대. 그건 지금도 안 했거든요. 얘기를 할 수가
없어요. 왜냐하면, 이것도 정말 웃기는 얘기인데요. 제가
커밍아웃을 했잖아요. 그런데 그 시기에 이미 그 친구가
하나님을 믿게 된 거죠. 하나님을 믿게 되면서 자신이
과거에 여성을 만났던 경험, 감정들, 이별하고 느꼈던
것들을 모두 부정적으로 해석하기 시작한 거예요. 그런데 그
친구가 "그랬던 나를 교회 사람들이 인정해주고, 받아주고.
그래서 나는 정상으로 돌아왔다" 이렇게 말하기 시작하는
거죠.

지금도 그래요?

네. 지금도 그렇고. 선교 활동도 열심히 하고 있고. 종교
쪽으로 완전히 활발하게 활동하고 있어요. 그런데 제가
커밍아웃을 할 당시에는 그 사실을 모르고 있었어요.
우리가 연락을 안 하고 있던 상태에서 그 친구가 그렇게
된 거예요. '탈반'이라는 개념도 모르고 있던 시절인데 그
친구가 그렇게 한 거죠. 제가 커밍아웃을 하니까 "그런
얘기를 하니 놀랍다"며, 구체적으로 기억이 나지는 않지만
반응이 안 좋았던 것으로 기억해요. "과거의 내가 그렇게
불행했었는데, 그걸 내 친구가 똑같이 경험하고 있구나"
이런 시선으로 봤고 나를 걱정하고 안타까워했어요.
그리고 나에게 전도하려고 했는데 "하나님을 알면 너도
괜찮아질 거다. 그건 다 순간이다. 나는 그때의 나를 굉장히
후회한다"는 얘기를 했어요. 당시 제 감정이, 참 그랬어요.

어떻게 보면 첫사랑이었고, 그 친구에게도 그랬겠지만
저에게도 그 친구의 커밍아웃은 정말 중요한 문제였거든요.
친구의 이야기를 듣고, 비밀을 지켜주기 위해 노력했고,
그 친구가 맺는 관계를 옆에서 계속 지켜보고 응원하고
그랬잖아요. 그런데 정작 얘는 내가 커밍아웃을 했더니
나를 이상한 사람으로 만들어버리니까 너무 이상한 거예요.
만일 이런 상황만 아니었다면 내가 좋아했었다는 걸 말할
수 있었을 텐데, 그런 상황에서 내가 좋아했었다는 얘기를

한다는 건 참 자존심 상하는 일이 되는 거잖아요. 얘기할
이유가 없어진 거죠.

그런데 아까 얘기했듯이 저는 한번 좋아하면 끝까지
좋아하는 편이거든요. 내가 이 친구를 좋아하는 건 여전히
남아 있었던 거예요. 그러니까 그런 얘기들을 계속 듣게
되는 거죠. 만나니까. 그 친구는 저에게, 저는 그 친구에게
서로 다른 얘기를 하는 거죠. 매우 조심스럽게 하는
얘기지만, 만나면 새벽까지 얘기하고 그랬어요. 토론을
하죠. 하나님에 대해서 얘기하고, 동성애가 문제라는
뉘앙스로 얘기하고. 직접적으로 동성애라고 표현해서
말하지는 않지만 그 친구는 되게 부정적인 이야기들을 하고,
저는 "그건 아니다"고 하고.

**그런데 아무리 한번 좋아하는 사람을 끝까지 만나는
성격이라고는 하지만, 그런 친구를 어떻게 계속 만날
수가 있어요?**
지금은 사실 그 친구를 만난 지 꽤 오래됐어요. 그 친구가
해외로 선교 활동을 다녀오고 그래서 만날 기회가
없었거든요. 지금은 만날 생각이 없어요. 이전에는 어떤
사명감이 있었던 것 같아요. 저는 '운동이 내 주변이나
관계에서부터 출발해야 한다'고 생각해요. 내가 알고 있는

것들을 주변 사람들과 나눠야 한다는 책임감이 있거든요. 아마 그런 부분들 때문에 그 친구가 잘못 생각하거나 오해하고 있는 부분들에 대해서, '네가 신뢰하는 나를 통해서 너의 생각들이 바른 방향으로 바뀌기를 바란다'는 바람을 가졌던 것 같아요. 그래서 일부러 더 만났죠. 잘못된 걸 얘기해주고 싶고, 내가 얼마나 행복하고 잘 살고 있는지를 보여주고 싶었고, 너는 너의 경험을 그렇게 해석할지 몰라도 많은 사람들이 그렇게 해석하고 있지 않다는 것을 보여주고도 싶었고.

한번은 그 친구가 이런 얘기를 했어요. "네가 너무 여자들하고만 같이 있어서, 남자의 장점을 접하지 못해서 그런 것 같다"고요. 어떻게 보면 그때가 결정적이었던 것 같아요. '아, 얘하고는 더 이상은 아닌 것 같다'는 생각을 했어요. 그때부터 그 친구하고는 그 주제의 이야기를 하려고 하지 않았고. 포기한 거죠. 한편으로는 '나를 힘들게 하는 관계에 내가 이렇게까지 애를 써야 하나?' 싶기도 했고요. 어떻게 보면 얘도 그런 경험에 대해서 나중에 40대, 50대가 되면 또 다른 해석을 하게 될 수도 있잖아요. 지금 단계에서 이 주제로 이 친구와 계속 이야기를 나누면 내가 상처를 받을 것 같아서 그만두고 싶었던 거죠. 얼마 전에 해외에서 돌아와서 카톡이 왔는데, 안부를 묻기는 했지만 굳이 만날

약속 시간을 잡지는 않았어요. 이야기를 나누면서 좌절할
일이 잦으니까 힘들더라고요.

그 친구한테 무슨 계기가 있었대요?
어떤 특별한 계기가 있었는지는 잘 모르겠어요. 그 친구
설명은 "하나님을 만나서 자기가 잘못했다는 걸 알았다"고
했어요. 그리고 본인의 공동체 안에서 누군가 한 사람에게
이야기를 했는데 그 사람이 되게 잘 받아줘서 너무
고마웠다고 하더라고요. 너무 안타까워요. 처음 나한테
커밍아웃해주고 내가 나를 알아가는 과정에서 도움이
되어주었던 친구였는데. 이제는 너무 불편해서.

**중고등학교 기간 동안에는 남자 친구를 사귀었던 적이
없었던 거예요?**
중고등학교 때 연애해본 적 없어요.

친구들 중에는 연애를 한 친구들은 있었어요?
없었어요. 친구들이 비슷한 성향이었고, 제가 친구들을
굉장히 좋아했어요. 제가 부모님과의 관계가 안 좋은
건 아니었는데 친밀하지 않았어요. 그래서 애정결핍이
있었는지, 애정을 친구들하고의 관계로 채웠어요. 학교라는
공간이 저에게 유일하게 행복한 공간이었어요. 그 나이대가

여자 사람 친구

친구 관계가 되게 중요한데, 제가 우정에 집착하고 있어서 연애에 대한 관심이 없었어요. 제가 같이 관계 맺고 있던 친구들 역시 서로한테 더 관심이 많았고 무리 지어 다니고 그랬죠. 초등학교 3학년 때인가 남자애 한 명을 좋아했던 적이 있는데 그게 처음이자 마지막이었어요. 그 좋아한 게 친해지고 싶었던 건지는 잘 모르겠지만. 6학년이 되어서 어떤 친했던 남자애가 저에게 고백을 했어요, 좋아한다고. 그런데 고백을 듣고 보니 되게 싫은 거예요. 그때 당시 한 친구가 그런 얘기를 했어요. "너는 감정도 없냐?"고. '너 좋다는 남자애들에게 그렇게 차갑게 대하냐?'는 의미였어요. 그때가 많이 생각나더라고요. 제가 레즈비언으로 정체화할 때 즈음에. '나는 뼈레즈인가 보다' 이런 생각을 하면서. 하하하.

그러다가 대학에 들어가서 어떤 일이 있었기에 정체성 고민을 하기 시작하고 친구에게 커밍아웃을 하고 그랬던 거예요? 그 과정을 얘기해주세요.
어떻게 보면 시간이 필요했던 것 같다는 생각이 들어요. 대학에 들어가면 많은 것들이 자유로워지잖아요. 학교 스케줄부터 시작해서. 학교라는 틀 안에서 밖으로 나가니까 생각도 그렇고 많은 것들이 개방된 거죠. 그런 자유들이 생기면서 생각하는 것도 많이 자유로워진 것 같아요. 그런

생각을 할 수 있는 시간이 생긴 거죠. 수능 생각을 더 이상
안 하게 되었으니까. 그때 제가 학부로 들어가서 학과로
갈라졌는데, 학부 때 친하게 지내던 친구들이 있었어요.
세 명이랑 넷이서 무리 지어 다녔는데, 그 친구들 중 한
친구에게 되게 남다른 감정이 생기기 시작했어요. 계속 그
친구랑 말을 하고 싶고. 그러면서 적극적으로 찾아보기
시작했던 거예요.

짝사랑이었던 거예요?

그렇죠, 짝사랑을 했던 거죠. 고2 때도 짝사랑을 하고,
대학에 와서도 그랬고. 단체들 검색해서 들어가보고 정보
찾아보고 그랬어요. 짝사랑이 꽤 길었어요. 되게 많이
좋아했어요. 그런데 그 네 명의 무리가 가족만큼이나
소중했어요. 그래서 내 감정을 얘기하면 관계가 어떻게
될지 알 수가 없으니까 '그냥 마음에 묻고 가야겠다'고
생각했어요. 그 친구들이 너무 소중했으니까. 한편으로는
내가 내 감정을 알게 된 이상, 이전처럼 생활을 할 수가 없는
거예요. 뭔가를 해야겠다는 생각이 드는 거죠.

그때 성소수자 단체에 들어가서 10대 청소년 관련한 활동을
시작했어요. 그러면서 나 아닌 다른 성소수자를 만나면서
자긍심이 생기기 시작했어요. 내가 혼자가 아니라는

것도 알게 되고. 그러면서 이 친구한테 막 흘렸어요. 내가 어떤 활동을 하고 있고 내 관심사가 뭔지를 이 친구가 너무 흥미롭게 듣는 거예요. 그러면서도 한편으로는 더 친구로서도 놓치고 싶지 않고. 이런 얘기들을 잘 들어주니까. 만약 내가 커밍아웃을 했는데 틀어지면 나의 정체성을 받아들여줄 수도 있는 친구를 잃는 거잖아요. 그렇게 1년 넘게 짝사랑을 하고, 나중에는 도저히 안 되겠는 거예요.

그러던 어느 날 다른 친구들이랑 같이 제주도에 놀러 갔는데, 술을 마시고 술의 힘을 빌려서 "좋아한다"고 얘기를 했어요. 그런데 그건 사귀자는 뜻으로 했던 게 아니라, 너무 힘들어서 친구 하나 잃을 각오로 얘기를 한 거였어요. 그냥 너무 얘기가 하고 싶었어요. 내가 좋아하는 다른 친구들한테도 그렇고 나에 대해서 얘기하지 못하는 것이 너무 답답했거든요. 그런 이유도 있었고. 그런데 다음 날, 너무 아무렇지도 않게 저를 대하는 거예요. 집에 돌아가는 길에 "내 얘기를 제대로 들은 게 맞아?"라고 물었더니, 그 친구가 나중에 만나재요. 그래서 만났더니 그 친구가 저에게 자기도 저를 좋아하고 있었다고 얘기하는 거예요. 그래서 사귀게 된 거죠. 사귀었는데, 문제는 이 친구가 이전에 이런 얘기를 한 번도 안 했었는데, 중고등학교 때 그런 감정을

경험한 적이 있었다가 묻어뒀었대요. 그랬는데 나 때문에
그 감정들이 다시 올라왔고 그것 때문에 너무 힘들다고
하는 거예요. 그러면서 자기가 도무지 누구인지 모르겠다는
얘기를 하는 거죠.

그때는 그게 처음 하는 연애였거든요. 이 친구를 만나면
연애를 하고 알콩달콩한 느낌이 아니라 정체성에 대해서
상담해주는 느낌인 거예요. 저는 어쨌든 간에 다른 공간에서
자긍심을 키워가고 있던 중이었고, 이런 내가 좋았고
그랬는데 이 친구는 그렇지 않은 상태였으니까. 저 때문에
힘들다고 하고, 잘 모르겠다고 하고. 그런데 모르겠다고
하는 것도 저에게는 상처가 되는 거예요. 나를 만나고 있는
상태에서 모르겠다고 하니까. 만일 지금 상태에서 그런
친구를 만났다면 뭔가 다르게 했을 것 같은데, 그때는 그런
부분들이 정말 힘들었거든요. 나중에 제가 "우리는 친구로
있는 게 우리에게 적당한 거리인 것 같다"고 얘기했고, 이
친구도 받아들였고요. 그래서 지금까지도 친구로 잘 지내고
있죠.

**고등학교 때 그 사람을 짝사랑했던 경험 때문에 대학에
와서 다시 다른 여자 친구를 좋아할 수 있게 된 거고,
그러면서 '이게 예사로운 일이 아니군'이라고 생각하게**

여자 사람 친구

되어 뭔가 더 찾아보고 그렇게 된 거예요?

그런 부분도 분명히 있고요, 또 이런 게 있어요. 되게 여러 가지 이유가 복합적으로 있었던 것 같은데, 제 전공 특성상 수업 시간에 동성애에 관한 얘기들을 배우고 공부하는 경험을 했고요. 그 과정에서 교수가 "동성애 찬성하는 사람 손 들어봐. 반대하는 사람 손 들어봐"라고 하는 이상한 분위기에 놓인 적도 많았고. 여성학 수업을 들을 기회도 있었고, 새로운 세계가 열렸고. 이런 모든 것, 복합적인 이유들이 있었던 것 같아요. 고등학교 때는 나에 집중하고 있었어요. 자아가 폭발했던 시기였던 거죠. 내 감정이 너무 중요하고, 뭐 하나에도 되게 예민하고. 야자 시간에도 혼자 책상 들고 복도 나가서 창문 바라보면서 글을 쓰고. 굉장히 폐쇄적인 상태였는데 대학에 가서 새로운 세상이 열리게 된 거죠. 그리고 타인의 삶에 관심을 가지게 되었고요. 그래서 대학에 와서 성소수자 단체 활동을 하게 된 것도, 내 고민에서 출발해서 누구를 만나야 할지를 생각해보고 '세상이 변해야 한다'는 생각을 하기 시작하면서 뭐든 해야만 할 것 같았고. '내가 여자를 만날 것인데, 한국 사회가 받아들일 것이냐? 아니다. 그럼 그런 세상을 만들어야 나도, 우리도 안 힘들 것 아니냐?' 이런 생각들을 하면서 뭔가를 해야 한다는 생각을 강하게 했어요.

아, 당시에 가졌던 그런 생각들을 지금까지도 이어오고 있는 거네요.

네. 그렇기는 한데, 달라진 면도 있어요. 그때 당시에는 성소수자 문제에 딱 관심을 가지고 활동했던 거라면, 지금은 다양한 여성 문제에 관심을 가지게 되었죠.

처음 만나 헤어진 애인, 그 친구는 그 이후에 또 여자 친구를 만났나요?

그 친구랑은 전공이 달라요. 과도 달라지고 만나는 횟수가 많이 줄어들면서 거리가 멀어졌어요. 그 이후에 제가 다른 사람을 사귀고, 연애에 집중하면서 친구 관계에 소홀하게 되었죠. 그래서 그 이후에 그 친구가 정체화를 했는지, 또 다른 감정을 느끼게 되었는지를 확인할 기회는 없었어요. 그런데 지금 그 질문을 들으니까 한번 얘기를 해보고 싶다는 생각이 드네요. 요즘은 어떤지.

처음 시작했던 성소수자 단체 활동은 어땠어요?

10대 성소수자를 만날 일이 많고 활동 자체는 참 좋았는데 이런저런 이유로 오래 지속할 수는 없었어요. 그 후에 10대 관련한 교육 과정들에 참가하다가 모 청소년 단체 활동가들과 연을 이어나갈 수 있었고요. 대학 졸업 후에 그 단체에 들어가게 되었는데 이력서에 아예 커밍아웃을 하고 들어갔어요.

우와. 왜 이력서에 썼어요?

이력서에 커밍아웃을 한 것은, 내가 커밍아웃을 하지
않으면 내가 왜 그 단체에 들어가고 싶어 하는지, 들어가서
어떤 활동을 하고 싶은 건지를 설명할 수가 없는 거예요.
그래서 그걸 썼어요. 다행히 그 단체는 성소수자 문제에
굉장히 친화적인 분위기였고, 동성애 관련한 문제가
있으면 "이 문제는 완두한테 물어봐야겠다" 이런 분위기가
만들어지기도 했죠. 좋은 곳이었어요.

그 친구랑 그렇게 헤어지고 난 후에 또 연애를 했나요?

그 친구랑은 몇 개월 안 사귀었고, 그 후에 대학에서 또
같은 과 선배가 눈에 들어왔어요. 되게 예쁘게 생겨서
눈에 들어온 사람이었어요. 인기가 많은 사람이었어요.
남자들한테도 인기가 많았고요. 그랬는데 그 선배랑
어쩌다가 문자로 얘기를 하게 되었는데, 어느 날 저한테
결혼과 관련한 이야기를 했어요. 그때 저는 "저는 결혼을 할
수가 없어요"라고 말했어요. 그랬더니 갑자기 전화를 하는
거예요? "왜?"라고 묻는 거죠. 아마도 서로 뭔가 느낌이
있었던 것 같아요. 서로 '레즈비언이지 않을까?' 이런
생각을 했던 거죠. 그때 전화를 받고 이 사람이 왜 전화를

했는지도 알 것 같고. 그렇게 서로가 서로한테 커밍아웃을 한 거죠. 그러다가 많이 친해지고 서로 좋아한다는 걸 확인하게 되었는데, 알고 보니 그 사람이 애인이 있는 사람이었던 거죠. 그래서 서로 되게 많이 힘들어하다가 그 사람이 결국 애인하고 헤어지고, 그 후에 저랑 사귀게 되었죠. 2년 정도 사귀었어요. 처음 연애를 했던 건 그 동갑 친구였지만, 진짜 연애 같은 연애는 처음이었던 거예요. 서로 좋아하는 것을 마음껏 표현하고, 거리를 다닐 때 손을 잡고 다니고.

그런데 이런 부분도 있는 거죠. 내가 연애를 할 때 내 감정이라든가, 뭔가 이 사람에 대해서 마음에 안 드는 점이라든가 이런 것들을 어떻게 표현해야 하는지를 모르겠는 거예요. 이를테면 이 사람이 생일인데, 전 애인이 공연 티켓을 끊었다면서 거길 가겠다고 하는 거죠. 그러면 저는 또 사랑하면 그래야 한다고 생각하면서 되게 쿨하게 다녀오라고 한 거예요. 그렇게 애인이 공연에 다녀왔는데, 다녀오고는 SNS에 전 애인하고 같이 찍은 사진을 올려놓고는 "안 본 사이에 더 예뻐졌네. 사랑해" 이런 글을 올려놓은 거예요. 그 얘기를 했더니 그 사람은 일관되게 이렇게만 말하는 거죠. "나는 네가 갔다 오라고 해서 갔다 온 것뿐이다"라고요. "나는 그 문제에 대해 얘기하는 게 아니다"라고 말했지만, 계속 나를 "그런 것도 이해하지 못하는 애" 취급을 하면서 나쁜 사람을 만들어버리는 거예요.

그런 문제들이 계속 반복됐고, 제 입장에서는 그런 문제들이 풀리지 않은 상태로 계속 화해를 해야 했고. 이런 부분들, 연인 사이에서 발생하는 갈등들을 어떻게 대처해야 하는지 전혀 몰랐어요. 그저 '사랑하면 이렇게 해야 한다'는 생각이 더 강했던 것 같아요. 어떤 문제가 일어났을 때 바로 그 순간에 그걸 문제라고 생각하고 말할 수 있었으면 좋았을 텐데 그렇게 하지를 못했던 거죠. 나중에서야 "나 그때 좀 그랬다"라고 말하면 상대방은 "왜 그때 문제를 이제 와서 그러냐?" 이렇게 반응하고. 이런 것들이 계속 삐거덕 삐거덕거렸죠. 그러다가 여러 가지로 부딪치다가 헤어졌어요. 생각해보면 우리가 학교에서 "연애를 잘하는 방법" 같은 걸 배우지도 못했잖아요. 아는 게 너무 없었던 거죠. 그래서 경험하고 직접 부딪치면서 많은 것들을 배울 수 있었던 것 같아요. 너무 몰라서 어이없는 상황에도 자주 놓였고 그랬던 것 같아요. 시간이 흐르면서 나를 아끼는 방법, 상대방을 존중하는 방법들을 알게 된 거죠.

이야기를 듣다 보니 문제가 있던 시절도 있었지만,

완두님은 연애를 참 최선을 다해서 하시는 것 같아요.

맞아요. 저는 연애를 최선을 다해서 했던 것 같아요.
그렇게 하니까 헤어지고 나면 미련이나 후회 같은 게
남지는 않아서 좋아요. 가끔 연애가 끝나면 내가 밀당을
안 해서 그런가 싶은 생각도 들었는데, 저는 밀당을
하고 싶은 생각은 없어요. 내가 좋아하는 사람을 상대로
그렇게까지 해야 할 필요가 있을까 싶고. 그렇게 하는 거
너무 피곤하지 않아요? 따지고 계산하고 그러면서 만나야
하는 사람이 사회생활하면서 주변에 널려 있는데, 좋아하는
사람한테까지 뭘 그렇게.

지금도 연애하고 있는데, 몇 번째 사람이에요?

지금 만나는 사람이 다섯 번째 사람이에요. 그렇게 두
번째 만난 사람하고 헤어지고, 그 언니랑 그렇게 헤어질
무렵에 제가 독립해서 살고 있었거든요. 헤어지고 난 후에
제가 외로운 거예요. 연애가 힘들기도 하지만 좋은 부분도
있잖아요. 돌봄을 받는 부분들이요. 헤어지고 나니까
그런 게 사라지잖아요. 그러니까 힘이 들더라고요. '빨리
사람을 만나고 싶다'는 생각이 들었어요. 그런데 만날
방법은 없고요. 그러던 중에 아는 분이 누구를 소개해줬고
사귀었어요. 그 당시에는 어떤 사람을 내 앞에 데려다놔도
사귀고 싶었던 그런 상태였어요. 오는 사람 안 막는 그런

느낌으로. 나이가 저보다 많은 사람이었는데, 저를 참 가르치려고 했어요. 아무래도 그 사람 입장에서는 자기가 나보다 훨씬 사회생활을 오래 했고 가르칠 게 많았던 거죠. 그 사람하고는 그쪽에서 헤어지자고 하다가 다시 만나고, 내가 헤어지자고 했다가 또 만나고. 그러다가 헤어진 경우고요.

그 후에 레즈비언 사이트에 가입해서 거기에서 만난 사람이 있어요. 그런데 그건 급했던 마음에 그랬던 것 같아요. 그냥 무조건 사람을 만나고 싶어 했던 것 같아요. 그 사람하고는 7개월 정도 만났어요. 당시에는 말이 너무 잘 통했다고 생각했어요. 제가 얘기하는 것들에 대해서도 되게 반응을 잘 해줬고요. 그런데 결정적인 건 그 사람이 제가 하고 있는 일을 좋아하지 않았어요. "너만큼 일하면 몇 백은 받아야 하는 것 아냐?"라는 말들을 하는 거죠. 처음에는 안타까운 마음으로 얘기했었는데 나중에는 비난으로 가서 그 문제로 많이 힘들었어요. 그런데 처음에는 작은 것부터 시작해서 나중에는 큰 것까지 뭔가를 사달라고 하는 거예요.

그런 문제들로 부딪치다가 어느 날 제가 '이건 아닌 것 같다'는 생각을 하게 되었고, 그 무렵에 상대방이 먼저 제게 헤어지자고 하더라고요. 신기한 건, 제가 헤어져야겠다고 생각하면 상대방들이 먼저 헤어지자고 하는 것 같아요. 어떤 조짐들이 보이다가 결국 상대방이 헤어지자고 하는 거죠. 첫 번째 연애를 제외하고 나머지는 모두 그랬어요. 어쩌면 제가 저도 모르게 상대방들이 먼저 그렇게 나오도록 만드는 것일 수도 있고요. 헤어지고 나서도 좀 일이 있기도 했고. 여튼 그렇게 헤어진 거죠.

이 사람하고 헤어지고 나서 그렇게 뭔가 관계가 쳇바퀴 굴러가듯이 반복되는 실패라고 할까, 그렇게 하다가 그게 멈춰진 계기가 있었어요. 〈한국 여성의 전화〉에서 하는 '사랑에도 공부가 필요하다'라는 강의를 신청해서 들었거든요. 당시에는 뭔가를 해야 실연의 아픔을 이길 수 있을 것 같아서 거리가 먼데도 정말 꾸역꾸역 갔어요. 가서 들었는데, 연애, 사랑, 관계 문제에 대해서 배운 게 처음이었던 거예요. 그런 것들을 배우면서 약간 치유가 되었던 것 같아요. 나 스스로 힘을 냈던 것 같고요. 그러면서 꽤 오래, 그때부터 계속 안 했죠. 연애를 할 필요가 없었어요. 그 공부가 너무나 재미있었고, 〈데이트공작단〉을 하면서 만난 친구들이 너무 좋은 거예요. 이런 것에 대해서 얘기를 나눌 수 있는 것도 좋고.

그때 '내가 내 관계나 내 시간을 존중해줄 수 있는 사람을 만나고, 나도 그래야겠다'는 생각을 하기 시작했어요.
이전에는 이상형을 말하라고 하면 부치 같은 사람을
얘기한다거나 하는 식으로 되게 외향적인 것, 막연하고
추상적인 얘기들을 했었다면 이제는 좋아하는 사람을
매우 구체적으로 생각할 수 있게 되었어요. 그래서 지금
생각해보면 그 연애들을 실패라고만 생각하지 않아요. 그런
경험이 없었다면 지금 만나는 이 사람을 만날 수 없을 것
같거든요. 예전에 내가 가졌던 기준으로만 보지 않을 수
있을 때 만나게 된 사람이니까요. 지금 만나는 사람은 제
인생을 통틀어서 정말 행운이고 선물 같은 사람이거든요.
그런 시기가 없었다면 이 사람을 만나지 못했을 것 같아요.

**이전의 네 번의 연애와 지금의 이 연애는 다르다는
얘기죠? 뭐가 어떻게 다르던가요?**
옛날에는 연애를 시작할 때 이미 이별을 생각했어요.
헤어짐에 대한 불안이 되게 컸어요. 그리고 이 사람에게 늘
최고이고 싶고 최우선이고 싶고. 그런데 그게 사실 어려운
일이잖아요. 그리고 서로를 고립시키는 기대인 거고요.
그런 것들이 있었다면 지금은 이별을 여러 번 해봤으니까
언젠가는 이별할 수 있다는 것이 자연스럽게 깔리는
거예요. 하지만 이걸 미리부터 걱정하지 않게 되고, 관계에
대해서 조금 더 인간적으로 생각할 수 있게 되었어요.

이전에는 관계를 되게 낭만적으로 생각했던 것 같거든요.
다른 사람과의 연애를 보면서 비교하기도 했다면, 지금은
다른 사람의 연애가 별로 눈에 들어오지 않아요. 내가 지금
연애하는 사람은 이 사람이니까요.

우리가 오랜 시간을 다른 인생을 살아왔는데 같을 수 없다는
현실적인 생각들을 하기 시작한 거예요. 지금 연애에서는
서로 배려하고 각자 맺고 있는 관계를 존중해주고요. 예전에
이런 부분들은 질투의 대상이었어요. 그 사람이 하루 24시간
동안 어디에서 뭘 하고 있는지 알아야 했어요. 그리고
상대도 그런 것들을 요구했고요. 그런데 지금 관계에서는
그런 게 전혀 없어요. 몰랐으면 "몰랐네" 이러고. 지금 같이
살고 있는데도 그런 부딪침이 없는 거죠. 우리 관계가 이럴
수 있는 이유가 있어요. 제가 '사랑에도 공부가 필요하다'
강의를 듣고 〈한국 여성의 전화〉에 입사했어요. 그리고 그
강좌 사업을 맡게 된 거죠. 그다음 해에 강의를 열었는데
지금 애인이 그 강의를 들었고, 그 후에 〈데이트공작단〉
활동을 같이하게 되었어요. 그러니 우리가 연애나 사랑에
관해서 다양한 이야기들을 얼마나 많이 나눴겠어요?
연애관, 데이트폭력 등에 관해서. 관계를 어떻게 돌보고,
순간순간 내가 하고 있는 생각은 무엇이고, 이런 부분들에
관해서 계속 대화를 나누어왔던 사람이라 이런 얘기들을

하는 것이 되게 편안하더라고요. 사전에 이야기를 많이
나눠봤으니까.

내가 이전의 나와 지금의 나의 다른 점도 있겠지만, 똑같이
실수하거나 부족한 부분이 있을 거라고 생각해요. 그걸
예전에는 혼자 속으로 못마땅해하고 감추고 그랬다면
지금은 편안하게 말하거든요. 뭐든 다 이야기할 수 있으니까
그게 참 좋고. 말할 수 있는 게 굉장히 중요하다는 것을
알아가는 과정이라고 할 수 있어요. 많이 여유로워졌다고
느껴요. 저는 연애하면서 단 한 번도 여유로웠던 적이
없었어요. 늘 안절부절못했어요. 상대방이 바람나지 않을까,
이 사람하고 헤어질 땐 또 어떻게 헤어지지, 이런 생각들이
가득했어요. 그 관계에만 완전 몰입되어 있는 상태였어요.
친구들한테도 소홀했고 저의 다른 일도 소홀했고. 상대방이
하는 말에 진짜 영향을 많이 받는 거예요. 상대방의 말 한
마디 한 마디에 좌지우지되고. 그랬는데 지금 사람은 그런
무례한 사람이 아닐뿐더러, 혹시라도 서로가 오해할 수 있는
말들이 오갔다면 바로바로 얘기하는 편이에요.

그 이전까지는 연애를 하면 그 연애 관계에 올인을
하는 편이었군요. 친구들 관계를 굉장히 중요하게
생각하는 분이라고 했는데, 친구들을 섭섭하게 하기도

했어요?

지금 연애를 제외하고는 제가 연애를 하고 있는 사실을 아는
친구가 거의 없었어요. 주변에 레즈비언 친구들이 없어서요.
이성애자 친구들이었고, 제가 커밍아웃을 하기는 했지만
그 친구들한테 내 연애 문제는 관심 밖이었어요. 단 한 번도
직접적으로 물어본 적도 없고. 누굴 만나냐 등……. 아마도
저만 느끼는 소홀함이었을 거예요. 워낙에도 친구들을
제가 먼저 찾고 그런 편은 아니었거든요. 제 마음속에는 그
사람밖에 없었고 관심이 집중되어 있었으니까. 우정만 알고
있었는데 일대일의 독점적인 관계를 경험하면서 완전히
빠져 있었어요. 엄마가 내게 주지 못했던 사랑이나 관심을
애인을 통해 받으면서 애인에게 그런 무조건적인 사랑을
기대하고 있었던 것 같기도 해요. 지금은 관심사가 굉장히
비슷하니까, 여성단체에 소속되어 같이 활동도 했었고
하는 일 자체가 그런 부분이니까 그와 관련한 대화가 편할
수밖에 없고 좋아요. 관계도 서로의 관계를 존중해주고,
부딪치는 부분도 없고요. 제가 하는 일을 많이 지지해줘요.
그런 것들이 저에게 큰 것 같아요. 서로에 대해 가지고 있는
관심들을 표현하는 방식이 이전과 다른 거죠. 이전에는
뭔가를 사주고, 주말에 너에게 시간을 내고, 뭔가 이런
것들로 표현되고 그것이 전부인 것처럼 했다면, 지금의
연애에서는 서로가 하는 일을 궁금해하고, 그것에 관해 같이

얘기를 나누고 뭔가를 같이 해보고요. 굉장히 다른 방식인 거죠. 그 당시엔 내가 "사랑밖에 난 몰라" 류인 줄 알았는데, 지금 와서 생각해보면 내가 정말 필요했던 사람은 나를 지지해주고 내가 하는 일을 지지해주는 사람이었을지도 모르겠어요.

지금의 연애가 완두님 연애 인생 중에서 처음으로 두 분의 관계를 알고 지지해주는 친구들이 있는 커뮤니티 안에서 맺어진 관계인 거죠?

네. 그 이전에는 연애를 하면서 분명히 힘든 부분들이 있었을 때, 그것을 연애 당사자인 상대방이 아니라 친구들에게 이야기할 수 있는 장이 필요했다고 생각해요. 그런데 오로지 서로밖에 모르니까 주변에 아무도 없는 거죠. 그러면 늘 풀리지 않는 상태로 만나는 거예요. 지금은 이 사람과 갈등이 생긴다면 상의할 수 있는 사람들이 있는 거죠. 이런 환경이 굉장히 중요하다고 생각해요. 저는 이전에는 일대일 독점적인 연애에 대해서 부정적인 얘기들을 들으면 왜 저렇게 부정적으로 얘기하는지 이해하기가 어려웠는데, 이런 부분을 생각해보면 참 중요한 문제의식이라는 생각이 들어요. 만일 어떤 사람이 연애에 집중하느라 다른 친구 관계를 소홀하게 한다고 해요. 그런데 주변에서 욕해요. 이런 모습을 보면서 예전의 저는 '중요한 관계에 집중하는 게 당연한 거 아니야?'라고 생각했어요.

그런데 지금은 균형이 중요하다는 생각을 많이 하게 된
거죠. 지금 관계에서는 서로의 애정을 확인할 수 있는
통로가 다양해진 거예요. 과거에 비해서 비합리적으로
의심하고 생각했던 부분들이 상당히 없어진 것 같아요.
헤어지는 문제도 그래요. 지금 관계도 얼마든지 헤어질 수
있는 관계라고 생각해요. 하지만, 만일 헤어진다고 해도 이
관계는 정말 저에게 많은 것들을 깨닫게 해준 좋은 관계인
거예요. 관계에서 무엇을 더 중요하게 봐야 하는지, 어떻게
관계를 잘 맺을 수 있는지를 제게 가르쳐준 좋은 관계라서
이후 새로운 사람을 만나게 된다고 할 때 아주 좋은
영향을 미치게 될 것 같은 거죠. 이 모든 걸 깨닫게 해주고
변하게 해준 사람이 지금 이 사람이에요. 그 점이 상당히
감사하죠. 저는 더 이상 이별을 불안해하지 않아요. 그런데
이 사람하고는 헤어질 것 같지 않아요. 아마도 이 사람, 이
관계를 너무 신뢰하는 것 같기도 해요. 당연히 계속 같이 갈
것 같은 느낌이 들어요. 물론 헤어질 수도 있겠지만, 다른
관계에서의 이별과는 상당히 다른 방식이 될 것 같아요.

아, 뭔가 두 개의 생각이 부딪치는 것 같아요.
그러니까 기본적으로는 이 사람과 안 헤어질 것 같다는

생각을 먼저 하니까, 헤어지더라도 잘 헤어질 수 있을 것 같다는 생각을 하게 돼요.

중요한 거는 지금 관계에 매우 만족하고 있고 신뢰하고 있고, 이별을 생각하더라도 이전과는 다르게 생각하고 있다는 거죠?

그렇죠. 헤어질 것 같지는 않지만, 헤어지는 것을 미리 생각하면서 불안해하지 않을 수 있을 것 같다는 얘기죠.

헤어질 수 있다는 것을 상상할 수 없는 관계를 맺고 계시다, 이렇게 이해하면 되나요?

그렇죠. 이전에는 일어나지도 않을 불행에 대해 집중했다면 지금은 일어나지 않을 일을 생각하면서 불안해하지 않고 있다는 얘기고, 이런 부분에 대해서 상대방이 어떤 확신을 준다는 거죠.

지금 애인하고 같이 만나는, 교류하는 친구들이 많다고 했지요?

일단은 〈한국 여성의 전화〉에서 사업 끝내고 나서 활동 같이했던 친구들과 계속 만나고 있어요. 우리 관계를 응원해주고요. 그렇게 우리가 함께 아는 관계들과 함께, 또 저만 아는 제 친구들이 있잖아요. 제가 자긍심이

핑장히 많이 올라와 있어서 그 친구들에게도 커밍아웃도
하고 연애 얘기도 해요. 그렇지만 직접적으로 만나는
친구들은 아무래도 단체에서 만난 친구들이 대부분이지요.
이성애자인 기존 친구들의 삶과 저의 삶이 많이 달라졌고
공유할 수 있는 것들이 많이 줄어서 지금은 카톡 친구
같은 느낌으로 남아 있어요. 분명히 나를 환대해주는
공간을 더 자주 찾게 되는 것 같아요. 예전에 이성애자인
친구에게 커밍아웃을 했는데, 그 친구가 저한테 "너는
남자 역할이니? 여자 역할이니?" 이렇게 물어서 당시에는
'어떻게 저런 질문을 하지?'라고 생각하고 실망하고
그랬어요. 그렇지만 이제는 그렇게라도 질문을 해주는
게 좋은 거라는 생각까지 들고 그래요. 그런 관심이라도
보여주는 게 어딘가 싶기도 하고요. 뭔가 여유가 생긴 거죠.
그런데 그런 여유도 제가 지금 맺고 있는 이런 커뮤니티,
관계들이 있으니까 가지게 된 여유라고 생각해요.

**완두님은 커밍아웃에 대한 두려움은 전혀 없는 것
같아요.**
네, 없어요. 운이 좋게도 그런 두려움을 가질 필요가 없는
환경에 있으니까요.

가족에게 커밍아웃을 할 계획은 있나요?

여자 사람 친구

전혀요. 가족은 서로에게 관심이 없어요. 방임형 부모님이에요. 많은 경우 성소수자 청소년들이 고민하는 부분이 부모님에 대한 죄책감이잖아요. 저는 그런 죄책감이 전혀 없어요. 알게 되더라도 저에게 티를 내지 않았으면 좋겠어요. 그리고 부모님이 상상할 수도 없을 것 같긴 해요. 제가 레즈비언 관련한 물건들을 내 방에 막 드러내놓고 다니거든요. 그걸 보더라도 상상할 수 없을 거예요. 커밍아웃을 한다는 건 관계를 지속해서 잘 유지하고 싶은 사람에게 지지받고 싶은 마음에서 하는 거잖아요. 그런데 부모님과 저의 관계에서는 그런 관심 자체가 없으니까요.

완두님이 이성을 만나도 그 관계를 드러낼 필요가 없는 분위기라고 보면 되겠네요?

그렇기는 한데, 만약에 만나는 이성에 대해서 물어보면 답은 할 텐데 제가 먼저 말하는 경우는 없을 것 같고, 만나는 동성에 대해서 물어보면 "왜 그런 걸 물어보세요? 그런다 한들 뭐가 문제인가요?"라는 식으로 제3자의 문제를 말하듯 말하게 될 것 같아요. 우리 가족이 갈등이 많았다가 이제야 조금 평화로워졌는데 이 평화를 깨고 싶지 않은 마음이 있어요. 굳이 드러내면서 관계를 악화시키는 데 기여하고 싶지는 않아요. 제가 부모님으로부터 상처받고 싶지 않은 마음도 있고요. 커밍아웃을 하면 갈등이 증폭될 것이고,

결국 제가 그 반응들로 인해서 다시 상처를 받게 될 것
같아요. 그걸 감당할 자신이 없는 거죠. 엄마가 감당해야 할
어떤 짐을 하나 더 늘려주고 싶지 않기도 하고요.

가족 간에 상당히 무관심하다고 그랬는데, 이야기를
듣다 보니 완두님이 그런 무관심한 엄마를 많이
사랑하는 것 같기도 하고 그러네요.

네. 사랑하죠. 아, 이 질문을 받고 보니까 이게 참
신기한데요. 이전에는 누가 "엄마를 사랑해?"라고 물으면
"아니"라고 답했거든요. 그런데 많이 변했네요. 지금 그
질문을 받으니까 사랑하고 있는 것 같아요. 지금 가족들과
떨어져 살잖아요. 이게 되게 중요한 것 같아요. 물리적인
거리가 먼 게 아주 중요해요.

〈두 번째 만남〉

1차 인터뷰 녹취본 보내드렸는데, 읽고 들었던
생각이나 느낌이 어땠어요?

과거의 연애 이야기를 했는데 그걸 읽으니까 뭔가
이상하더라고요. '그들 중 누군가가 이걸 본다면 어떤
기분일까?' 이런 생각이 들더라고요. 연애가 끝나고 나면
지난 연애에 관해 서로를 나쁘게 기억할 수 있잖아요.

그러니까 그 사람들이 나를 나쁘게 기억하고 있을지도 모르겠다는 생각도 들고. '그 사람들에게 나는 어떤 사람으로 기억되고 있을까?' 이런 생각도 들었어요.

제가 드러나면 완두님이 곤란할 수 있는 부분들을 삭제하고 보내드렸는데, 추가로 더 잘라내고 싶은 부분이 없었나요? 수정을 별로 안 하고 주셨어요.
지난 인터뷰에서 드러나면 안 되는 부분들, 그런 얘기들을 아주 많이 했었잖아요. 그런데 수진님이 알아서 다 잘 잘라주셨더라고요. 그런데도 페이지가 많아서 '내가 말을 진짜 많이 했구나' 이런 생각을 했어요. 나머지 부분들은 더 삭제하지 않아도 될 것 같았어요.

1차본 읽고 조금 더 얘기해보고 싶은 부분이나 기록으로 남기고 싶었던 부분 없었어요?
네, 글 읽고 더 추가하고 싶은 부분은 없었어요. 어떤 얘기를 더 담아야 할지 모르겠고, 이 글을 읽는 사람들은 무엇을 더 궁금해할까 이런 생각은 들었어요.

알겠어요. 우리 지난 인터뷰 마지막에서 엄마와의 관계에 대해 이야기하다가 멈췄어요. 다른 가족들과의 관계 얘기가 궁금해요.

전반적으로 다른 가족들과 친밀감은 없는 편이에요. 친구들에게 우리 가족을 두고 "남보다 더 남 같은 사람들이다"라고 말할 정도예요. 아빠가 지나치게 가부장적인 분은 아니지만, 특별히 교류가 있는 편도 아니었고요. 별로 얘기한다거나 그래본 적도 없었어요. 가족들끼리 휴가철에 놀러 간다거나, 친척들과 섞여서 어울린다거나 이런 기억이 없어요. 친가, 외가 모두 관계가 좋지 않고 연을 끊다시피 한 상황이어서요. 저에게 가족은 어쩌다 보니 같이 살고 있는 그런 사람들, 저를 낳고 키워주신 분들 이상의 의미는 없어요.

아빠, 오빠에게도 커밍아웃을 할 계획은 없는 거죠? 엄마한테 안 하는 이유와 같은 이유로?

전혀 할 생각이 없어요. 그런데 엄마한테 안 하고 싶은 것은 엄마에게 어떤 짐을 지우고 싶지 않다는 마음이 있어서지만, 아빠와 오빠에게 하지 않는 것은 아예 그들에게 커밍아웃을 할 필요성 자체를 느끼지 못해서예요.

알게 하고 싶지 않지만, 아우팅을 당한다거나 이런 식으로 가족들이 알게 되더라도 별 상관은 없는 건가요?

가족들이 알게 되는 것을 상상하기는 어려운데, 만약

여자 사람 친구

부정적인 반응이 온다면 굉장히 당황할 것 같아요. 그나마
있던 좋지도 않고 나쁘지도 않았던 관계들이 이 문제 하나로
틀어지면 불필요하게 틀어지게 되는 것 같다는 생각이
들어요. 상관이 없지는 않죠. 상관이 없다면 알거나 말거나
그 자체가 상관이 없어야 할 텐데, 그렇게 생각이 들지는
않아요. 제 마음속에 이런 게 있는 것 같아요. 가족들과
뭔가를 같이하고 싶거나, 서로 생일을 챙기거나, 놀러
가거나 이런 식으로 엮이고 싶은 마음은 없어요. 그런데 이
사람들이 별일 없이 잘 살기를 바라는 마음이 있어서 그
정도는 확인할 수 있으면 좋겠다는 생각이에요.

다른 가족들도 가족에 관해서 완두님이 느끼는 그
정도의 마음으로 보고 있을까요?

그래왔죠. 그런데 아빠가 이제 50대 중반인데, 원래 전화도
안 하시던 분이 이제는 전화도 하시고 그래요. 전화해서
"출근했냐?", "밥 먹었냐?" 이런 것도 확인하시고 그래요.
제 휴가도 확인하시면서 같이 어디에 놀러 가자고도 하시고.
너무 낯설더라고요. 그런데 그런 걸 제안하는 걸 보면
아빠가 가족들과 뭔가를 하고 싶어 하시는 것 같아요. 저는
우리 가족이 어떤 선을 딱 지키고 있으면 좋겠어요. 각자 잘
지내고, 그 이상의 어떤 관심이나 개입이 없는 그런 상태요.
그런 상태가 저에게는 평화의 상태거든요.

그렇게 원가족이 있고, 지금은 완두님이 직접 만든 가족과 함께 살고 있잖아요. 그리고 앞으로도 같이 살 계획인 거잖아요. 지금 '내가 만든 가족이다, 내 가족이다' 이런 마음이 있어요?

네.

자기는 어떤 가족을 만들었어요?

원래 "가족"이라는 낱말 자체에 대한 불편함이 있었어요. 어릴 때도 다른 친구들이 "엄마랑 쇼핑을 간다"거나 "가족들과 놀이동산을 간다" 이런 말을 하는데 되게 낯선 거죠. 저는 그런 일이 전혀 없었으니까요. 그래서 친밀한 사람 혹은 사랑하는 사람들과는 어떻게 지내야 하고 어떤 부분들에 관심을 가져야 하는지를 몰랐던 거예요. 그런데 지금 애인과 애인 동생과 함께 지내고 있는데, 이 사람들과 살면서 그런 것들을 처음 알게 된 거였어요. 애인과 동생, 이 자매가 정말 친한 거예요. 서로 오늘 무슨 일이 있었는지 얘기하고, 회사에서 있었던 일 얘기하고. 누가 A에 대해서 얘기하면 상대방이 A를 또 다 알고 있고요. 서로가 서로에 관해 모르는 게 없는 거예요. 만나고 있는 친구, 학교 때 무슨 일이 있었는지 이런 걸 다 공유하고 있는 거예요. 저는 옛날에 이런 생각도 했었거든요. 만약에 내가 실종된다면 우리 엄마가 무슨 수로 나를 찾을 수 있나 이런 생각이요.

엄마는 내가 누구랑 친한지도 모르고, 내가 어디를 가는지도
모르고. 이런 걸 생각할 정도로 엄마가 저에게 관심이
없었거든요. 그래서 한때는 책상 유리 안에다가 친구
연락처를 적어서 넣어둘 정도였어요.

그런데 이 두 사람을 보면서 너무 낯선 거예요. 자매가
이렇게 친할 수 있다는 게 너무 놀라웠고. 어느 날 어머니가
오셨는데 이 자매가 엄마랑 너무 말을 많이 하는 거예요.
어머니도 정말 다정하게 말씀하시고요. 그런 것들이
처음에는 낯설고, 비교하면서 약간 불편하기도 했죠. 지금은
이제 그 영향들을 많이 받고 있어요. 제가 원래 같이 사는
사람들하고 얘기를 거의 안 하는데, 이제는 저도 말을 하고
있는 거예요. 그런 분위기에 익숙해지는 거죠. '아, 이렇게
같이 사는구나' 이런 생각. 내가 원해서 만든 것들, 하늘에서
뚝 떨어진 게 아니라. 이런 관계들이 있다는 게 놀라워요.
물론 같이 살면서 불편한 부분들도 있지만, 그런 불편한
것들까지 다 얘기할 수 있는 그런 관계요.

그 같이 사는 동생이 두 분의 관계를 알고 있는 건가요?
네. 알고 있어요. 그 동생도 〈데이트공작단〉 할 때
같이했었거든요. 동생이 애인에게 이렇게 말했대요.
"언니가 완두를 좋아하고 있는 것 같다." 그래서 애인이

저에게 고백할 수 있었다고 해요. 동생이 옆에서 코치도
해주고요.

**○○님도 그렇게 남동생하고 친하게 지낸다고
하더라고요. 저로서는 상상할 수가 없어요.**
저도 상상할 수가 없어요. 그동안에는 그렇게 자매나 형제가
친한 경우는 아마도 부모님 사이가 안 좋다거나 어떤 문제가
있어서 그럴 수 있는 게 아닐까 이런 생각을 했는데, 애인
가족을 보면 그게 또 아니더라고요. 온 가족이 정말 그렇게
친밀하더라고요.

**△△님 있잖아요. △△님 가족 관계도 그렇더라고요.
정말 놀라웠는데, 주변 사람들 보면 생각보다 많은 것
같아요.**
애인이 어떤 자리에서든 누굴 만나든 다정하고 챙기는
편이에요. 그런 것들이 가족 안에서의 상호적인 영향을
받아서 그런 것일 수도 있겠다는 생각이 들더라고요.

**완두님은 새로운 가족을 맞아서 전혀 경험해보지 못한
가족 간의 따뜻함을 보고 경험하고 있잖아요. 그럼
애인과 동생은 완두님을 상대로 지금 어떤 경험을
하고 있을까요? 왠지 완두님은 결정적인 순간에 되게**

여자 사람 친구

쌀쌀맞은 사람이 될 것 같은데 말이죠. 하하.

지난번에 우리 만나서 지하철 타고 가면서 그런 얘기 했었잖아요. 그때 헤어지면서 수진님이 내가 가지고 있는 그 쌀쌀함에 관해 말해보라고 했었잖아요. 인터뷰 이후에 집에 돌아와서 "수진님이 나한테 있는 그런 부분에 관해 말해보라고 하더라"라고 전했더니 애인이 제가 그런 얘기를 했었다고 그러더라고요. 그래서 "느낄 때가 있어?"라고 물었어요. 그랬더니 내가 주변 친구 관계 얘기를 할 때 어떤 차가운 면을 느끼기도 한대요. 그런데 애인 동생이 관계 맺는 패턴이 저랑 비슷하거든요. 애인이 동생을 보면서 그런 차가움을 느끼는 때가 있었는데, 저를 보면서도 그런 느낌을 받을 때가 있다고 하더라고요. 그런 부분 이외에는 애인과 동생에게 그런 차가운 면을 느끼게 하고 있지는 않은 것 같아요. 어떤 부분에서 그런 느낌을 주게 될지 지금은 상상하기가 어려워요.

이렇게 가족을 꾸리고 지내면서 불편한 점은 없나요?

불편하기보다는 부러운 마음이 들 때가 있어요. 예전부터 저는 언니나 여자 형제를 가지고 싶었어요. 그런데 두 사람이 서로 챙기는 모습을 볼 때 부러운 마음이 들어요. 그리고 두 사람이 살던 집에 제가 들어간 것이기 때문에 약간 이방인 같은 느낌이 들 때가 있어요. 때로는 제가 관찰자의 입장이 되어서 두 사람을 보게 되기도 하고요.
그런 생활에서 느끼는 이질감이 있을지는 몰라도 그것 외에
다른 불편함은 없어요.

지금 함께 산 기간은 어느 정도 된 거예요?
5개월 정도요.

나중에 애인하고 둘이 따로 살고 싶은 생각도 있어요?
아니, 없어요. 처음에는 애인하고 둘이서만 사는 것도 보통
일이 아닐 텐데 셋이 산다는 게 쉬울까 하는 걱정이 있기는
했어요. 그런데 되게 잘 맞더라고요. 저는 같이 살더라도
개인적인 면들이 있어야 한다고 생각하는데, 각자 그런
부분들이 있는 거죠. 서로 개인적인 시간들을 존중해주는
분위기예요. 그런 부분들이 참 잘 맞아요. 그러다 보니까
지금 이대로 좋다는 생각이 들더라고요.

**이제 남은 질문들은 맥락 없이 물어볼 거예요. 그냥
떠오르는 대로 편하게 답해주시면 됩니다. 제가
'사랑이 뭔가?' 하는 것에 관심이 있어요. 그래서
물어봐요. 도대체 '사랑', '연애'가 뭔가요? 뭐라고
생각하세요?**
사랑이나 연애가 뭐냐고요? 그러게요. 같이 사는 법을

배우는 과정이라는 느낌이 들어요. 오랜 시간 동안 혼자
사는 느낌으로 살다가 연애를 하면서 받아보지 못했던
관심을 받아보고, 예전에는 그런 관심조차를 가져본 적이
없는데 누군가가 지금 이 시간에 뭘 하고 있는지 등이
궁금해지는. 이런 경험을 통해서 나의 또 다른 면을 보게
되는 것도 같고, 같이 사는 게 뭔지도 새로 알게 되는 것
같고요. 그 자체가 사랑하는 것을 배우는 것이 아닐까.
남들과 살아가는 법을 배우는 것, 내가 혼자가 아니라는
것을 배울 수 있는 어떤 행위인 것 같아요. 사랑도 연애도요.
지금 〈데이트공작단〉 하던 친구들이랑 〈동행동〉이라는
모임을 만들어서 하고 있는데 그 친구들과도 그런 감정적인
교류들, 경험들을 나누고 있거든요. 불쾌한 일이 있을 때
서로 들어주고 얘기해주고. 이 정도까지 서로에게 관심을
보이고 서로 돌봐주는 이런 관계는 처음 맺어요. 연애도,
친구 관계에서도 남을 위해서 제가 관심을 보인 적은 있지만
제가 그런 관심을 받아본 적이 없었거든요.

그런데 지금은 제가 힘든 일이 있으면 제가 카톡 창을
열어서 막 쓰고 있는 거예요. 지금 만나고 있는 사람들과의
이 친밀함이 되게 커지니까 사랑이라는 개념도 크게
느껴지기 시작했어요. 예전에는 '사랑'이라고 하면 연인을
먼저 떠올렸거든요. 그런데 지금 수진님이 '사랑'이라고

말하자마자 지금 내가 맺고 있는 이 관계들이 딱 떠오르더라고요. 갈수록 우정이나 사랑, 이런 경계들이 없어지는 거예요.

최근에 단체 활동가들이랑 이야기를 했는데, 한 친구가 이런 말을 하더라고요. "내가 좋아하는 친구가 다른 친구에게 더 관심을 보이거나 다른 친구에게 조금 더 애정을 표현하고 그러면 질투가 나. 연인이 그럴 때는 안 그랬는데, 친구한테는 그런 느낌을 받네." 그때 우정이나 사랑에 관해서 여러 이야기들이 오갔는데 '아, 이렇게 서로 다르구나' 하는 생각이 들었어요. 어쩌면 같은 감정적인 경험을 하고 있는 것인데, 누구는 그것을 사랑이라고 정의하고, 또 다른 누구는 우정이라고 정의하고 그러는 거잖아요. 그리고 사랑보다 우정이 더 불타오르는 경우도 있는 거죠. 그래서 굳이 그런 이름을 붙이는 게 그렇게 중요한가 하는 생각이 들어요. 이름 붙이기 나름인 것 같아요. 개개인마다 맺고 있는 관계마다 다르게 규정할 수 있거나 규정하지 않거나 그럴 수 있을 것 같아요.

연애에 관해서도 생각이 많이 변했어요. 지난번 인터뷰에서도 말했지만, 예전에는 연애에 관한 여러 가지 두려움을 가지고 있었던 것 같아요. 그런데 〈데이트공작단〉

활동을 하고 그 친구들을 만나는 과정에서 내가 굳이 연애하지 않아도 잘 살 수 있다는 생각이 들었고, 연애 자체를 생각할 때 그간 느꼈던 두려움들을 더 이상 가지지 않게 된 것 같아요. 만일 애인이 없다면 그 시간에 그 친구들을 만나면 되는 거죠. 어떤 대상에게 관심과 에너지를 쏟느냐의 문제이지, 그게 곧 연애로 귀결되는 문제는 아니에요.

완두님 이야기를 듣다 보니 완두님은 이런저런 경험을 통해서 정의하고 경계를 나누고 하는 일에서 멀어진 것 같아요.
그런 게 있잖아요. 여성학 공부를 하다 보면 해체, 경계를 나누는 것에 관한 문제들. 당시에는 읽을 때 그 개념들이 어려웠거든요. 그런데 제가 경험을 통해서 경계를 나누지 않는 것이 중요한 순간들을 경험하니까 다르게 생각하게 된 것 같아요. 책을 통해서 배워서 '그런 경계는 없어져야 해!' 이랬다기보다는 정체화 과정도, 연애도, 사랑이나 우정에 관한 것들도 그렇고요, 모든 것을 경험을 통해서 배우게 된 것 같아요.

멋있어요. 불자 같아요. 불자는 아니죠?
뭐가 멋져요. 하하. 불교는 잘 모르지만, 예전에 윤리 과목에서 불교 부분 배울 때 되게 좋았어요.

**여성학 책을 통해서 여성주의라는 개념을 접하지
않았어도 여성주의자로 사는 사람들이 있고, 불교 책을
읽지 않았어도 불자처럼 사는 사람들, 성경 한번 안
읽어봤어도 예수님처럼 사는 사람들이 있잖아요. 그런
사람 같아 보이네요.**

〈동행동〉 친구들하고 그런 얘기 하거든요. 굳이 스스로
여성주의자라고 정체화하지 않아도 얼마든지 그 삶 자체가
여성주의 자체인 그런 사람들이 있잖아요. 그런 사람들을
만나는 활동을 해보면 어떨까 하는 이야기들도 나누고는
했거든요.

〈동행동〉은 어떤 모임이에요?

〈데이트공작단〉 활동을 같이했던 친구들의 일부가 나와서
만든 모임이에요. 서울시에서 청년 활동에 지원해주는 게
있는데, 최근에 선정됐어요. 그래서 글쓰기 작업하려고
준비 중이에요. 한 달에 한 번 정기적으로 모임을 했었는데,
10월까지 결과물이 나와야 해서 최근에는 일주일에 한 번
정도 만나고 있어요.

몇 명이 함께해요?

일곱 명이요.

**〈동행동〉은 앞으로도 지금의 형태로 운영되나요?
아니면 단체로 만들 계획이 있나요?**

모르겠어요. 우리가 제일 중요하게 생각하고 있는
건 이 활동이 재미가 있어야 한다는 거예요. 사는 게
되게 팍팍하잖아요. 우리 모임 사람들이 대부분 빈곤
여성들이거든요. 여러 가지 어려운 사건을 겪고 있는 사람도
있고요. 이런 상황에서 힘들게 지내는 24시간 중에 〈동행동〉
활동이 재미있는, 놀이 같은 활동이어야 한다고 생각하고
있거든요.

**완두님은 친구를 한번 사귀면 그 마음이 계속 이어지는
편이라고 했잖아요. 지금 활동하는 〈동행동〉 친구들도
완두님 마음에 들어왔나요?**

네.

일곱 명이 모두요?

네.

우와! 그게 가능해요?

어려울 때 어려운 문제들 나누고 했었던 경험들

때문에 그럴 수 있는 것 같아요. 모임의 시작이
〈데이트공작단〉이었잖아요. 그러다 보니 아무래도 사건
얘기들, 안 좋은 경험들, 가해자를 같이 규탄하고, 남성
문화나 집단에 관해서 얘기하면서 공감대를 형성하게
됐어요. 그 모임을 하면서 지금 모임에 있는 사람들뿐만
아니라 저 역시도 기존의 친구들과 다르게 이런 이야기들을
나누고 공감할 수 있었으니까요. 그래서 가능했던 것
같아요.

**벌써 그 친구들하고 1년 넘게 지내온 거네요. 이
친구들하고 오래 인연 맺으면서 가겠네요?**
모를 일이지만, 아마도 그럴 것 같아요. 모임 하는 친구들
중에서 우리 공동체를 만들어서 사는 문제를 깊게 생각하는
친구도 있고요.

완두님은 종종 노후에 관해서 생각하나요?
저는 원래 노후 생각을 안 했어요. 생의 욕구보다 죽음의
욕구를 더 많이 생각해왔고, 미래를 생각하지 않았어요.
그냥 '오늘을 살자' 주의라고 할까요. 지금도 그런 편이기는
한데, 지금 친구들하고 관계를 맺으면서 그리고 애인하고도
같이 살게 되면서 미래를 조금씩 생각하게 되는 것 같기는
해요. 미래를 생각하는 건 경제적인 문제도 그렇고 뭔가

두려움을 불러일으키는 문제잖아요. 그런데도 조금씩 내가 이렇게 미래를 생각한다는 건, 과거에 비해서 조금 더 생의 욕구를 갖게 되었다고 할 수 있을 것 같아요. 좋아하고 마음이 맞는 사람들을 만나면서 미래를 생각하게 된 거죠. 불과 1년, 2년 정도에 벌어진 일들이죠.

최근 1년, 2년 사이에 완두님이 많이 변한 것 같아요. 그런 건가요?

다른 어떤 시기보다 굉장히 안정적인 생활을 하고 있는 것 같아요. 저는 자원이 많은 환경에 있었던 것 같아요. 좋은 사람들도 만났고요. 여유가 있으니까 낙관적으로 생각하게 되는 것도 같고요. 복이라고 생각해요.

마지막 질문인데요, 불교 공부해보고 싶은 생각은 없어요?

아니, 저 있어요!

이제 정리할 건데요, 마지막으로 기록에 남기고 싶은 얘기 있어요?

아, 이제 이 기록이 블로그에 올라가잖아요. 10년 후에 내가 이 블로그에 들어와서 이 인터뷰 글을 읽으면 어떤 느낌이 들까가 너무 궁금해요.

여자 사람 친구

"나는
레즈비언
이고
페미니스트
입니다"

랑랑은
1973년생이고,
부산에 거주하고
있다.

종교는 불교이며,
직업은 타로
연구가이자 인권
운동가다.

랑랑은 한국
레즈비언 운동사에
기록되고
기억되어야 할
멋진 레즈비언
활동가다.

〈첫 번째 만남〉

우선 언니를 인터뷰하게 되어 정말 영광입니다.
아이고, 아니에요.

**오늘 인터뷰해주시고 또 시간이 흘러서 70대 이후에
한번 더 해주시고요. 그리고 오늘 인터뷰 한 번으로는
어렵고 추가 인터뷰가 필요할 것 같아요. 서울에 오실
때마다 해주시면 좋겠어요.**
네네. 알겠어요. 그럴게요.

**제가 카톡으로도 미리 말씀드렸지만 정체성, 연애,
활동, 커뮤니티, 친구들, 원가족, 내가 만들고 싶은
가족, 커밍아웃, 노후, 기록에 남기고 싶은 이야기들 등**

다양한 주제의 이야기들을 나눠주시면 됩니다. 먼저 지긋지긋한, 더 이상 새로울 것 없는 정체성에 관한 얘기부터 시작해볼까요.

정체성은 예전에 〈끼리끼리〉 활동하면서 많이 얘기 나누고 생각하고 그랬던 것 같아요. 신입회원들이 단체에 오면 교육을 받는데, 교육 과정 중에 꼭 이런 말이 나왔죠. "언제 정체화를 했냐?" 그랬던 기억이 나네요. 그런 방식으로 당시에는 생각을 많이 했는데 지금은 '정체성'이라는 낱말 자체를 많이 쓰지 않는 것 같아요. 워낙에 광범위하게 '퀴어'라고 표현하는 분위기가 대세인 것 같고요. 하지만 저는 스스로를 '퀴어'라고 표현하지 않고, '레즈비언'이라는 표현으로 설명하는 것을 선호하고 더 주장하는 편이에요. 제 마음은 늘 제가 '급진적인 레즈비언 페미니스트'이기를 바라고요.

저는 초등학교 다니던 시절을 돌이켜 생각해보면 여자애들하고의 관계가 뭔가 참 불편했어요. 느낌이 그랬어요. 뭐랄까, 내가 여자애들을 보호하고 싶다는 생각을 자주 했어요. 남자애들을 보면서는 그런 생각을 한 적이 없었어요. 중학생이 되면서 여중에 들어갔는데, 그런 마음이 더 드는 거예요. 아시다시피 제 외모나 성격이 중성적인 느낌은 아니잖아요. 소위 '남자 같은' 성격이나 외모도 아니었고요. 그런데도 여자 친구들을 그렇게 보호하고 싶었고, 친구들과의 관계가 특별하고 그랬어요. 그 관계가 섹슈얼한 관계는 아니었지만 늘 애틋한 느낌으로 관계를 맺어왔어요. 고등학교 1학년 때에는 저를 좋아하던 친구가 자기가 썼던 일기장을 읽어보라고 줬는데, 일기 내용 중에 이런 내용이 있었어요. "우리는 동성연애자가 아닐까?" 이런 말이 써 있는 거예요. 정말 생전처음 들었던 거예요. 저는 '동성연애자'라는 말을 그때 처음 들어봤어요.

당시에 두 분이 사귀는 상황이었던 거예요?
아니요, 그런 관계는 아니었어요. 그 친구가 저를 많이 좋아했던 것 같아요. 그 친구가 꽃 선물을 한다거나 애정 표현을 잘하는 친구였어요. 학교에 소문이 다 날 정도로 그랬어요. "쟤는 랑랑을 좋아한다", "랑랑이 없으면 못 산다"는 얘기들이 돌았을 정도였거든요. 어쨌든 그 일기장에서 그 낱말을 처음 보고 큰 충격을 받았어요. 아무래도 '연애'라는 표현 자체가 뭔가 부정적인 느낌이기도 했고, '대체 저게 무슨 소리인가? 연애면 연애지, 동성연애는 뭔가?'라는 생각을 했던 거예요.

그런데 두 분이 사귀는 것도 아닌데 왜 "우리"라고 표현했던 거죠?

아, 그 친구가 저를 좋아하는 상황이었지만 저 역시도
그 친구가 아니었을 뿐이지, 다른 친구들과의 관계가
특별하기는 했었고 그런 부분을 그 친구도 알고 있었거든요.
그런 의미에서 그 친구가 '우리들이 맺고 있는 이러한
관계를 동성연애로 표현할 수 있지 않을까?'라고 생각했던
것 같아요. 일기장을 저에게 준 것은 자기 마음을 제가
알아주기를 바라서 그랬던 것 같아요. 여하튼 그때 생각하기
시작했어요. 깊이 생각하거나 부정적으로 생각하거나
그렇지는 않았고요. 중학교 때도, 고등학교 때도 늘 여자
친구들과의 그런 애틋하고 특별한 관계를 맺으면서
지내왔어요.

생각해보면 아까도 말했듯이 제 외모가 일단 보이시하고는
거리가 멀었음에도 성격은 남달랐던 부분이 있었던 것
같아요. 예를 들면 리더십이 있는 편이었고, 뭔가 부당한
일들에 대해 문제 제기하는 것에도 큰 어려움을 겪지
않았고요. 성격 자체가 뭔가 도전하고 새로운 일을 찾아
시도하고 이런 편이거든요. 놀기도 잘 놀고 적극적이고
활달하고요. 아마도 여자 친구들이 그런 모습들을 좋아했던
게 아닌가 하는 생각이 들어요. 나야 뭐 늘 여자 친구들이
좋았고요. 제가 좋아했던 친구들도 사실 이런 스타일의
친구들이었다고 말할 수도 없어요. 페미닌한 친구들도

있었고 보이시한 친구들도 있었고. 사실 그런 구분 자체가
별 의미가 없는 그런 분위기였어요. 저도 그런 부분들에
의미를 둔 적이 없고요.

다시 돌아가면 그 친구로부터 그런 이야기를 듣고, 이후에
서울로 취업해서 올라가기 전에 그 친구랑 잤어요. 그
친구를 좋아해서 잤던 건 아니고, 뭔가를 확인하고 싶은
마음에 그랬던 것 같아요. 그땐 아무래도 주입된 사회적인
성애, 이를테면 자봐야 안다 하는 그런 생각이 있었던 것
같아요. 그 친구는 항상 저랑 자기를 원했고 어찌어찌
상황이 되어서 자게 됐는데, 좋더라고요. 뭔가 편안함 같은
것을 느꼈던 것 같고. 사실 어린 시절에 우리 집에 책이
많았어요. 책들 중에 소설들도 있었는데, 읽은 소설들 중에
여자들끼리 자는 얘기가 나오고는 했어요. 그 후에 저도
그런 부분이 늘 궁금하기는 했었는데, 아마 그런 실천을
해보고 싶은 마음도 있었던 것 같아요. 저는 도전하는 걸
굉장히 좋아했거든요. 하하. 그 후에 저는 학업과 취업
때문에 서울로 올라가게 됐어요. 그렇게 그냥 그 친구와의
관계가 끝났고요. 그 친구가 나중에 서울에 올라왔는데,
내가 비겁하게 도망쳤어요. 여하튼 그렇게 부산을
벗어났어요(집착하는 것 같아 약간 무섭기도 했고요).

서울로 취업해서 올라가게 되었어요?

네. 우리 집 분위기가 정말 너무나도 가부장적이었어요.
그런데 저는 그런 부분들에 순응하기 싫었고 순응하지
않았거든요. 이해할 수 없는 부분들을 수용하기도 싫고,
반항하고 싸우고 그랬어요. 어렸을 때 그런 문제들로 인해서
맞기도 많이 맞았어요. 그래서 저는 늘 집을 벗어나고
싶었어요. 그래서 고등학교도 기숙사가 있는 학교를 찾아서
가고, 고등학교 때에는 취업 자체를 집에서 먼 곳으로,
그렇게 서울로 가게 된 거죠. 그냥 저는 일을 저지르고
말하는 편이었어요. 미리 떠날 거라는 사실을 알리지 않고,
뭔가 다 결정한 다음에 말을 하고 떠나오는 거죠. 그래야
잡을 수가 없잖아요. 서울에 있는 유명 회사에 취업했다는데
무슨 수로 안 보내겠어요.

그렇게 회사에 다녔어요. 회사 선배 언니들이 저를 참
좋아해줬어요. 그러다 보니 주변에 있는 남자들을 저와
연결해주고 싶어 했고. 한번은 선배 언니가 자신의 남동생을
소개해준 적이 있어요. 당시에는 휴대폰이 있던 시절도
아니었잖아요. 그런데 그 남동생이 영화관 영화를 예매했고
"언제, 몇 시까지 어디로 나와라" 이렇게 전달한 거예요.
나가고 싶지 않았는데 연락할 길도 없고, 선배 언니와
저의 관계를 생각해서라도 나가지 않을 수가 없었어요.

결국 그 남자애랑 잠깐 사귀게 되었어요. 아마 그 선배 언니의 예쁨을 받고 싶었는지도 모르죠. 그때 '나는 정말 남자에게는 관심이 없는가?'라는 궁금증이 있었고, 그 역시도 도전하는 마음으로 실행에 옮겨 확인해본 것 같아요.

정말 매사에 참으로 도전적이네요. 하하.
한번쯤 해보고 싶은 생각이나 느낌이 들면 일단 도전해서 직접 경험하는 편이에요. 그렇게 뛰어들어 직접 경험하면 기존에 가지고 있던 생각이나 느낌이 더 공고해지기도 해요. 그러니까 정체성 문제도 처음부터 나는 여자를 좋아하는 사람이라고 딱 규정을 먼저 하고 보는 게 아니라, 그런 생각이 들더라도 다양한 경험을 하면서 확인해보는. 물론 지금은 성애가 많은 부분이 아니라는 것을 각성했고. 더 생각해볼 것들을 만들고 스스로 확인하는 그런 과정을 보내온 것 같고, 그런 걸 중요하게 생각하는 것 같아요. 그런데 그렇게 그 남자애랑 사귀고 나니까 각성이 더 되는 거예요. 안 되겠는 거예요. 그래서 결국은 제가 밝히고 헤어졌어요.

뭐를요?
그 남자 친구가 굉장히 자존심이 강한 친구였어요. 물론 그렇기 때문에 말하기가 조심스러운 부분도 없지 않아

있었어요. 폭력적으로 돌변할 수도 있으니까. 그렇지만
나는 말하지 않을 수가 없었어요. 다른 이유를 떠올릴 수도
없고, 다른 이유를 대도 그 친구가 받아들이기 만무한
상황이었거든요. 그리고 속이고 싶지 않았어요. 나 스스로가
그게 용납이 안 됐고요. 그리고 확실하게 관계를 끝내기
위해서라도 매우 솔직하게 말해야 한다고 생각했고요.
그래서 말했죠. "나는 여자를 좋아하는 사람이다. 이 관계를
유지할 수가 없다"고요.

그 친구랑 헤어지고 1995년이었나, 어떤 잡지에서
〈한국여성민우회〉 정보를 처음 접하고 〈민우회〉에
찾아갔어요. 어릴 때부터 여성 차별에 관한 한이나 울분
같은 것이 있었고, 직장을 다니면서 유리천장을 끊임없이
경험하면서 그런 부분이 참 목말랐던 것 같아요. 그래서
〈민우회〉에 어렵지 않게 찾아갈 수 있었던 거죠. 당시에 서울
장충동에 사무실이 있었던가 그래요. 찾아가서 회원 가입도
하고. 가입하고 5개월 정도 지났을 무렵에 또 다른 잡지에
〈끼리끼리〉에 관한 기사가 있는 거예요. 뭐랄까, 그 기사를
읽는데 나의 삶에 광명이 비추는 느낌을 받았어요. '바로
여기구나!'라는 생각이 들었죠. 그래서 연락처를 물어물어
찾아서 사무실에, 충정로인가에 있었던 사무실에 가게 된
거죠.

**아, 혹시 〈민우회〉에서 회원 활동을 하는 과정에서
〈끼리끼리〉 관련 정보나 소식을 접할 기회는
없었어요?**

네, 전혀 없었어요.

**아, 그럼 〈민우회〉 회원 활동하는 중에 단체에
커밍아웃을 하셨어요?**

아니요.

**그럼 〈민우회〉 활동 하시면서 단체 내외부에서
레즈비언을 만난 적은 있었어요?**

아니, 없었어요. 그때는 그런 부분들을 말하거나 묻거나
하는 분위기 자체도 없었고요.

그랬군요. 네, 이야기 계속해주세요.

지금 생각해보니 만약 당시에 〈끼리끼리〉를 만나지
못했다면 〈민우회〉 활동을 하면서 지냈을 수도 있었겠다는
생각이 들어요. 아무래도 여성 차별 문제나 여권에 지대한
관심을 가지고 있던 상황이기도 했고, 개인적으로도 매우
관심을 가지고 있는 영역이었으니까요. 그런데 결국 그렇게
〈끼리끼리〉라는 단체의 존재를 알게 되었고, 그 잡지 기사를
읽자마자 그날로 바로 찾아갔던 거예요. 그렇게 〈끼리끼리〉

여자 사람 친구

활동을 시작하게 된 거죠.

가입하던 시기에 전XX 씨가 회장이었어요. 분위기는
친목모임이었고요. 그리고 그때 그 친구 이후에는 여자
친구를 만나지 않았잖아요. 그래서인지 여자 친구를
사귀어보고 싶은 마음도 컸었고요. 그리고 당시에 '송지나의
취재파일' 방송이 나간 직후였던지 단체에 많은 사람들이
찾아왔던 거예요. 가입하면 신입회원 교육을 받았는데,
당시에 교육해주었던 사람이 변XX 씨였고요. 그분으로부터
신입회원 교육도 받았고. 가입하자마자 연애할 수 있었고요.
3개월 정도 사귀었어요. 좋게 끝나지는 않았지만요. 단체에
와서 처음 사귀었던 그 사람이 어느 날 갑자기 연락도 없이
사라졌어요.

나중에 그 사람 지인으로부터 연락을 받았는데, 그
사람이 구치소에 있던 거예요. 알고 보니까 그 사람이
내게 알려줬던 모든 게 거짓말이었던 거예요. 그 사람이
사기꾼이었던 거예요. 주변 사람들에게 폐 끼치고 결국 잡혀
들어갔는데, 조사를 하다 보니 그 사람과 내가 연결되어
있던 거죠. 그래서 그 사건들의 전모를 알고 있는지, 내가
공범인지를 확인하는 거예요. 시간이 흘러서 구치소에 있던
그 사람으로부터 편지를 받았어요. 한번 와줬으면 좋겠다는

거였어요. 물론 저는 전혀 가고 싶지 않았고, 안 갔죠.

그런 일을 겪은 후에 진짜 많은 생각을 했어요. '이 커뮤니티가 안전한가? 이 커뮤니티에서 사람을 만나도 되는 건가? 이래서 어떻게 사람을 믿고 만남을 가질 수 있는가?' 당시에는 거의 다 가명을 썼잖아요. 개인들의 정보가 안전해야 한다는 생각이 많았으니까요. 그 개인들의 정보가 잘못 사용되지 않도록 하기 위해서 안전하게 닉네임을 쓰기도 하고 개인 정보를 서로 잘 교환하지 않았었는데, 그런 우리 커뮤니티 분위기가 저에게는 뭔가 더 안전하지 않은 상태에 있게 했고요. 하여튼 당시에 생각이 정말 많았어요. 그렇게 그 사람하고는 자연스럽게 헤어진 거예요. 그 후에 재미있게도 그 사람의 소식을 전해준 사람 있잖아요. 그 사람하고 또 사귀게 된 거죠. 아, 사귀게 되었다기보다는 이런저런 이야기를 서로 나누면서 그 사람하고 잤어요. 그리고 그 사람이 사귀자고 해서 또 사귄 거죠. 그런데 그 사람이 이런 말을 하는 거예요. "사실 나는 애인이 있고, 같이 사업도 하고 있다"고요. 그런 얘기를 하기에 "나는 이런 관계로 지낼 수 없다"고 말하고 그 관계도 정리했어요.

운이 없었네요.

여자 사람 친구

초반에 이런 일들이 많고 반복되니까 그게 참 힘들더라고요.
롤모델도 없었고, 그렇게 무작정 경험하고 부딪혀가면서
많은 걸 배워나갔던 것 같아요. 그럴 때 많이 갔던 곳이
'레스보스'였어요. 자연스럽게 〈끼리끼리〉를 아니까 마포
서교호텔 뒤에 있었던 '레스보스.'

'홀리데이 인 서울!'

아, 맞다! '홀리데이 인 서울!' 그 뒤에 있었던 '레스보스.'
'레스보스'에 자주 갔죠. 그 이후에 〈끼리끼리〉의 회원이
되면서 활동도 시작하게 된 거고요. 활동 시작하면서 가장
먼저 이슈로 생각했던 건 총파업 등에 우리도 레즈비언
정체성을 들고 함께하자는 문제였어요. 이건 당시에
같이 활동하던 친구가 제안했던 건데, 노동자 총파업
집회가 열리는 곳에 우리가 레즈비언이자 노동자로서
함께하자는 내용이었죠. 1996년 12월이었고, 김영삼
정권에서 노동법 개악 저지를 위한 집회가 있었는데 우리도
결합했어요. 미리 유인물도 만들고 배포도 하고. 집회에서
〈친구사이〉에서 활동하던 게이들도 만나게 되었고요.
그렇게 알음알음 모이게 됐고, 12월 내내 다 함께 여기저기
집회에 다녔어요. 그 후에 '〈끼리끼리〉가 친목모임에서
인권 모임으로 갈 것인가' 하는 중대한 문제를 논의하게
됐어요. 초기에 단체 이름에 '한국', '인권'이 없었던 거죠.

당시에 토론회도 열고 총회를 열었어요. 열심히 했어요.
친목모임으로 시작한 모임이니까 의견이 갈리는 거죠. 결국
인권운동 단체로 나아가는 것으로 결론이 났어요. 그래서
〈한국여성동성애자인권운동모임 끼리끼리〉로 이름도
정비하고 조직도 정비한 거죠. 1996년 겨울부터 1997년
1, 2월 정도에요.

저는 처음 듣는 얘기네요. 이게 웬일인가요.
처음에는 〈끼리끼리〉라는 이름만 썼던 것 같아요.
친목모임이었으니까. 〈초동회〉에서 갈라진 모임이잖아요.
그 후에 그냥 〈끼리끼리〉, 친목모임 〈끼리끼리〉라는
내용으로. 그렇게 인권 단체로 단체 성격이 바뀌고, 인권
단체로서 일정 정도의 커밍아웃을 필요로 하는 부분이
생기잖아요. 이런 부분들을 불편해하고 원하지 않는
사람들도 있으니까 각자 그 부분에 관한 의견을 공유했어요.
그래서 원하지 않는 사람들은 모임을 탈퇴하고, 인권 단체로
위상을 바꾸는 데에 찬성하는 사람들이 남게 된 거죠.
저는 그 논의 이전에 이미 총파업 등 여러 집회에 다니던
상황이었잖아요. 그래서 활동하면 어떻겠느냐는 제안을
받았고, 그렇게 본격적으로 활동을 시작하게 되었어요.
당시에 직장에 나가고 있어서 전업 활동가로 활동했던 건
아니고요.

여자 사람 친구

그런데 인권 단체로 출범하기 전에 어떤 사건이 있었어요.
또래 집단이 있었어요. 어울려 자주 놀던 집단이 있었는데,
H라는 선배가 집을 자유롭게 이용할 수 있도록 해줘서 그
집에 가서 놀았어요. 저는 선배 얼굴도 본 적이 없었지만,
그 친구들하고 어울리며 지내다가 그 집에 같이 놀러
가게 된 거예요. 그런데 제 친구가 다른 친구의 속옷을
벗겨서 막 놀리고 자랑하는 일이 벌어진 거죠. 제가
현장에 있었으니까 그걸 다 봤어요. 제가 친구고 뭐고
이건 아니라고 생각했어요. 그래서 그걸 제가 계속 문제를
삼았어요. "이건 성폭력이다"라고 계속 문제 제기를 했고,
〈끼리끼리〉에 공식적으로 얘기했어요. 그 친구도 우리
단체 회원이었으니까 당연한 일이었어요. 당시에 집주인인
선배도 회원이었고 하니까 불려 나오고 일이 좀 커졌죠.
그런데 당시 단체에서는 의견이 '덮고 가자'는 쪽으로
정리되는 거예요. 내가 느낄 때는 대수롭지 않은 일이라고
여겼던 것 같아요. 나는 "덮고 갈 수 없다"고 강력하게
말했고, "피해자인 친구에게 공식적으로 사과해야 하고,
내가 그 현장에 있었다. 덮을 수 없다"고 주장했어요.

그런데 당시 분위기가 나만 너무 유별나고 튀는 그런 결과가
되더라고요. 완전히 미운털이 박힌 거 같았죠. 그리고
그 가해자인 친구의 친구와 제가 연애 초기 단계였어요.

애인이었던 거죠. 그 애인이 저에게 "내 친구에게
이렇게까지 하다니"라면서 따지기 시작했고, 헤어지자고
하더라고요. 그래서 헤어졌어요.

아이고, 힘들었겠어요.

어이가 없었어요. 그렇게 그 친구들, 또래 집단하고
헤어진 거죠. 참 서로 좋아하고 재미있게 잘 지냈었는데.
그러거나 말거나 저는 이렇게 주장했어요. "저 가해자인
회원은 공식적으로 탈퇴시켜야 한다"고 주장하고, 결국
탈퇴 처리가 되면서 일단락됐어요. 그래서 그 집주인인
H 선배한테 나는 완전히 찍히고. 완전히 "나대고
분노하는 애, 예민하고 피곤한 애"로 낙인이 찍혔어요.
당시의 〈끼리끼리〉는 그런 감수성이나 정서가 전혀 없던
곳이었어요. 그게 참 힘들더라고요. 당시 H 선배를 비롯해서
같이 활동하던 J, B, L, K, G, L 등이 모두 저를 그렇게
생각했을 거라고 봐요. 그런 분위기였어요, 당시에는. 그
일로 친했던 활동가들하고도 관계가 다 멀어졌고요. 어쨌든
그 일은 그렇게 마무리되었고, 그 후에 제가 대외정책부
부장으로 활동을 이어나가게 됐어요.

**언니는 미운털이 박힌 채로 단체를 나가지 않고 활동을
이어나간 거군요.**

네. 제가 나갈 이유가 없는 거죠. 오히려 그 문제로 나가야
하는 사람들이 따로 있던 거죠.

**당시에 그래도 언니를 지지했던 사람이 한 명은
있었겠지요?**
아니요, 전혀. 전혀 없었어요.

한 명도요?
한 명도 없었어요. 나중에 이런 얘기는 들었어요. "당시의
네가 옳았다. 미안하다." 이런 말들은 시간이 흐르고 아주
나중에 들을 수 있었어요. 약간 따를 당한 분위기였어요.

언니가요?
네, 제가 따를 당하는 분위기였어요. 나에게는 참 당연한
일이었는데 당시에는 당연한 일이 아니었던 거죠. 자주
들었던 말이 "피곤하게 이렇게까지 하느냐"였는데, 뭐라
하든 내가 끝까지 물고 늘어지니까 당시 활동가들도 협조를
해주기는 한 거죠. 그렇게 결국 가해자를 탈퇴시켰으니까요.

그때가 1997년이었던 거죠?
네. 97년. 그 후에 본격적으로 활동을 시작하게 된 거죠.
〈한국여성동성애자인권운동모임 끼리끼리〉가 출범하면서

제일 먼저 했던 게 마포 어디 호프집을 빌려서 일일호프를 연 거였어요. 다른 단체와의 연대도 그 즈음 시작하게 되었던 것 같아요. 총파업 활동에도 같이 참여하던 게이 활동가들도 있었죠. Y, L 등이요. 당시에 이 사람들을 딱히 '활동가'라고 볼 수는 없지만 그래도 활동을 같이 고민하고 했던 사람들이죠. 그 사람들하고 같이 동성애자 입장에서 바라보는 총파업에 관해 이야기해보자고 의견을 모았고, 그래서 주제를 '동성애자가 집회에 간 이유'로 잡고 연세대에서 그런 자리를 열었어요.

그런데 우리들 의견이 갈리더라고요. 그 사람들은 동성애자의 억압을 마르크시즘으로 설명하는 거죠. 내 생각은 달랐어요. 나는 오히려 가부장제에서 더 큰 문제들을 찾았거든요. 당시에 내 발표 내용은 이런 거였어요. 기존 운동권, 사회주의 성향을 가진 국내 운동권이나 운동 조직 안에서의 여성의 위상 문제를 드러내는 방향이었어요. 그러니 이게 부딪치잖아요. 서로의 기조가 달랐던 거예요. 그 행사 개최 이후에 그 집단하고는 연대하기가 어렵더라고요. 그냥 우리 단체 조직 개편, 운동 비전 준비하는 일에 집중했어요. 대표, 각 부 부장, 사무국장 등 모든 활동가들이 모여서 향후에 진행해나갈 활동의 목표를 기획하는 일을 했어요. 그러던 어느 날, 전부 MT를

여자 사람 친구

갔어요. MT에 가서도 논의가 이어졌는데, 상반기와 하반기 활동 목표를 발표했어요. 그때, 제가 〈한국여성단체연합〉 가입을 주장했어요. 1997년 하반기를 목표로 〈여연〉 가입을 잡은 거예요. 그랬는데 모두가 한결같이 말했어요. "가능하지 않다. 이거 빼자!" 턱도 없다는 거죠.

턱도 없다는 건 무슨 의미인가요?

가능성이 없다는 의미였죠. 내 생각에는 〈여연〉에 가입해야 하는 필요를 공감하지 않았던 문제였다고도 봐요. 왜냐하면 당시의 〈끼리끼리〉는 여성단체로서의 정체성을 가지고 있지도 않았고요. 못 했다고 봐야겠죠. 그리고 여성주의 감수성 자체가 없는 상태였으니까 〈여연〉이라는 단체에 가입할 이유 자체가 없었던 거예요. 어차피 가능하지도 않을 일이라고 보기도 했고요. 그런데 나는 뜻을 굽히지 않았어요. 계속 가능성을 타진해야 한다고 생각했고. 일단 내가 해보겠다면서 나름대로 공부도 하고, 일도 추진해봐야겠다 생각했어요.

당시에 여러 여성학 논문이나 책을 접하면서 아주 구체적으로 레즈비언과 페미니즘의 연관성에 관해서 공부도 열심히 했고, 고민도 많았어요. 이미 나는 〈끼리끼리〉 이전에 〈민우회〉 회원이었고, "우리는 여성단체고,

〈여연〉 가입은 당연하다"고 뜻을 굽히지 않았던 거예요.
그러다가 "받아주지도 않을 거다"라는 얘기가 나왔고,
내가 "좋다! 그 부분은 내가 알아보겠다"고 해서 제가 직접
전화해서 가입 조건들을 알아본 거죠. 조건을 물으니까
잘 설명해주더라고요. 설명을 다 듣고, 통화하던 〈여연〉
활동가가 그런데 어떤 단체냐고 묻더라고요. 그래서
"〈끼리끼리〉라는 단체고, 여성 동성애자 인권 단체다"라고
설명한 거죠. 그랬는데 전화 받은 활동가가 충격을
받아서 아무 말을 안 하더라고요. 그때 〈민우회〉 간사 한
분을 만났는데, 그분이 이런 말을 해주셨어요. "그 가입
정보를 확인하던 통화 이후 〈여연〉에서 비공식적으로
〈끼리끼리〉의 단체 가입에 관해 의논했고, 가입을 안 받는
걸로 결정했다"고요. 너무 화가 나서 가만히 있을 수가 없는
거예요. 말이 안 되잖아요. 우리는 여성단체인데 여성단체가
가입하려니 안 된다니. 그래서 직후에 이런 사업을 기획한
거예요. '레즈비언과 페미니스트의 만남'이요.

그 토론회 기획을 언니가 한 거예요?
네. 그 대외정책부에서 활동했을 시기에.

왜 그런 기록들은 남아 있지를 않는지, 참 안타깝네요.
처음 기획 자체는 내가 했지만, 당시 같이 활동하던

활동가들 중 일부도 큰 관심을 갖고 함께 준비했죠.
여성단체 패널을 부르자고 했었는데 결국 섭외가 안 됐어요.
제안했는데 안 오더라고요. 오신 분들은 지금 〈줌마넷〉
이XX 씨, 우리 단체 대표 한XX 씨죠. 그랬는데 한XX
씨는 계속 초점을 벗어나는 얘기를 많이 했어요. 예컨대
자신은 페미니스트가 아니라고 못 박아서 얘기하기도
했고, 굉장히 겉도는 얘기들만 오가는 분위기였고. 그래서
안 되겠더라고요. 같이 준비한 활동가하고 의논해서
〈여연〉 가입 건을 공개하고 얘기를 이어나가는 게 좋다고
결론을 내리고, 그 내용을 발표했어요. "〈여연〉 가입을
추진했고, 비공식적인 거절을 당했고, 그래서 이런 자리를
만든 것이다"라고 말했어요. 그러자 그 공간에 있던 어떤
여성단체 활동가가 발언하더라고요.

**당시 여성단체 활동가들이 섭외는 힘들었지만 그
공간에 오기는 했나 봐요.**

많이 왔죠. 와서 다들 자신들의 소속을 이야기하거나 하는
경우는 드물었지만, 있었다고 봐요. 그 사람 말의 요지는
이런 거였어요. "여성단체 활동 이제 10년 차다. 여기까지
오는 데 얼마나 환경이 척박하고 그만큼 힘이 들었는지
아느냐? 이런 입장에서 동성애 레즈비언 이슈를 가지고
가기에는 어려운 상황이다. 안고 갈 수 없는 상황이다"라고

딱 얘기하더라고요. 내 생각에는 5년이고 10년이고 그게 다
무슨 상관일까 싶었어요. 여성 이슈를 가리겠다는 거잖아요.
그 자리에서 그 발언을 듣고 말로는 "그런가요?"라고
하고 말았지만, 마음속으로는 '그래, 그러든가. 너희들은
너희들의 길을 가라. 우리는 우리대로 여성으로서,
동성애자로서 운동 이슈 만들면서 가면 된다'고 생각했죠,
뭐. 그런 마음으로 활동해나갔고요.

그 후에도 활동을 지속하셨던 거네요.
그렇게 활동하다가 저에게 어떤 일이 생겼어요. 당시에
사귀던 애인과 나의 나이 차이가 13살 정도 났어요. 사귀는
동안에 여러 가지 어려움들이 있었지만, 그중 참 피곤했던
일은 애인의 친구들과의 관계에서 일어났어요. 당시에는
부치, 펨 구분이 명료한 편이었는데, 애인의 친구들이
거의 대부분 부치였고 그 부치들이 일종의 가족 관계를
이루어 결속하는 문화를 즐겼어요. 예를 들면 이성애자들이
맺는 가족 관계에서 사용하는 호칭을 사용하게 하는
거죠. 그래서 나에게 자신들을 아주버니라고 부르게
강요한다거나, 부치랑 펨이 있으면 무조건 호칭을 형수님,
형수, 시아주버니 이런 식으로 붙여 부르게 하는 거예요.
나는 싫었고, 절대 그렇게 하지 않았죠. 그러다 보니 관계가
틀어지고, 애인하고도 그 문제로 부딪치는 일이 잦아지고

그랬어요.

그러다가 그 후에 내가 애인에게 폭행당한 일이 벌어졌어요.
귀를 다치기도 했고. 폭행당한 이후에 지금까지도 귀가 안
좋아요. 그래서 그 애인하고 떨어져서 친한 친구, 당시에
같이 〈끼리끼리〉 활동가 상담부장 정XX 네 집에 가서
요양하는 동안 또 다른 일이 벌어졌던 거죠. 나를 폭행했던
그 애인이 뭐가 두려워서 그랬는지 어쨌는지 〈끼리끼리〉에
가서 이런 것을 문제 삼았어요. 내가 마치 꽃뱀처럼
경제적으로 자신을 이용했고 피해가 크다는 내용이었어요.
지금 생각해보면 당시 애인이 폭행 이후의 상황이
두려워서 선수를 친 것 같았어요. 내가 폭행당하고 병원과
친구 집을 오가면서 요양하고 있는 동안에 그런 일들이
벌어졌던 거예요. 애인이 단체에 내가 자신을 경제적으로
이용해왔고 그 피해가 상당하니 단체 차원에서 어떤 조치를
취해달라고 요구했고, 당시 단체 대표를 비롯한 활동가들의
동의하에 제가 제명되었어요. 저는 당시에 직장을 그만둔
후로 전업으로 〈끼리끼리〉 활동가로 최소한의 활동비만
받고 일하는 중이었어요. 그런 저의 상황을 상대가 알고
있었고요. 어렵게 활동하는 제가 자랑스럽고 안쓰럽다며,
활동을 안 하는 자신이 경제적인 수입이 있으니 데이트
비용을 대겠다고 협의했는데도 불구하고 오히려 그 부분을

부각해버리고 폭력 피해자인 사람은 전혀 배려하지
않았어요.

언니 쪽 입장도 확인하고도 제명 조치를 취한 거예요?
아니요. 내 입장을 들으러 연락했던 사람 한 명 없었고,
요양하고 있는 동안에 일사천리로 일이 진행되었는지
제명되었다고 하더라고요.

네?
제명되었다고요. 그 누구도 내 입장을 묻지도 듣지도 않고
나를 제명했다고요. 안 그래도 여러 가지로 피곤하게 굴고
눈엣가시였는데 잘됐다 생각했던 건지, 제명했더라고요.

그럼 문제 제기는 했지요?
아니요. 다 너무 지긋지긋하더라고요. 그런 상황 자체도
너무 끔찍하고. 더 낼 힘도 없었어요. 더는 활동을 못
하겠다, 안 해야겠다고 생각했고 다 그만뒀어요. 당시엔
제 성격이 해도 안 될 것에 관해 과감히 포기하고 미련도
버리는 스타일이라.

아…… 문제 제기를 왜 안 했어요?
활동가들에게 동성 간 성폭력에 대한 인식조차도 없던

여자 사람 친구

시기인데, 데이트폭력은 말해 뭐하겠어요. 아주 지치는
거예요. 애인이 날 때렸다, 이건 그냥 개인적인 관계에서
얼마든지 일어날 수 있는 문제 그 이상도 이하도 아닌
거였죠. 그런데 그렇게 일방적인 이야기를 듣고 제명 결정을
내린 사람들, 그 수준의 사람들을 대상으로 또 설명하고
싸우고…… 그러고 싶지가 않더라고요. '니들 마음대로
해라' 이런 생각이었던 것 같아요. 나도 너무 지쳤고.

**그래도 금전적인 문제로 오명을 쓴 건데 그 후에라도
바로잡으려고 하지는 않았어요?**
그 후에 제가 호주에 갔어요. 호주에서 생활하다가 5년
만인가 한국에 들어왔죠. 그때 봤던 건지 기억은 잘 안
나는데, 당시에 애인이 작성했던 사건 경위서 같은 걸
읽은 적이 있어요. 처음부터 끝까지 완전히 작정하고
소설을 써놨더라고요. 시간이 흐르기도 했고, 도대체 그걸
어디에서부터 어떻게 문제 제기를 해야 하는 건지 엄두도
나지 않았어요. 시간이 흐르면 언젠가 어떤 방식으로든
진실이 드러나겠지 하는 마음이었어요. 호주에서
생활하다가 한국에 잠시 들어왔을 때 당시 상황을 알고 있던
다른 활동가들을 만났어요. 뭐랄까, 많이 달라졌더라고요.
여성주의 감수성이 당연시되는 분위기였달까.

그런데 2001년 말에 호주에서 돌아와서 부산에 정착하고
친목모임을 찾아 들어간 게 〈안전지대〉였잖아요. 가만
보니까 서울하고 부산하고 5년 정도 차이가 나는
느낌이더라고요. 그러니까 이제 서울 활동가들은
여성주의를 당연하게 생각하는 분위기로 전환되어
있었다면, 부산은 내가 〈끼리끼리〉에서 활동하던 그 상태에
머물러 있는 상황이었던 거죠. 당시 〈안전지대〉의 대표였던
'크로우'라는 사람이 파트너를 때렸고, 그 일이 모임에
사건으로 접수되면서 그 대표가 포르노 비디오를 복사해서
판매하는 사업으로 1억이 넘게 돈을 벌어왔다는 사실도
알게 되고 그랬어요. 아이고…… 더 이상 〈안전지대〉 활동도
할 수가 없었고. 내가 부산에서 그런 일들을 또 겪어야 했던
거죠. 그게 왜 가정폭력인지, 왜 폭력이 안 되는 건지 그걸
또 설명하고 싸우고. 아주 미쳐버리는 줄 알았어요. 그 후에
〈안전지대〉는 해체했고요.

**아, 저는 활동하면서 언니 제명에 관해 남아 있는
〈끼리끼리〉 자료를 본 적이 없어요. 왜 그런 거지?
이상하네요. 단체 문서는 거의 다 봤거든요.**
당시 그 애인이 진술한 내용에 관한 문서만 있었죠. 나를
조사한 바가 없으니 내 상황이나 입장에 관한 기록은 당연히
없는 거고.

**진술서라…… 그런 것도 본 적이 없어요. 못 본 건가?
이상하네.**

아, 이런 얘기를 전해 들은 적이 있어요. 당시에 그 애인이
〈끼리끼리〉 감사를 했었는데, 단체 활동을 하면서 다른
회원의 집에 가서 돈을 몰래 가져갔대요. 그게 또 문제가
되어서 〈끼리끼리〉에서 퇴출됐다고 들었어요.

**당시에 같이 활동했던 사람들과의 관계는 그때 끝난
거예요?**

끝난 거죠. 그래도 다양한 경로로 당시 그 사람들의 소식을
듣잖아요. 다들 지금은 보니까 페미니스트들이던데요,
뭐. 사람은 다 변하는 거니까 좋게 이해하고 있어요.
개인적으로는 별의별 생각이 다 들지만, 이제 와서 뭘
어쩌겠어요. 다 지난 일이기도 하고(그 사람들도 다 어디
있는지 알 길도 없고).

〈안전지대〉가 해체한 이후에는 어떻게 되었어요?

〈안전지대〉가 해체하고, 뜻이 맞았던 사람들과 함께
〈부산여성성적소수자인권센터〉를 만들어 활동을
시작했어요. 당시에 같이 활동했던 사람들은 여성주의
의식이 분명하게 있었고, 그래서 활동하기 좋았어요. 부산
활동 하면서 반성폭력 사업 등 〈끼리끼리〉랑 같이 연대

활동도 하고, 다른 단체와도 같이하고.

(잠시 쉬는 시간을 가진 후에 이어서 다시 이야기를
나누었어요.)

**언니, 중간 점검이랄까. 언니 이야기를 들으면서 조금
더 자세하게 듣고 싶은 부분들이 있어서 질문할게요.
제가 알기에 언니는 그 옛날부터 지금까지 퀴어가
아니라 레즈비언 페미니스트로 정체화하고 있잖아요.
그 이유를 조금 더 자세하게 설명해주시겠어요?**
내가 아직까지도 스스로에게 '레즈비언'이나 '레즈비언
페미니스트'라고 이름 붙이려고 하는 이유는 생각보다
단순해요. 내가 한국에서 활동하던 1990년대 중반 시기에는
스스로 '레즈비언'이라고 이름을 붙이는 것조차 너무도
힘든, 위험한 일이었잖아요. 아무래도 그런 시기를 살았기
때문인지 '레즈비언'이나 '레즈비언이면서 페미니스트인
사람'이라는 명명은 내 자신이 이루어낸, 성취해낸 아주
중요한 부분이라고 생각해요. 그래서 버리고 싶지 않아요.
그 명명들 속에 아주 큰 자부심이 담겨 있다고 볼 수 있어요.
이런 생각을 지금도 이어오고 있는 거죠. 퀴어 담론이
주요 담론으로 부상하면서 레즈비언이라는 정체성이나
명명이 굉장히 진부한 것으로 치부되어온 경향이 있어요.

하지만 나는 퀴어 담론의 확장과 무관하게 레즈비언 담론은
레즈비언 담론으로 남고, 그 기능을 할 수 있어야 한다고
생각해요.

**제가 알기에 1997년 전후로 언니가 커밍아웃을
하셨는데요, 커밍아웃을 했던 계기가 있었던 건가요?**

아무래도 대외정책 활동을 하다 보니까 다른 단체
활동가들을 만날 일들도 생기고, 커밍아웃이 일상적으로
이루어지는 상황이었어요. 그러다가 아예 적극적으로
커밍아웃을 하는 방향으로 정하는 게 낫겠다는 생각이
들었어요. 어느 날, 『엘르』라는 잡지에서 인터뷰 요청이
왔어요. 사진도 찍어야 한다고 하고. 그래서 그냥 하겠다고
했죠. 활동가 대표 A, 상담부장이었던 B, 나 이렇게 셋이
인터뷰에 응하기로 했어요. 우리는 사진을 통해 커밍아웃을
하고, 잡지사 측에서 우리의 인터뷰를 수정하지 않고 그대로
내보낼 것을 요구했어요. 그게 받아들여졌고, 그렇게 셋이
커밍아웃을 하게 된 거예요.

**저는 사무실에서 『엘르』를 본 적도 없네요. 왜
그랬지…… 이상하네, 이상해.**

나는 그 잡지 가지고 있어요. 그 잡지가 나오고 내가 그
잡지를 사다가 집에 갖다 드렸어요. 여동생에게 잡지 얘기를

했고, 동생이 서점에 가서 그 잡지를 봤죠. 남친이랑. 그렇게 가족들에게 커밍아웃했어요.

그게 언니 몇 살 때 일인 거예요?

스물다섯 살이었어요. 나는 세상에 비밀이 없다고 생각하는 사람이에요. 그게 반드시 동성애를 받아들이는 문제와 연결이 잘 되는 건지는 모르겠지만. 그냥 내가 던진 거예요. 모부님이 만일 호적을 파버린다는 결론을 내리신다면 그건 오직 모부님의 선택인 것이지, 내 문제는 아니라고 생각했어요. 당시에 모부님은 담담하게 잘 받아들여주신 편이었어요. 그런데 동생이 난리가 난 거예요. 그 잡지를 읽고 울고불고 난리를 쳤어요. 나는 그랬죠. "이건 내 인생이다. 너는 너의 인생을 살면 되고, 나는 내 인생을 살면 된다"고요. 시간이 흐르면서 나중에 동생이 사과했어요. 미안하다고요. 그 이후부터 지금까지 동생이 내 삶에 관해서 관여하지 않고 내가 맺는 관계를 응원해주고 그래요. 그렇게 커밍아웃을 자연스럽게 할 수 있었던 것 같아요. 커밍아웃 여부가, 사회적으로도 그랬지만 나 자신에게 중요한 이슈였고 그래서 실천했던 것이에요. 그건 아무래도 제가 가정에 의존이 없었고 자립적이어서 가능한 일이었던 것 같아요.

여자 사람 친구

그, 지금까지 당시에 활동하던 시기의 많은 사람들의 이름을 언급하셨어요. 그리고 활동하면서 겪은 어려움부터 단체 제명을 당하기까지의 과정에서 보면 비판의 대상이 될 만한 사람들이 많았던 것 같아요. 그런데 이 인터뷰 기록을 공개하게 되면 당사자들이 읽고, 매우 불쾌해하며 어떤 문제 제기를 할 수도 있겠다는 생각이 드는데요, 이런 부분에 관한 걱정은 안 하세요?

그런 걱정 안 해요. 나는 그 사람들이 무슨 문제 제기를 어떻게 할 수 있을지 자체가 상상이 안 되는데요. 그 사람들은 당시의 여러 문제들을 이런 방식으로든 저런 방식으로든 드러내는 게 더 싫지 않겠어요? 흑역사일 테니까요. 이제는 본인들이 더 잘 알 거라고 봐요.

당시 활동가들의 활동명을 써도 되는 건지, 이런 부분들이 걱정되는데요. 어떻게 하기를 원하세요?

어차피 다 알게 되지 않을까요? 다 드러날 것 같은데.

음, 이 부분은 조금 더 고민해보기로 해요, 언니. 그리고 오늘 인터뷰에서 마지막으로 하는 질문인데요, 〈끼리끼리〉에 찾아오게 된 경위를 설명해주셨어요. 그 과정에서 언니는 정체성에 관한 혼란이나 갈등이

없었다고 보면 되나요?

혼란이나 갈등은 전혀 없었어요. 늘 나는 여성들과 함께 지냈고, 내가 여자를 좋아하는 게 너무나도 자연스러웠어요. 물론 내가 여자를 좋아하는 게 어느 정도 확실한 건지를 나름대로 테스트해보려는 뜻에서 남자를 만나봤지만, 더 명확해지더라고요. 그런 과정에서 어떤 불편한 마음이나 별다른 저항감을 느끼지는 않았어요. 오히려 분명해지고. 그 모든 과정이 내게 자연스러웠고요. 〈끼리끼리〉에 찾아간 것도 운동을 하고자 하는 정의감이 넘쳐나서가 아니라 나와 비슷한 사람들을 만나고 싶고 연애도 하고 싶어서 찾아갔던 거예요. 내 비슷한 또래 친구들은 대부분 '나만 이상한가?'라는 생각을 가지고 찾아왔었는데, 나는 '나만 이상한가?' 그런 생각 자체를 해본 적이 없었던 것 같아요. 저만 특이하거나 특별하지는 않다는 생각을요. 어디에서든 비슷한 부류의 사람들을 만날 수 있을 거라고 생각했고, 그래서 〈끼리끼리〉에 기꺼이 찾아갔고 만난 거죠. 나는 세상을 그렇게 복잡하게 생각하지 않아요. 열심히 사는 거죠. 이왕이면 제대로요.

언니, 이 기록 마지막에 이런 말 써도 되나요? 불명예 퇴진에 관해서 다른 생각이 있거나 문제 제기하고 싶은 사람이 있다면 랑랑님이 대환영한다고요.

여자 사람 친구

물론이죠. 다른 의견이 있다면 언제든 연락 달라고
해주세요.

      하하. 오늘은 여기까지. 두 번째 인터뷰 자리에서
      만나요, 언니. 고맙습니다.
수고하셨어요. 다음에 만나요.

〈두 번째 만남〉

(랑랑님을 다시 만났습니다. 지난번 인터뷰에 이어서 나누지
못했던 이야기들을 다시 나누기 위해서요. 랑랑님이 부산에서
서울로 오시는 날에 맞춰 만났습니다. 인터뷰 시작 전에
스마트폰의 수명에 관해 잠깐 이야기를 나누었어요. 스마트폰
가격은 비싼데 대체로 수명이 2년 정도인 것 같아서 말이지요.
돈도 돈이지만, 이렇게 사용 기간이 짧아서는 버려지는
부품들도 굉장히 많을 텐데요. 너무 낭비가 심한 구조인 것
같아 매우 안타깝다는 이야기를 나누었어요.)

      다시 만나주셔서 감사해요.
지난 시간 인터뷰 때 깜빡하고 넘어간 얘기가 있었는데요.
〈끼리끼리〉 활동할 당시에 대구경북 지역 성소수자 모임
〈대경회〉라고 있었어요. 그 모임에 임XX 씨가 멤버로

있었고요. 〈대경회〉에서 펴낸 잡지에 당사자가 동의하지도
않았는데 모자이크 처리 없이 게이 레즈비언 사진이
게재된 사건이 접수되어서 제가 사건 내막을 조사하러
〈대경회〉를 방문했었어요. 관계자를 기다리면서 담배를
피우고 있었는데, 〈대경회〉 관계자인 게이 활동가가 오더니
'어디서 여자가 담배를 꼬나물고 앉아 있느냐'며 제게
야단을 치는 거예요. 너무 어처구니가 없어서 사건 내막이고
뭐고 이건 아니다 싶어서, 이 발언에 관해 공식적으로
문제 제기하겠다고 하고 서울로 바로 올라왔어요. 그리고
〈끼리끼리〉 내부에 전달하고 공문으로 사과를 요청했는데
답변을 거부한 거죠. 그 즈음에 〈끼리끼리〉가 〈친구사이〉와
연대해서 제1회 LGBT 전국 인권활동가 대회를 개최할 때라
연대체에 공론화하고, 〈대경회〉를 보이콧하지 않는다면
〈끼리끼리〉가 참여하지 않겠다고 공유했죠. 그래서 내부
협의를 거쳐서 반인권적 언사에 사과 답변을 하지 않은
〈대경회〉를 결국 보이콧했던 사건도 생각나네요.

**지난번 인터뷰 진행하고 궁금했던 부분들이 있었어요.
먼저 서울에서 그렇게 활동을 하시면서 상처받은
일들도 많았고, 한국을 아예 떠나셨잖아요. 귀국
후에 부산에 거주하시면서 다시 〈안전지대〉와 같은
모임을 찾으셨던 건데, 왜 가입하신 거예요? 제가 언니**

여자 사람 친구

입장이었다면 염증을 느껴서 모임이나 단체 가입을 안 했을 것 같거든요.

그때 당시에 염증이 났던 건 단체 활동을 하면서 생긴 거잖아요. 너무 지쳤던 시기였죠. 외국에 갔다가 부산으로 돌아왔던 것은 잠시 귀국한다는 마음으로 돌아왔던 거예요. 부산에 와서 제일 먼저 알아본 것이 레즈비언 바였어요. 술 마시기도 좋아하고, 술 마실 거면 레즈비언 바에 가서 먹자는 단순한 마음으로 다녔어요. 활동할 생각은 아예 안 했고요, 친목모임을 하면 좋겠다는 생각은 있었던 거예요. 사실 〈끼리끼리〉도 인권운동을 하려고 갔던 게 아니었지만 회원 가입을 하고 다니다 보니 인권 단체로 위상이 변경된 거고요. 부산에서도 마찬가지였던 거예요. 그저 친목모임 활동을 하려고 친목모임인 〈안전지대〉에 가입했던 건데, 제가 가입한 후 얼마 안 지나서 인권운동 단체로 전환한다며 논의가 시작되는 거예요. 그런 시기에 제가 또 가입했던 거죠.

일부러 단체에서 인권운동을 하려고 했던 적은 없던 거예요. 왜 이런 일이 반복되는 건지는 저도 의아해요. 친목을 도모하기 위해 찾아 가입했던 그 모임에서 또 대표에 의한 폭력 사건이 발생했고, 내부에서 이 문제를 다루어야 하는 상황이 되고, 회원인데 개입하지 않을 수가

없고. 이러면서 또 의도와는 무관하게 여성주의를 말하고
인권을 말해야 하는 그런 위치에 있게 된 거죠. 제가 부산에
와서 〈안전지대〉 활동을 하던 그 시기에 서울에 있는
단체들은 많이 변해 있더라고요. 〈끼리끼리〉 활동가들도
당연하게 여성주의를 말하던 시기였고, 성폭력을 포함한
다양한 폭력의 문제에 대한 감수성이 풍부해지기 시작했던
때였어요. 하지만 가만 보니 서울과 부산에는 어느 정도
시간 차이가 있는 것 같더라고요. 제 생각에는 한 5년 정도의
갭이 있었다고 느꼈어요.

서울은 어느 정도 상황이 나아졌는데, 부산에 와서 보니
5년 전 서울의 상황에 머물러 있는 거예요. 그런데 어떻게
또 안 싸워요. 문제를 또 해결해야죠. 하지만 제가 먼저
앞장섰던 건 아니에요. 〈안전지대〉 대표가 폭력을 가했고,
단체 내에서 문제화되었고, 몇몇 사람들이 '이대로는 안
된다'는 생각을 하기 시작했던 거예요. 저의 경우에는
가루님이 먼저 단체 전환이 필요하다고 생각한다면서
함께 활동하자고 제안했어요. 그래서 합류하기로 했던
거예요. 6명 정도가 〈안전지대〉 해체와 새로운 단체로의
전환 과정에서 함께 애를 썼어요. 그래서 만든 단체가
〈부산여성성적소수자인권센터〉였고요.

**〈부산여성성적소수자인권센터〉에서는 어떤 활동들을
했어요?**

동성애에 관한 편견을 지우는 일들을 했죠. '동성애 바로
알기' 강의 사업도 진행하고, 커뮤니티 내부에 있던
성폭력, 아우팅, 폭력 등에 관해 문제 제기하는 활동들도
했어요. 부산에서 성소수자 인권 무지개 영화제를
기획해서 진행했고, 기금 신청하고 받아서 동성애에
관한 바른 정보들을 담은 책자를 만들었어요. 그 책자를
〈부산국제영화제〉 행사 기간에 거리를 돌아다니면서
배포하는 활동도 했어요. 1,000권 정도 만들었던 것
같아요. 랜덤으로 불특정 다수에게 배포했어요. 아, 이런
일도 기억나요. 부산광역시에서 주관하는 여성단체
리더십 과정이 부산에서 열린 적이 있는데, 제가 참가
신청을 했거든요. 그런데 소속을 밝히는 과정에서 제가
〈부산여성성적소수자인권센터〉라고 밝히니까 제 참가
신청을 거부했어요. 안 된다는 거예요, 참가 자체가.

**그 사건 기억나요. 그런데 대체 뭐라고 하면서 참가를
불허한다고 했던 거예요? 대체 이유를 뭐라고
들었어요?**

"참가에 관한 부산시의 가이드라인이 있는데, 해당
단체는 적절하지 않다고 판단한다"는 설명이었어요. 무슨

가이드라인이 있었겠어요? 그냥 이런 단체 활동가들을
받았다는 사실이 드러나는 게 겁이 났던 모양이에요.

**아니, 세상에 여성단체 활동가들을 대상으로
기획한 프로그램에 여성단체인 '성적소수자 인권
단체' 활동가가 참가 신청을 냈는데, "너희들은 안
된다"니요. 참 별꼴이에요, 정말.**

말이 안 되는 거죠. 그래서 그 문제를 〈국가인권위원회〉에
진정했죠. 조사관이 조사하는 과정에서 설명, 변명을
하는데 이유가 참 빈곤한 거죠. 개인적으로는 이 사건을
접한 많은 부산 지역 단체 활동가들이 미안해한다는 걸
알게 되었어요. 〈끼리끼리〉에서 〈한국여성단체연합〉 가입을
거절당했던 그 시절에 여성단체 활동가들이 그 부분을
안타까워하고 미안해하고 힘을 보태지 못해서 속상해했던
것이 기억나더라고요. 시간이 흘러 부산에 왔는데 유사한
일이 또 발생했고, 저는 그렇게 또 원점에 서 있게 되었고요.
또 활동하다 보면 연대서명을 받을 일이 생기잖아요. 우리
단체가 어떤 문제로 성명서를 발표할 때 연대서명 제안을
하거든요. 그럼 많은 여성단체들에서 연대서명을 안 해주는
거예요. 물론 기독교 라인 단체들이 주로 그랬지만요.
우리야 해주거나 말거나 꾸준하게 연대서명을 요청했고요.

생각해보면 지금에 와서 보면 별일 아닐 수 있는 것들이 하나하나 다 중요한 운동이었던 것 같아요. 레즈비언 단체로서 재단에 기금을 신청하는 일, 여성단체 행사에 참가하는 일, 연대서명 요청해서 받는 일 등이 다요.

그렇죠. 매사가 다 싸워서 쟁취해야 할 일들이었던 것 같아요. 존재 자체를 부정당하는 마당이었으니까 당연한 분위기였다는 생각도 들지만, 그건 그거고 우리가 권리를 찾기는 해야 했던 거죠.

〈부산여성성적소수자인권센터〉가 몇 년에 만들어졌죠?

정식 발족은 2003년 1월요.

전단지 배포하고 인권위 진정하고 했던 그 시기는 언제였어요?

2003년에서 2005년까지요. 우리 단체가 3년 정도 활동했어요. 2002년 후반에 시작해서 2005년에 단체를 해체했거든요.

〈부산여성성적소수자인권센터〉 해체 이유는 뭐예요?

상근자 혼자 고군분투했었는데, 아무래도 재정적으로

어려움이 지속되다 보니…… 지금이었다면 SNS 등을
통해서 조금 더 활발하게 후원회원을 늘리고 재정적으로
도움을 받을 수 있는 기회들을 만들었을 텐데. 당시에는
부산 지역 특성도 있고, 개별적으로 홍보하고 후원금을
모금해야 하는 상황이어서 쉽지가 않았어요. 안정적인
활동비를 받지 못하는 상황에서 활동가 누구든 상근을
지속하기는 불가능했고요. 해체 논의 와중에 KTX도
개통했는데, 그 전에도 이미 부산과 서울의 정서적인,
물리적인 거리가 좁혀진 그런 분위기도 있었어요. 그래서
고민하고 논의하다가 해체하기로 결정했던 거죠.

〈부산여성성적소수자인권센터〉가 회원단체였나요?
네. 회원단체였는데 회원이 많지는 않았어요. 〈안전지대〉
해체 논의를 하는 과정에서 총회를 했는데, 인권 단체로
전환되는 과정에서 동의하지 않은 분들이 상당수
빠져나갔죠.

단체 해체 이후에는 관련해서 어떤 일을 하셨어요?
단체 해체할 때 즈음, 저는 개인적으로 커뮤니티 문화
전반에 관한 고민을 했었고요. 문화에 관련한 어떤 활동을
하고 싶다는 생각을 막연하게 하고 있었어요. 그러던 차에
어떤 기회가 찾아와서 제가 레즈비언 바를 운영하게 됐어요.

'레인보우'죠?

네. 맞아요. 아까도 말했지만 제가 평소에 술을 참 좋아해요.
그러다 보니 활동하면서도 레즈비언 바에 자주 갔고요.
'레인보우'가 원래 있던 레즈비언 바였는데, 거기 다니다가
제가 결국 인수하게 된 거예요. 단골이었던 가게였어요.
센터 활동을 하면서 모금함을 비치해준다거나 포스터
붙여주는 것도 참 열심히 해주셨던 사장님이에요.

'레인보우'가 서면에 있던 바죠?

네. 서면이요.

언제 문을 열었고 언제 인수하신 거예요?

제 기억에는 1999년 정도에 레즈비언 커플이 문을 열었고,
그 다음에 2대 사장으로 넘어갔고, 제가 세 번째인데
2005년 5월에 인수해서 2년 정도 운영했어요. 제가 운영을
중단하면서 '레인보우'가 없어졌죠.

왜 레즈비언 바를 운영하고 싶었어요?

단체를 후원하는 구조를 만들고 싶기도 했고, 레즈비언들이
모이는 공간을 운영하고 싶기도 했어요. 레즈비언 바를
만드는 게 제 인생의 버킷 리스트 중 하나였어요. 하지만
경영이 어렵더라고요. 당시 부산에 레즈비언 바가 늘어나는

추세이기도 했고, 부산 사람들이 서울을 찾는 일도 증가하던 시기였고요.

저도 부산에 몇 차례 가서 설문조사 협조 요청을 드리느라 당시 부산에 있던 모든 레즈비언 바에 갔었는데요, 제 기억에 '레인보우' 공간이 제일 넓었던 것 같아요.
아마 그랬을 거예요.

'레인보우'가 부산에서 제일 먼저 생긴 레즈비언 바였나요?
아니요. '외롭고 웃긴 가게'라는 레즈비언 바가 처음 문을 연 바라고 알고 있어요. 그다음에 만들어진 게 서면의 '펨므', 그다음이 부산대의 '플라토닉', 또 한 군데가 'MVG'라는 클럽이 있었어요. 남포동에 '조러브'가 있었고요. 그 뒤에 생긴 게 포차처럼 생겼던 바예요.

지금 다 영업 중인가요?
아니요. 거의 다 없어지고, 한 군데 정도 문을 안 닫은 곳이 있다고 들었는데 이름이 기억이 안 나네요.

이제 새로운 가게들이 문을 연 거죠?

아, '여당당'이라는 카페도 있었는데 거기도 문을 닫았고.
지금은 서면에 '어반'이라는 바가 있다는 것만 알고 있어요.
요새 잘 다니지를 않아서 어떤지 모르겠어요. 제가 아무래도
서울에 자주 다니고 집이 외곽이어서 서면 부근에 갈
일이 많지가 않아 지금은 어떤 바들이 있는지 모르겠어요.
'어반'은 아는 후배가 알바를 하고 있어서 운영 중이라는 건
알고 있고요.

'레인보우' 운영은 어땠어요?

경제적으로는 어려움이 있었지만 참 좋았어요. 정말 좋은
인연도 맺을 수 있었고, 연애도 하고, 애인도 만났고. 하하.
만약 경제적으로 매출이 많았다면 계속했을 거예요. 참
좋았어요. '레인보우'에서 타로 상담도 하고 정체성 상담도
하고 그랬어요. 좋은 사람들 참 많이 만났어요.

**레즈비언 바를 다시 하고 싶다는 생각을 한 적은
없어요?**

워낙 술을 좋아하기도 하고 사람들하고 편안하게 만나는
공간이 필요하다는 생각을 하기는 해요. 그런데 낮과
밤을 바꾸어 사는 생활이기도 하고, 쉽지 않다는 생각이
들어요. 그래서 친구들에게 술 협동조합을 만들자고 말하고
다니기도 하죠. 하하.

술 협동조합이요?

술 좋아하는 사람들이 모여서 각자 월 술값을 체크해서 적정 액수의 조합원비를 책정하고, 공간 하나 임대해서 월세 내고, 언제든 원하는 시간에 원하는 술의 종류를 선택해서 마실 수 있는 그런 협동조합을 하나 만들자고 한 거예요. 요리 잘하는 사람들도 많거든요. 누구든 안주 만들어 먹을 수 있고. 테이블들, 주방 공간 다 함께 이용하고.

그냥 친구들 집 돌아가면서 홈 파티 형식으로 하는 건 어때요?

그럼 또 누군가 일방적으로 치워야 하잖아요. 하하. 협동조합 만들면 누가 차려주고 치워주고 그런 일 없이 자기들이 알아서 만들고 먹고 치우고 그러는 거죠. 술도 각자 알아서 마시고 싶은 거 사 와서 마시는 시스템이니까 일반 음식점으로 사업자 등록을 낼 필요도 없을 거고요. 얼마나 깨끗하고 편해요!

언니는 술을 정말 좋아하시네요!

사람들하고 술 마시고 약간 취한 상태에서 얘기 나누고 하는 분위기를 정말 좋아해요. 만취해서 민폐 끼치고 이런 건 너무 싫어하고요. 폭음하는 게 아니라 적당하게 기분 좋을 정도로만. 건강 챙겨가면서 마시는 거니까 나쁠 것 없고요.

알코올 하우스인 거네요. 하하.

그렇죠. 술이 아니더라도 레즈비언들이 함께할 수 있으면
것이면 다 좋아요.

**지금은 친목모임 활동을 안 하시는 걸로 알고 있는데,
어디에서 만난 어떤 분들하고 교류하세요?**

제가 지금 타로 관련한 일을 하잖아요. 그러다 보니 여전히
많은 사람들을 만나고 있죠. 특히 부산과 서울의 단체
활동가들과 연이 많은 편이에요. 아무래도 상담도 하고
교육도 하니까 기회가 많아요. 주로 단체 활동가들과 단체
활동에 관심을 갖는 분들이 많은 것 같네요. 문화 관련한
운동을 하는 사람들도 많고요. 프리랜서로 미술 작업을
하거나 공연하는 음악가들도 있고요. 출판 운동하는 분들,
친환경 재료로 만드는 음식 작업실 운영하는 분도 있고요.
최근에는 워마드 여성분들도 만났어요.

**언니가 활동하던 때의 부산 단체들의 분위기와 지금
분위기는 많이 달라졌겠죠?**

만족하는 수준은 아니지만 많이 달라지고 있다고 느껴요.
서울은 더 많이 달라지기는 했지만. 저는 퀴어 담론이
지배하고 있는 현시적 상황이 우려돼요. 원래 '퀴어'라는
용어도 제1회 퀴어영화제를 개최했던 서XX 씨가 들고

나온 용어였어요. 푸코 담론도 마찬가지고. 처음 서XX 씨가 퀴어영화제 개최를 국내에 알리려고 하니 지지 세력이 없었던 거죠. 성소수자 관객이 절실히 필요했던 터라 〈끼리끼리〉와 〈친구사이〉 연대체에 지지 선언을 부탁했던 거였는데 처음엔 〈끼리끼리〉에서 반대했어요. 왜냐면 성소수자 인권활동이나 레즈비언 단체에 대한 이해도 전혀 없었던 서XX 씨를 신뢰하기 힘들었고, 당시 영화들도 게이 영화가 주류였거든요. 그래서 이후 레즈비언 단체에 관해 배우고 인권활동에 일조한다는 조건을 내건 다음에 지지 선언을 하는 것으로 협의했죠. 그런데 이후 행보를 성정치학으로 선회해서 대학가에 퀴어라는 것을 트렌디한 정체성으로 만들어버렸지요. 오히려 레즈비언 페미니즘 운동이 배제되어 성장의 큰 걸림돌이 되었고요. 여성 레즈비언 정체성을 게이 남성 중심의 성소수자 논리로 흡수시켜버리는 형태가 되어버린 거예요. 남녀 간 성불평등의 본질은 여전히 왜곡되고. 성소수자를 한데 묶는 것에 방해가 되는 게이들의 남성 우월주의를 희석시키는 데 좋은 물타기 도구가 된 담론이 퀴어지요. 근데 그런 사실도 모른 채 현재 유행처럼 번지고 있더군요.

타로 상담하실 때 커밍아웃을 하신다고 했죠?
물어보고 자연스럽게 기회가 되면 커밍아웃하죠.

여자 사람 친구

하긴 물어보지도 않는데 먼저 "나
레즈비언이에요"라고 말할 필요는 없겠죠.

저는 예전에는 그렇게 했어요. 누가 안 물어봐도 "나
레즈비언이에요"라고 막 말했어요. 그래야 할 것 같았어요.
내 운동 방식이었어요, 그게. 그럼에도 지금도 제가
대사회적인 커밍아웃을 한 상태라는 건 변함이 없어요. 먼저
막 하지는 않지만 커밍아웃에 대한 두려움은 없어요.

**이제 가벼운 질문 몇 개만 더 할게요. 앞으로의 활동
계획, 활동과 무관한 언니의 삶의 계획이 있으면
말씀해주세요.**

저는 한시도 여성 운동이나 레즈비언 인권운동 주변에
있었다고 생각하지 않아요. 늘 그 속에 있으면서
살아왔어요. 앞으로도 그럴 거예요. 레즈비언 관련한
단체를 만들어서 함께 운영하고 싶기도 해요. 마음에 맞는
몇몇 사람들과 의논 중이기도 하고요. 이미 여러 차례
활동했으니, 활동 방식에 있어서도 덜 지치는 방식으로
해나가면 좋겠다고 생각하고 있어요. 제가 타로를 하고
있지만 이건 그냥 타로가 아니에요. 타로는 일종의
이미지심리학이기도 해요. 여성주의와 매우 연관된 타로를
하고 있으니 이 부분에 관한 공부도 지속하고, 정치적으로도
할 수 있는 활동들로 이어가고 싶어요. 제가 사실 타로

프로그램을 시작한 이유가, 여성 폭력 피해자들과 더불어 여성 인권활동가들이 소진되지 않고, 위로받으면서 비전을 가질 수 있도록 연대하기 위해서였거든요. 활동가들은 어려워도 어디 하소연할 곳이 마땅치 않잖아요.

스무 살 때부터 40대 중반이 된 지금까지도 단체 활동과 연을 이어오고 있고, 개인적인 영역에서라도 뭐든 끊임없이 하려고 하시는 것이 존경스러워요. 언니, 제가 보기에 언니는 정말 에너지가 넘치는 사람인데, 그 에너지의 원천은 무엇인가요?

저는 위기의 인간형인 것 같아요. 위기 앞에서 힘을 내는 사람인 것 같아요. 나는 균형을 이루는 사람으로 살고 싶은데, 이 세상은 그 균형을 유지하게 돕지를 않네요. 차별하고 압박하고 그러니까 해야 할 일이 생기잖아요. 힘을 내야죠. 세상이 나아져서 그로부터 멀어져도 상관없는, 바라보면서 흐뭇해질 수 있는 시기가 온다면 힘을 덜 내겠죠. 그런 변화가 없다면 어떤 방식으로든, 어떤 방향으로든 변화 과정에 기여하고 싶어요. 주요하게는 경제적인 문제들에 도움을 줄 수 있는 사람으로 성장하고 싶어요. 단체들이 너무 어렵잖아요. 경제적으로 단체들이 어려움을 덜 겪도록 문제를 해결할 수 있는 경제적 모델을 만들고 싶어요. 이 부분에 관해 계속 공부하고 연구하고 있어요.

활동 외 계획은요?

타로로 일본 진출을 계획하고 있어요. 한국 활동도
이어가면서 일본 활동도 해볼 생각이에요. 일본에 가서
직접 부딪치면서 경험해보고 싶어요. 일본의 레즈비언들도
만나고 싶고요. 다음엔 여성 플랫폼 공간도 만들 거예요.

언니의 이 도전의식을 어쩌면 좋을까요!

하하. 도전해야죠. 내가 좋아하는 일을 하면서 여성 사회에
기여할 수 있는 소명을 유지하고 그렇게 살고 싶어요.
하지만 아직 부족한 것도 많아요. 지혜도 부족하고,
통찰력도 더 키워야 하고. 해야 할 공부도 많아요. 나중에
글로벌하게 나아가고 싶어요.

타로로 전 세계로 진출하실 거라고요?

네! 왜 안 되겠어요? 제가 잘하는 활용 가능한 도구로
나 자신은 물론이고 여성들을 돕고 이롭게 하는 것이
여성주의라고 생각해요.

와⋯⋯.

하고 싶은 일 하고, 공부하고, 나아지려고 노력하고, 일본을

포함해서 여러 나라에 진출도 해보고, 그렇게 살다 보면 나이 드는 줄 모르고 좋은 에너지 가지고 살아갈 수 있지 않겠어요?

죽지 않을 것 같아요!

하하하하. 나이 드는 줄도 모르고 시간 가는 줄도 모르고 그렇게 살 거예요. 지금 마흔다섯 살인데, 지금까지는 나를 단련하는 시간이었다고 생각해요. 이제 새로운 길이 더 넓고 깊게 펼쳐져 있다고 봐요.

지금은 연애 안 하시죠?

네. 연애 에너지는 상대적으로 보면 줄어든 것 같아요. 연애 에너지는 굉장히 사적인 영역이잖아요. 생각해봤는데, 제 안에 에너지가 100이 있다고 하면 과거와 달리 연애 에너지가 그 안에서 차지하는 비중이 많지 않은 것 같더라고요. 지금 하고 있는 일들, 계획들을 이루어나가고 있는 중에 연애 에너지를 써야 한다면 과부하에 걸릴 것 같아요. 연애를 하면 연애에 많은 에너지를 써야 하는데 지금은 자신이 없어요. 앞으로는 일에 더 많은 에너지를 집중하고 싶어요. 그렇지만 이렇게 에너지를 가질 수 있었던 건 지난날 친밀했던 연인과의 연대 관계 덕분이에요. 제가 성장하는 데 인큐베이팅해주었거든요. 지금은 사적인

여자 사람 친구

연애보다 더 큰 의미의 사랑? 인류애나 자매애에 제
에너지를 쏟고 싶어요.

언니, 멋있어요. 저는 사는 게 너무 재미없어요.
에너지도 없고요.
아이고, 잘 살면서 왜 그래요?

전 그냥 사는 게 그냥 그래요.
왜 그러세요!?

그냥 그렇고요. 하하. 혹시 언니 노후 구상도 하시나요?
아주 구체적으로 하지는 않지만, 연금 등 경제적인
안전장치들에 관심은 있어요. 제 화두에 맞춰 준비도 해야
하고요. 경제적인 것들이 기본이겠지만 정서적인 부분들이
중요하다고 느끼고 있어요. 정서적으로 안정된 사람이 되고
싶어요. 주변에 연애 여부와 무관하게 좋은 사람들이 있어야
하고요. 이런 부분들이 조화를 이루어야 한다고 생각해요.
거주 면에서는 당장은 집을 사기 좋은 시기라고는 보지
않지만, 언제가 되었든 결국 집을 사야겠다고 생각하고
있어요. 부산에요. 돌아다니더라도 한 곳은 안정적으로
거주지를 두는 게 필요한 것 같아요.

마지막으로 인터뷰하신 소감을 얘기해주세요.

예전에 활동했던 기억이 희미해져가고 있다고 느끼고
있었어요. 그리고 40대를 기점으로 지난 활동들을
정리해보고 싶다는 마음이 있었는데, 제안해주어서 정말
반가웠어요. 또 수진님이 활동했던 분이라 잘 정리해줄 수
있을 거라고 생각했고요. 이번에 이렇게 정리하지만, 나중에
또 정리해보는 때가 오겠지요. 시간이 흘러 이 기록을
읽으면서 과거를 회상하고 추억하는 데에도 도움이 될 것
같아요.

**60대 중반 정도에도 언니를 인터뷰할 수 있으면
좋겠어요.**

저도 기대할게요. 더 많은 이야기들을 나누고 기록할 수
있게 되면 좋겠어요.

**계획한 모든 일들 이루시기를 바랄게요. 인터뷰
감사합니다.**

저도 감사해요.

주디

" 네가 내
딸인 건
변함이 없고,
너는 나의
자랑스러운
딸이고,
앞으로 네가
행복하게
살면 되는
거다 "

주디는
1995년생으로
서울에 거주하고
있다.

종교는 없으며,
인터뷰 당시에는
대학생이었으나
현재 원하는
직장에 입사하여
열심히 출퇴근하고
있다.

주디님, 첫 질문을 다른 분들에게 했던 질문과는
다르게 해야겠어요.

뭐죠? 궁금하다.

주디님이 인터뷰를 해달라고 했잖아요. 물론 저는 정말
좋았어요. 주디님은 늘 궁금한 사람이었고, 그렇지
않아도 조만간 제안하려고 했거든요. 주디님이 저와
함께 레즈비언 생애 기록 활동도 하고 있고 해서, 아마
자신의 이야기를 기록해두고 싶었던 것 같아요. 그래서
주디님 얘기를 들어봐야겠다고 생각했어요. 인터뷰를
직접 제안해주신 이유가 있을까요?

저는 제 이야기 하는 걸 좋아해요. 그런데 그 이야기들이
흩어지는 것보다는 이런 기록을 통해서 잘 정리하고
남겨두고 싶었어요. 레즈비언로서의 제 이야기뿐만

여자 사람 친구

아니라 레즈비언이 아닌 저에 관한 이야기들도 기록하고 싶었어요. 그리고 저는 정말 수다를 좋아해요. 〈레즈비언생애기록연구소〉 활동을 시작하면서 운영위원회 회의도 정기적으로 만나서 각자의 일상을 나누고 각자의 생각을 나누고 그런 이야기들을 하잖아요. 그런 게 정말 좋고, 그런 시간들이 제 일상을 지탱하는 힘이 돼요. 제 이야기를 하는 것도 좋아하고, 타인의 이야기를 듣는 것도 좋아해요. 트위터 같은 SNS를 꾸준하게 하고 있는데, 일상의 이야기들을 군이 각 잡고 쓰지 않아도 기록할 수 있잖아요. 그렇게 순간순간의 감상들을 적는 게 좋아요. 트위터에는 퀴어들도 많고요. 그러다 보니 트위터는 군이 저의 감정이나 상태를 숨기지 않고 비교적 진솔하게 이야기할 수 있는 공간이에요.

남이 기록의 목적으로 이렇게 주디님의 이야기를 듣고 인터뷰를 하는 시간은 처음인가요?
그렇죠. 10대 때 '퀴어로서 겪는 차별'에 관한 짧은 인터뷰 경험이 한두 번 있기는 했지만요.

10대 때요? 어떤 경위로 그런 인터뷰들을 했어요?
10대 때도 트위터를 했는데, 퀴어 관련한 행사 소식들을 꾸준하게 챙겨 봤어요. 가고 싶은 행사가 있으면 찾아가기도 했고요.

와…… 그랬어요? 언제부터요?

고등학교 1, 2학년 때 많이 다녔어요.

혼자 다녔어요?

거의 혼자 다녔어요. 트위터에서 만난 퀴어 친구들이
몇 명 있어서 종종 함께 갈 때도 있었지만 주로 저 혼자
다녔어요. 이대에서 관련 포럼, 세미나 이런 학술 행사가
열리면 찾아갔어요. 궁금했어요. 나와 관련된 내용들이기도
하고, 나와 비슷한 사람들을 만나고 교류하고 싶었어요.
오히려 지금보다 더 열심히 다녔어요. 청소년 퀴어들이
모인다고 하면 가서 앉아 있고 얘기 듣고 얘기하고. 그러다
보면 거기에서 자기가 무슨 기사를 써야 하는데 인터뷰를
해달라고 하는 친구도 있고. 그러면 인터뷰에 익명으로
응하고 그랬어요.

그럼 주로 트위터를 통해서 정보를 접했어요?

네. 주로 트위터를 통해서 얻었어요.

단체 가입을 생각해보지는 않았어요?

아무래도 10대니까. 고등학생 때에는 대학 모임을 들어갈 수

있는 것도 아니고, 구심점이 될 만한 것이 없었어요. 그 여러
모임 중에서 어디에 들어가면 좋을지 정하기도 어려웠어요.
그리고 본격적인 인권운동을 하고 싶은 생각은 없었어요.
기존 인권운동 단체도 그렇고, 청소년 인권운동 모임에
정기적으로 나가는 것도 생각하기가 어려웠어요. 한번 발을
디디면 제대로 해야 한다고 생각했는데 자신이 없었어요.
아무래도 학생이고 해야 할 공부가 많은 상황이었으니까
활동을 제대로 할 수 없을 것 같았어요.

학교 안에서 그런 모임에 같이 다닐 친구는 없었어요?
네, 없었어요. 학교에 퀴어라고 소문이 났던 친구는 적지
않았어요. 제가 보기에도 퀴어 같은 친구들도 몇 명
있었고요. 그랬는데 그 애들하고 교류할 기회는 없었고,
저랑 친한 친구들은 다 헤테로인 거예요. 제가 커밍아웃을
한 친구가 두 명 있기는 했는데 헤테로 친구들이었거든요.
퀴어인 애들은 다 반도 다르고, 갑자기 제가 가서 퀴어라는
이유로 친해지자고 하기도 어려운 일이었고요. 그리고
기본적으로 혼자 하는 것에 겁이 없는 편이라, 연이 닿으면
같이 움직였지만 굳이 애써서 찾지는 않았어요. 혼자서
휘적휘적 잘 다니는 스타일이에요.

주디님은 씩씩한 사람인가요? 저는 항상 주디님 볼

**때마다 사람이 맑고 씩씩하다는 느낌을 받아요. 제가
잘 봤나요?**

어릴 때부터 씩씩하다, 당차다, 똑 부러진다 이런 말들을
들었던 것 같기도 해요. 어떤 영역에서는 씩씩하고, 어떤
영역에서는 아닌 것 같고. 그래도 종합해보면 나름대로
씩씩한 편이라고 생각하고 있어요.

**아주 좋네요. 조금 전에 학교에 퀴어인 친구들이
보였다고 했잖아요. 수가 많았나요?**

많지는 않았지만 적지도 않았어요.

**그 친구들에 대해서 다른 헤테로인 줄 알고 있는
친구들의 시선은 어땠어요?**

별 관심이 없었어요. 뜨거운 관심을 보일 줄 알았는데,
적어도 제 주변에 저랑 많이 이야기를 나누던 친구들은
그 친구들에게 별 관심이 없었어요. 그저 몇몇 짓궂은
애들은 "쟤네 레즈래" 이러면서 말하고 다니기도 했지만,
나쁜 행동을 하거나 그런 애들은 없었어요. 학교 분위기상
순한 애들이 많은 편이었어요. 대상이 퀴어가 됐든 뭐든
왕따가 별로 없었고, 그냥 소문이 돌고 신기하다는 반응
정도였어요. 집단적으로 나쁜 행동으로 실현된 케이스는 못
봤어요. 대수롭지 않게 여기거나 '그게 뭐? 어때서?' 이렇게

여자 사람 친구

퀴어 프렌들리한 애들이 있었고요.

제가 몰라서 물어보는 건데요, 주디님이 고등학교 학생이었을 시기에 다른 학교 분위기는 어땠었는지 혹시 아는 게 있나요?

잘 몰라요. 그렇게 심하게 부정적인 케이스는 직접적으로는 못 들어봤고, 주로 트위터 친구들이 학교에서 당했다면서 올려서 본 적이 있어요. 한 트위터 친구가 학교에 자기가 퀴어인 것이 알려졌는데, "학교에 가봤더니 교과서가 어떻게 되어 있었고 이런 일들을 겪었다"고 해서 안타까워했던 기억이 있어요. 그것 외에 들어본 게 없어요.

주디님은 커밍아웃을 하고 학교에 다닌 건가요?

아니요. 고등학교 때는 커밍아웃을 별로 안 했어요. 첫 커밍아웃은 중학교 친구 두 명에게 했고, 그 이후 꽤 오래 안 했어요. 고등학생 때는 같은 학교에 다니는 친구 말고, 동갑인데 다른 학교에 다니는 친구 두 명 정도한테 했어요. 그러다가 고3 때는 정말 그야말로 공부만 한 시기를 보냈고요. 대학에 와서 물꼬가 텄죠.

중학교 3학년 때 친구 두 명에게 커밍아웃은 어떻게 하게 됐어요? 아, 주디님은 '내가 여자를 좋아한다'는

걸 중학교 때 생각하기 시작했던 거예요?

네. 중학교 때요. 저는 중학교 2학년 때 정체성을 처음
알았고, '내가 레즈비언이구나'라고 땅! 땅! 땅! 한 거는
3학년 때라고 기억해요. 그런데 그 전에 2학년 때 알게
되면서, 어린 나이였지만 제 나름대로 과거를 생각해본
거예요. 그랬더니 초등학교 때도 여자를 두 번 정도
좋아했던 적이 있더라고요. 깊게 좋아했다기보다 잠깐씩
잠깐씩요.

그렇지만 그 당시에는 동성애라는 개념이 뭔지 몰랐어요.
그냥 여자한테 호감이 있는 것 같다는 건 알았는데,
동성애라는 개념으로 연결하지는 못했던 것 같아요. 중학교
1학년 때는 별생각이 없었고, 2학년 때는 좋아하는 사람이
생겨서 '내가 그런가?' 했어요. 그때는 많이 좋아해서 저
스스로에 대해 오래 생각했어요. 친구들은 다 남자애를
좋아한다거나 남자 얘기를 많이 하는데 나는 그런 것에
전혀 동하지 않고 관심이 없고 여자에게 관심이 있고.
그래서 혼자 되게 심각해졌어요. 당시에 인터넷 자료도
많이 찾아보기 시작했고, 도서관에 가서 키워드로 검색해서
닥치는 대로 다 빌려 읽었어요. 읽으면서 많이 공부했고
나름의 생각을 정립했어요. 그게 한 중학교 2학년 가을
이후부터였거든요. 그래서 3학년 올라가는 그 시기가 됐고,

3학년 때 땅! 땅! 땅! 한 거예요.

아, 땅! 땅! 땅! 하기 전까지 연애를 하지는 않았던 거네요.

네. 연애는 안 했지만 짝사랑이었지만 좋아했던 사람이 있었고, 과거를 돌이켜봤을 때 초등학교 때도 그랬고. 생각도 많이 하고, 책이나 인터넷 등의 자료들을 통해서 정리하고, 그렇게 결론을 내린 거예요. 중학교 3학년 때 제일 친했던 친구들의 무리가 있었는데, 그 친구들이 전부 커밍아웃에 적절한 친구들은 아니라고 생각했어요. 그중 두 명에게만 커밍아웃을 했어요. 그 친구들은 절대로 퀴어가 아니지만 내 이야기를 잘 들어줄 것 같고, 비밀을 지켜줄 것 같아서 했어요. 그때가 첫 커밍아웃이에요. 두 친구에게 같은 날 같은 장소에서 했어요.

고등학교 때는 커밍아웃을 거의 하지 않았다고 하셨죠?

네, 그랬어요. 하지만 그 시기에 아주 큰 사건이 있었죠. 엄마, 아빠가 아셨어요. 고등학교 때에는 트위터에서 만나서 친해져서 휴대폰 번호까지 교환한 바이 언니가 있었어요. 집에서 그 언니랑 통화했는데, 그 통화 내용을 엄마가 듣게 된 거예요. 일상적인 대화였지만 아무래도

엄마가 듣기에는 이상했나 봐요. 통화를 마쳤는데 엄마가
물어보는 거예요. "내용이 왜 그러냐? 너네 뭐냐?" 이런
식으로요. 저는 찔리는 게 있으니까. 만약 제가 그런
이야기를 전혀 안 했는데 엄마가 그렇게 물어보면 전혀
동요하지 않았겠지만, 제가 무슨 이야기를 나누었는지 알고
있는 상황이라 동요가 된 거죠. 단칼에 그렇다고 할 수도
없으니까 계속 "뭔 소리야? 아니야"라며 뺐는데, 엄마가
그날 밤에 단도직입적으로 물어봤어요. 그래서 어쩔 수 없이
시인했어요. 원해서 얘기한 건 아니었고요.

**엄마가 그럼 다시 이렇게 물어보신 거예요? "너희 통화
내용이 왜 그러냐?" 이런 식으로요?**

아니요. 엄마가 "너 그러면 동성애에 관심이 있고, 여자를
좋아하고 그러니?"라고 물어봤어요. 그래서 떨떠름하게
그렇다고 하게 됐어요. 엄마가 다 들은 이상 부정할 수가
없었어요. 그때 엄마가 엄청 심각해진 거예요. 제 이야기를
듣고 별소리를 안 하고 엄마는 엄마 방으로 간 거예요. 저는
제 방으로 가고. 아빠가 퇴근하기 전이었어요. 엄마가 방에
들어가서 혼자 심각해하고 있는데 얼마 안 가서 아빠가
퇴근하고 집에 들어왔어요. 그런데 아빠가 안방으로 가서
엄마를 봤는데 엄마가 너무 심각한 거예요. 그래서 뭔
일인지 물었는데 엄마가 답을 안 하는 거죠. 원래는 두 분이

여자 사람 친구

대화가 많아서, 평소였으면 아무리 심각한 이야기라고 하더라도 다 이야기하거든요. 그런데 엄마가 아무 말을 안 하니까 아빠가 생각하기에 이상한 거죠. 평소와 다르니까요. 엄마가 생각하기에 아빠한테 말하기가 거시기했는지 말을 못 한 거죠. 그런데 아빠가 먼저 무슨 문제인지 캐치한 거예요. 아빠는 알고 있었대요. 제가 여자를 좋아한다는 것을 이미 눈치챘대요. 당시에는 '아빠가 촉이 좋구나'라고 생각했던 것 같은데, 나중에 그게 아닌 것 같더라고요. 제가 노트에 레즈비언 관련해서 써놓은 내용들이 있는데 아마도 그걸 봤나 봐요. 그런데 아빠도 그걸 보시고 혼자서 생각하고, 그에 관해서 엄마한테 아무 말도 안 한 거죠. 그게 이미 반년이 넘은 상황이었대요.

그 일들이 고등학교 몇 학년 때 일어난 거예요?
고등학교 1학년이요. 아무튼 아빠가 그렇게 알고 반년 이상 입을 다물고 있다가, 엄마의 심각한 모습을 보면서 그 이유를 눈치챈 거예요. 아빠가 엄마한테 "그것 때문이야?" 이런 식으로 물어보고, 엄마는 "어떻게 알았어요?" 이러면서 놀라고. 그때 아빠가 "그게 뭐 심각한 문제야? 이게 꽁해 있을 문제야?" 이런 식으로 반응했던 거예요. "그럴 필요가 없는 문제"라는 식으로 얘기했대요. 그렇게 이야기하고 아빠가 제 방으로 왔어요. "엄마한테

들었는데, 아빠는 원래 다 알고 있었고, 그건 전혀 문제가
아니야"라면서 저를 안심시키고 위로하는 거예요. "네가 내
딸인 건 변함이 없고, 너는 나의 자랑스러운 딸이고, 앞으로
네가 행복하게 살면 되는 거지, 네가 여자를 만나든 결혼을
안 하든 어떻게 살든 그건 중요한 게 아니다"라는 식으로
얘기하셨어요.

어머나, 세상에. 아빠가 대단하시네요.
그러게요. 다른 집 보면 엄마는 괜찮아도 아빠는 폭력적으로
나온다거나 그런다던데, 저희 집은 거꾸로였어요. 물론
엄마도 극단적인 반응은 아니었지만요. 엄마는 처음에는
부정적으로 생각했는데 아빠는 전혀 아니었던 거예요.
본인은 혼자 어떤 생각을 했는지는 모르지만 표면적으로는
전혀 부정적이지가 않았던 거죠.

세상에……
"혼자 살든, 좋은 사람을 만나서 가정을 꾸려서 살든 알아서
해라", "할 일 똑바로 하고 살면 되는 거지, 네가 여자를
만나든 남자를 만나든 상관없다"라고 하셨어요.

요새는 어떤가요? 엄마, 아빠 모두요.
당시에 엄마가 아빠로부터 그런 얘기를 들었더라도 일시에

내면의 갈등이 전부 해소되진 않았겠죠. 엄마는 다운이 되었고, 그 이후에 이 문제를 수면에 올려 이야기를 나눈 적이 없어요. 작년까지만 해도 정체성 얘기를 서로 안 했어요. 저는 '엄마는 알고 있지', 엄마는 '쟤가 그렇지' 이렇게 각자 생각하고 있다는 건 서로 알고 있지만, 아무래도 말을 꺼내기가 서로에게 껄끄러운 일이어서 그랬던 것 같아요. 그러다가 작년 여름에 엄마가 먼저 말을 꺼냈어요. 제가 학교에서 퀴어 동아리 활동을 했거든요. 그걸 엄마가 언급했던 거죠. "너는 동아리도 하고 뭐도 하고 별걸 다 하더라" 이런 식으로. 다시 언급하면서 엄마는 이제 마음이 해소됐고. 전에는 제 정체성이 일시적인 거라고 생각했고 돌아올 수 있다는 식으로 생각했는데 아빠가 "원래 저런 건데 돌아오는 게 어디 있냐?"는 식으로 많이 얘기했고, "그런 아빠로부터 도움을 많이 받았다"고 했어요. "이제 돌아오고 그런 문제가 아니라는 것도 알게 됐고, 엄마 나름대로 공부를 많이 했는데 공부하고 보니까 동성애가 이상한 게 아니라는 것도 알게 됐고, 생각보다 많은 성소수자들이 있다는 것도 알게 되어서 더 이상 심리적인 부담감으로 다가오지 않는다"고 말했어요. 엄마가 괜찮다고 하셨어요.

이 일련의 대화들, 그러니까 17세 때 봤던 아빠의 반응,

**작년 여름의 엄마와의 대화 등 이런 대화를 나눌 때
주디님 마음은 어땠어요?**

일단 아빠한테는 놀라운 게 제일 크고, 그 다음은 참
고맙고요. 항상 고마워요. 엄마한테는 다행이라는 생각이
들고요. 그렇게 변화가 있었다는 것에 대해서요. 고1부터
작년 여름 사이에 이 문제에 관련해서 엄마랑 많이
불편했어요. 서로 그 부분에 관해 아예 말을 안 하니까
묘하게 불편했거든요.

그 전에 엄마가 이 문제에 관해서 이야기를 꺼내려고
했던 적은 있었어요. 하지만 제가 들을 준비가 안 되어
있었어요. 왜냐하면 엄마가 불편해하고 있다는 걸 알고
있었기 때문이에요. 저는 잘못한 게 없는데 엄마가 이해를
못 하는 상황이라면 제가 잘못한 사람처럼 되잖아요. 엄마가
힘들어하는 걸 보고 느끼니까 미안한 사람이 되어야 하는,
그런 시간들이 길었던 거죠. 하지만 제 잘못이 아니잖아요.
저는 잘못한 게 없는 상황에서 엄마한테 미안해하고 싶지
않았거든요. 미안해할 필요도 없고. 그런 상황에서 그런
마음으로 엄마랑 대화하기 어려웠어요. 그래서 엄마가
마음이 편해질 때까지 기다려야겠다고 생각했고, 그 전까지
이 문제에 관해서 대놓고 이야기하고 싶지 않았어요.
엄마가 그런 얘기를 꺼내려고 하면 제가 피했어요. 하지만

작년 여름엔 달랐던 거죠. 그때 비로소 편하게 얘기할 수 있겠더라고요. 최근에 굉장히 편해졌고요.

그 시간들에 자기가 공부했던 자료들이나 정보들을 엄마께 좀 드리고 그랬으면 좋지 않았을까요?
저는 관련 자료들을 제 책상에 그냥 막 두고 다니고 그랬어요. 아마 엄마도 보셨을 거예요. 엄마가 뒤늦게 대학을 다니셨는데, 엄마가 학교 다니면서 대학 강의 중에 접하기도 하고 그랬던 것 같아요.

저…… 아빠는 왜 그러시는 거예요?
하하하하하하.

아빠 몇 년생이세요?
아빠는 67년생이고 엄마는 69년생이요. 두 살 차이요.

와…… 아빠 왜 그러실까요?
아빠가 퀴어 관련해서만 그런 게 아니라 원래 가부장적인 거랑 거리가 먼 사람이에요. 전체적으로 사람이 부드럽고, 뭐든 민주적으로 해결하려고 하고 그런 부분이 강했어요.

왜 그렇죠?

아빠 성격이겠죠?

아빠 환경이……

아니요, 환경을 생각해도 납득이 안 돼요. 아빠가 남자
형제들만 있는 집안에 장남이고요. 우리 작은아빠들 완전
가부장적인 사람들이에요. 친할아버지도 당연히 그렇고.
아빠는 돌연변이 같아요. 아빠는 고등학교 졸업하고
바로 취직해서 직장 생활만 굉장히 오래 하셨어요. 아빠
환경을 보면 지극히 평범해요. 특별히 언급할 만한 특징은
종교가 없다는 거? 부모님 두 분 모두 종교의 비합리성을
굉장히 싫어하는 분들이세요. 우리 아빠가 왜 저러시는지
저도 모르겠어요. 미스터리해요. 아빠는 지극히 평범한
분이거든요. 저도 신기해요.

주디님 첫째죠?

네.

**아빠, 엄마가 그러하시니 가족들 안에서 소통에 별
어려움을 겪지 않았겠어요. 관계도 좋고요.**

네. 그랬어요. 일단 아빠가 엄마를 존중하고요. 그렇지 않은
집들이 많잖아요. 그리고 아빠가 술 담배를 안 하세요. 정치
성향도 딱 "박근혜가 저 수준이니 문재인을 찍는다" 이

정도지, 진보도 아니에요. 정치적, 경제적 성향은 중도와 보수의 사이예요. 급진적인 분들도 아니고 지극히 평균 수준의 분들이에요. 최근에는 대선 토론회 보면서 심상정 후보를 굉장히 긍정적으로 평가하셨고. 그렇지만 그건 그 후보가 말을 잘하고 똑똑해 보이기 때문이지, 그의 이력에 감화를 받거나 그래서는 아니에요. 그냥 항상 본인들이 생각할 때 비교적 합리적인 것, 비교적 사람을 위하는 것을 택하는 분들인 것 같아요. 저도 아빠가 어떻게 그런 인물인지는 납득하기 어려워요.

주디님이 생각할 때 원가족이 특별하게 느껴지나요?
당연하죠. 원가족은 모두들 하나씩밖에 안 가지잖아요. 저는 퀴어 문제를 알기 훨씬 전부터도 아빠가 가부장인 것과 거리가 멀고 굉장히 부드러운 사람인 것을 보고 자랐기 때문에 이게 일반적인 케이스인 줄 알았어요. 그런데 크면서 친구들이랑 가족에 관해 이야기를 나누면 그게 아닌 거죠. 그래서 아빠가 특이한 경우라는 걸 알았어요. 그런데 퀴어에 관해서도 이렇게 드라마틱하게 이해하실 줄은 저도 몰랐어요, 전혀.

눈치챘던, 그러니까 처음 알고 나서 6개월 동안 아빠 혼자 어떤 시간을 보냈을지는 알 수 없지만요.

모르죠. 하지만 기본적으로 스트레스가 심하지는 않았을 거라고 생각해요. 그렇지 않고는 엄마에게 그렇게 말씀하실 수 없다고 봐요. 애초에 본인 내부에 갈등이 있었다고 볼 부분이 없어요. 텔레비전에 홍석천 씨가 나오는 걸 보셔도 전혀 부정적인 내색을 한 적도 없어요. 제 문제가 불거지기 전에도요.

멋있는 가족이네요.

드문 케이스이기는 하죠. 요즘 젊은 세대들은 대체로 가족에게 애착이 별로 없어요. 하긴 꼭 젊은 세대만의 문제도 아니지만요. 퀴어들은 자신이 퀴어이기 때문에 생기는 충돌이 많고, 가족에게 애착을 가지지 못하게 하는 제반 요소들이 있잖아요. 그래서 제가 희귀한 케이스인 거예요. 저는 가족에게 애착이 되게 큰 편이에요. 쉽게 표현하자면 가족을 사랑하고, 가족으로부터 많은 사랑을 받았고. 그 사랑이 저의 자아를 형성하는 데 큰 도움이 되었다고 생각해요. 이런 부분에 관해 이야기하면 다들 신기해하고 낯설어하고 부러워하기도 해요.

부럽네요. 부모님에게 커밍아웃하는 게 참 어려운 일이잖아요. 그런 의미에서 주디님의 경우에는 부모님이 일찍 아시고, 이해도 하시고. 그래서

커밍아웃에 대한 두려움이 별로 없을 것 같다는 생각이 드는데 어때요?

별로 없어요. 쉽게 하는 편이에요.

따져가면서 하나요?

따져요. 안 따지지는 않아요. 안 따져서 쉽게 할 수 있는 게 아니라, 어떤 사람에게 해도 괜찮고 아니고를 판단하는 속도가 되게 빨라요. 정확도도 높아졌고요.

기준이 뭔가요?

일단 종교 유무를 많이 보고, 종교가 있다면 개신교인가를 보는데 그 부분이 크게 작용하는 것 같고요. 하하. 살다 보니까 제가 퀴어라는 사실을 모르는 타인이어도 아예 이 주제에 관해 이야기를 안 나누게 되는 경우는 별로 없는 것 같더라고요. 대선 기간에 불거진 동성애 이슈들, 퀴어 관련 학내 대자보, 연예인 홍석천 씨에 관한 이야기 등 어떤 경로로든 퀴어 관련 이슈들을 얘기하게 되어 있더라고요. 그 과정에서 의견들을 확인할 수가 있는 거죠. '아, 얘는 어떤 생각을 갖고 있겠구나'라며 일상적으로 캐치할 수 있는 것 같아요. 그리고 직접적인 퀴어 이슈가 아니어도 이 친구가 어떤 태도로 타인을 대하는지를 봐요. 그런 보편적인 타인을 대하는 태도를 보고 나라는 특정 개인을 태하는 태도를 종합해서 본 후에 커밍아웃을 할지 판단해요.

그런 판단을 하는 이유가 뭐예요? 말씀하신 것처럼 주디님은 커밍아웃에 대한 두려움은 별로 없는 편이잖아요.

저한테 손해가 되는 행동은 별로 하고 싶지 않아서 그런 거죠. 아무리 두려움이 없다 해도 다들 그런 걱정을 하잖아요. 취업에서 받을 수 있는 불이익, 나에 대한 혐오 반응 등이요. 그런 거예요. 안전한 사람들에게 하고 싶은 거죠. 위험 부담이 없거나, 위험 부담이 있어도 실질적인 해가 적을 것 같은 커밍아웃을 하는 거죠. 저도 앞으로 사회생활을 해야 하고. 대사회적 커밍아웃을 하기에는 제가 감당하기에는 리스크가 너무 크고요. 다만 제가 일상에서 모든 것을 나눌 수 있는 사람들, 커뮤니티가 있으면 그걸로 충분할 것 같아요. 이런 사람들을 만들어나가는 데 필요한 경우 얼마든지 커밍아웃을 할 수 있어요. 그간의 커밍아웃에서 실패한 적은 단 한 번도 없어요.

그럼 이제 연애 얘기를 한번 해볼까요?

첫 연애는 연애라고 하기에도 애매한 부분이 있어요. 워낙 짧게 만나기도 했고요. 아는 게 없던 시절이어서 첫 연애에 관해서 코멘트할 게 없어요.

아, 혹시 남자를 좋아했던 적은 없어요?

없어요. 저는 레즈비언 정체성을 되게 빨리 인정한 편인데 남자를 좋아했던 경험이 전혀 없어서 그런 것일 수도 있어요. 남자애들 얘기에 공감하기도 어렵고. 하하. 내가 항상 관심을 갖는 대상은 여자였기 때문에 남들도 다 비슷한 줄 알았어요. 초등학교 3학년, 4학년 때까지는 그런 줄 알았어요. 친구로서든, 애인으로서든 더 관심이 가는 젠더가 동성인 게 당연한 줄 알았어요. 그게 아니라는 걸 5학년, 6학년 때 알았죠.

남자를 좋아한 적은 없지만 좋아하는 척은 해본 적 있어요. 친구들이 다 남자 얘기를 하니까 저도 남자를 좋아한 척한 적이 있죠. 예컨대 남자 연예인을 좋아하는 척을 하는 거예요. 저는 남자 연예인을 좋아한 적도 없거든요. 당연한 줄 알고 있다가 당연한 게 아니라는 걸 안 이후에 좋아한 척을 했던 거죠. 한창 애들이 드라마 보면서 좋다고 할 때 저도 적당한 남자 연예인 정해서 좋아하는 척을 하고 그랬던 거죠. 커밍아웃을 한 당사자가 여중 여고를 나왔을 경우에 "아직 주변에 남자가 없어서 어쩌고" 이렇게 얘기하는 경우가 있잖아요. 저도 그런 말들이 터무니없다는 걸 알고 있으면서도 가능성을 아예 배제할 수 없다고 생각했던 적이 있어요. '내 환경에 남자가 아예 없어서 그런 것일

수도 있지'라고요. 그런 생각을 하면서 대학에 왔는데 우리
대학에 남자가 완전 많은 거죠. 우리 과에도 남자가 완전
많았는데요, 대학에 와서도 남자한테 전혀 관심이 생기지
않았어요. 그래서 '아! 나는 완전 레즈비언이구나'라고
생각했어요. 의심의 여지가 없다고 생각하게 된 거죠.
고등학교 때까지의 연애는 논할 게 없고, 처음 제대로
연애를 한 건 대학에 와서 스무 살이 되어서예요.

그 짝사랑했던 사람들에게 고백한 적은 있었어요?
네, 했어요. 잠깐씩 관심 가졌던 경우를 제외하고 학창
시절에 크게 좋아한 사람이 두 명이었어요. 중학교 때
한 명, 고등학교 때 한 명 이렇게요. 중학교 때 좋아했던
사람한테는 얘기를 했고, 고등학교 때 좋아했던 사람한테는
얘기를 안 했어요. 얘기한 것은 그 사람이랑 잘되려고
한 게 아니라, 내가 이만큼 좋아했다는 걸 알려주고
싶었기 때문이에요. 그런데 상대가 퀴어에 대해서 어떻게
생각하는지 알 수가 없는 상황이었어요. 내가 퀴어라는
걸 상대가 알게 되는 거니까 위험 부담이 있을 수 있다고
생각했는데 생각보다는 괜찮았어요. 네가 무슨 말 하는지 잘
알겠다, 이런 식으로 얘기 듣고 끝났어요.

두 번째 친구한테는 왜 고백 안 했어요?

나중에 후회할 것 같았어요. 저는 첫 번째 사람에게 말한
것도 후회했거든요.

왜요?

그냥 괜히 얘기했다 싶었어요. 큰 이유는 아니지만, 시간이
지나면 자연스럽게 스쳐 지나갈 사람을 왜 굳이 그렇게 내가
도장 찍듯이 얘기해서 서로에게 잊을 수 없는 기억을 남겼나
싶어요. 아무래도 상대에게 유쾌한 기억은 아니니까요.
당시에는 답답한 마음에서 했는데, 내가 내 마음 편하자고
상대방을 불편하게 만든 것 같아서 그게 신경이 쓰였어요.
그런 비슷한 케이스를 다시 만들고 싶지 않아서 두 번째
사람한테는 얘기를 안 했죠. 앞으로도 얘기 안 할 것 같아요.
지금도 교류하고 있거든요.

대학 와서 처음 연애를 했네요?

네, 5월부터. 3월에 학교 동아리에 들어가고.

지금 3학년이에요?

입학 4년째인데, 작년에 휴학해서 지금 3학년이에요.

아, 지금 연애한다고 하지 않았어요?

네, 지금 세 번째 연애예요.

(나름대로 긴 시간 동안 주디님의 과거 연애사를 들었는데,
공개하기가 어려운 내용이 많아서 주디님의 요청으로
기록으로 남기지 않기로 했어요. 한 가지만 남기자면,
주디님의 연애관은 이래요. 주디님은 연애를 시작하기 전에
상대방과 서로를 알아갈 수 있는 시간을 충분히 갖기를
원한대요. 그리고 연애한다고 해서 상대방에게 의존적인
스타일이 아니라고 해요. 독립적인 성향이 강하고, 상대방이
의존적일 경우에는 그 관계에서 피로감을 많이 느끼는
편이라고 합니다. 그리고 관계 자체에 대한 진지함은 좋지만,
짧은 연애 과정에서 먼 미래를 약속해야 한다거나 구상해야
하는 무분별한 진지함은 싫대요.
이별에 관해서는 연애는 서로 좋아해야 가능한 것인데,
누구든 더 이상 좋아하지 않아서 이 관계를 끝내고 싶어 하면
쿨하게 끝내는 게 가장 좋다고 생각한다고 합니다. 하지만
많이들 그리하지 못하니 그 부분이 안타깝다고 했어요.
그리고 기본적으로 연애를 하지 않아도 혼자서도 참 잘 살 수
있는 성향이라서 연애 자체에 대한 의존도도 낮은 편이라고
하네요. 주디님은 아주 씩씩하고 독립심 강한 사람인 것
같아요! 그리고 기본적으로 지난 연애들이 감정적인 소모가
많은 편이었고, 그래서인지 과거 기억을 곱씹고 싶지는
않다고 했어요.)

여자 사람 친구

**주디님은 정체성을 중학교 2학년 때, 쾅! 쾅! 쾅!
했다고 했잖아요? '레즈비언'으로 쾅쾅쾅 했던
거예요?**

네.

퀴어라는 용어는 언제 접한 거예요?

고등학교 때요. 퀴어는 포괄적인 의미로 쓰는 말이잖아요.
시스젠더이면서 헤테로인 사람을 제외한 사람들을 통으로
부를 때 많이 쓰고, 레즈비언은 그 안에 부분집합 중 하나죠.
사람들이 정체성을 물으면 레즈비언이라고 하기도 하고,
퀴어라고 할 때도 있어요. 누군가 저에게 "퀴어냐?"라고
물으면 "퀴어다"라고 답하고, 제가 선언적인 의미로 말해야
할 때는 레즈비언이라고 답해요.

왜 '레즈비언'이라는 용어로 선언해요?

그야 제가 레즈비언이니까요. 아무리 생각해봐도 남자를
좋아했던 적이 없고, 여자만 좋아했었으니까요.

그러지 말고 마음의 문을 열어봐요. 하하하.

하하하. 무슨 마음의 문을 열어요? 여자한테 마음의 문을 열
시간도 없어요.

퀴어 친구들과도 트위터를 통해서 만나고 소통할 일이 많았다고 했잖아요. 저는 트위터를 거의 하지 않아서 궁금한 부분이 있는데요, 트위터가 퀴어들에게 어떤 공간인가요?

트위터는 지금 하락세예요. 트위터는 다른 SNS에 비해서 이용자가 많지 않은 상황이고요. 그래서 지금 10대, 20대인 퀴어 대부분이 트위터를 한다고 말하기에는 비약이 있어요. 대신 자기의 퀴어성에 관해서 얘기하는 걸 좋아하고, 그걸 표출할 수 있는 창구를 찾고 있는 사람들에게 굉장히 좋고 잘 맞는 공간이라고 생각해요. 모든 퀴어가 자신의 정체성을 당당하게 생각하고 긍정적으로 받아들이는 건 아니잖아요. 퀴어 중에서도 자신의 정체성에 관해서 당당하게 말하고 싶어 하는 사람들이 트위터를 많이 이용하고 있는 것 같아요. 아무래도 트위터는 특정 카페나 커뮤니티 사이트와 달리 개방성이 있잖아요. 개개인 간의 네트워크가 가능하고, 내가 원하는 사람하고만 교류할 수 있는 트위터의 특성이 장점인 것 같아요. 기존의 사이트는 나의 개성과 어울리지 않는 사람하고도 함께 있어야 하는 부분이 많지만, 트위터는 내가 원하는 사람과 집단과만 교류할 수 있는 시스템이에요. 내가 원하는 내용과 형태의 풀을 만들어낼 수 있는 성격의 SNS인 것 같아요.

여자 사람 친구

상당히 많은 퀴어들이 트위터를 하는데, 세대는 10대, 20대가 많은 건가요?

요샌 30대도 적지 않아요. 왜냐하면 트위터가 꽤 오래된 SNS라서 트위터를 20대 중반 정도에 처음 접한 사람들은 지금 30대인 거니까요.

주디님이 관계 맺고 있는 퀴어 커뮤니티나 하고 있는 활동 얘기해주세요.

일단 학교 퀴어 동아리에서 오래 활동했어요. 대학교에 입학하자마자 바로 가입해서 활동 시작했어요. 제가 고등학교 때 이것저것 알아보고 찾아봤다고 했잖아요. 그때 대학에 있는 거의 모든 퀴어 동아리와 모임의 존재들을 다 알고 있었어요. 내가 대학에 간다면 이 중 한 곳에 들어갈 거라고 생각하고 있었어요. 그래서 학교에 입학하자마자 바로 가입 신청을 하고 활동을 시작한 거죠. 활동하면서 좋은 친구들을 많이 만나게 됐고, 스물한 살 가을부터 그 모임 대표를 했어요. 그 활동을 즐겁게 했어요. 대표 활동 마치고 그 동아리를 나왔어요.

왜 그만뒀어요?

가장 큰 이유는 이후에 들어온 신입 회원들과 기존 회원들 간의 성향이 많이 달라서 제가 함께하기가 쉽지 않았다는

거예요. 정확하게 말하자면 저와 신입 회원들 간에 많은
차이를 느껴서, 제가 그 활동을 지속할 이유가 많이
사라졌어요. 기존의 친구들은 졸업하고 휴학하고 외국에
나가고 하면서 교류가 중단된 경우가 많았던 상황이거든요.
그래서 '내가 여기에서 더 밀도 있게, 집중해서 활동하기가
어렵겠다'는 생각을 해오다가 활동을 중단하기로 결정한
거죠. 제가 계속 활동했었다면 어쩌면 제가 원하지 않는
꼰대 역할을 할 수도 있겠다는 걱정도 있었어요. 그래서
여러 가지 생각 끝에 미련 없이 나왔어요.

그 활동 외에 또 했던 활동이 있나요?

여기요. 〈레즈비언생애기록연구소〉에 스물한 살에
들어왔죠. 학교 동아리 하고 있는 상황에서 여기에 들어온
거예요. 다른 활동을 하고 있는 것은 없고요.

우리나라에 단체들이 많이 있잖아요. 다양해진 것
같아요. 활발한 단체들 다 놔두고 왜 이렇게 고요한
곳에 회원 가입을 하셨나요?

일단 제 일상을 깨뜨리지 않는 선에서 활동하고 싶기
때문이에요. 타 단체들은 온몸을 바쳐서 해야 하는 활동
단체들이잖아요. 다들 의욕이 넘치고, 감정적으로도 풍부한
분들도 많고요, 활동을 시작하면 활동이 주가 되는 분들이

많은 것 같고요. 하지만 저는 그렇지 못하고, 그럴 수 없기 때문에 다른 단체들에 가입하고 활동하기는 어려워요. 저는 제가 하고 있는 여러 가지 일들의 균형을 유지하는 걸 더 중요시해요.

주디님에게 균형을 이루는 것, 안정적인 것이 굉장히 중요한가 봐요.

저는 뭘 할 거면 제대로 하고 싶고, 조직에 발을 담근 이상 어영부영하는 사람이고 싶지는 않아요. 그래서 동아리도 내가 더 이상 실질적으로 제대로 할 수 있을 것 같지 않아서 그런 판단을 하고 나왔던 것도 있어요. 적극적으로 하지 못할 것 같은 경우에는 아예 발을 담그지 않아요. 같이 활동하는 사람들에게도 민폐를 끼치는 일이라고 생각해요. 뭔가 제가 여지를 남겨두면, 같이 활동하는 사람들이 그 여지를 끊임없이 확인하고 무언가를 부탁하는 상황이 반복될 테니까요. 민폐죠.

이야기를 듣다 보니까 주디님이 사람 관계를 중시하는 분이라는 느낌이 들어요.

네, 맞아요. 친구가 아주 중요해요. 저 스스로 생각했던 것보다 더 관계 지향적인 사람인 것 같아요. 어릴 때는 제가 관계에 상대적으로 연연하지 않고 무신경한 사람이라고 생각했는데 그렇지 않더라고요. 관계를 가꾸는 것을 굉장히 중요시해요.

관계를 가꾼다는 게 뭔가요?

상대에게 최선을 다하고 상대를 책임 있게 대하고요. '나는 당신에게 호감과 애정을 가지고 있고, 나는 당신에게 소홀하고 싶지 않다'는 것을 끊임없이 보여주는 거죠. 이런 부분을 주기적으로 신경 쓰죠.

관리하는 거예요?

아니, 관리가 그런 인맥 관리가 아니라, 연락을 주고받지 않으면 아무래도 친구와 소원해질 수 있잖아요. 제가 애정을 쏟고 싶은 좋은 관계가 거저 이루어지는 건 아니라는 의미에서 제가 투자해야 한다고 생각해요. 물론 제가 호감이 없거나 내키지 않는 사람에겐 그런 투자를 안 하죠. 오래 같이하고 싶은 친구들에게는 저의 에너지를 꾸준하게 쏟으며 살고 싶어요.

친구가 많은 편인가요?

깊은 이야기를 나눌 수 있는 친구들이 적은 편은 아닌 것 같아요. 아는 사람이 아주 많지는 않지만, 일정 정도 이상의 깊이를 가지고 교류하는 친구가 많은 편이에요. 서로에 대해서 비교적 많은 이야기를 할 수 있는 그런 친구들이요. 이건 커밍아웃하고도 연관이 되는데요. 꼭 퀴어 친구가 아니어도 제가 커밍아웃을 했고 그래서 저에 대해서 많은 이야기를 할 수 있는 친구들이 많은 거죠. 친구들도 역으로 저에게 많은 이야기들을 해줄 수 있는 거고요. 커밍아웃을 통해서 일정 정도의 상호 신뢰를 구축했다고 볼 수 있는 거죠.

지금 4학년이면 진로를 결정했나요? 뭔가를 준비하고 있나요?

아, 저 3학년이에요. 휴학했으니까요. 지금 교직 이수를 하고 있어요. 교사에 뜻이 있어서요. 어릴 때부터 항상 교사가 하고 싶었어요. 어떤 꿈을 가져도 그중 하나는 어김없이 교사였어요. 지금 그 과정을 밟고 있는 중인데요, 완주할 수 있을지는 아직 미지수예요. 동시에 일반 기업 취업도 고려하고 있고요. 그리고 제가 먹는 걸 진짜 좋아하고 다른 나라의 문화에 관심이 많아요. 세계 만물에 관심이 많아요. 그러다 보니 맛 칼럼니스트를 하고 싶다는 생각도 들었어요. 물론 전업으로 하겠다는 것보다는 이런 활동도 해보고 싶다는 생각이에요. 하고 싶어요. 이 정도예요.

아름답네요. 세 가지를 얘기했는데, 그중 두 개 이상 될

것 같아요! 10년 후에 인터뷰 제안 다시 하면 해주실
건가요?

당연하죠. 하고 싶어요!

10년 후 인터뷰를 다시 할 때, 주디님이 어떤 일을 하고
있을지 매우 궁금하네요. 다음은 여러 가지 잡다한
질문을 드리려고 해요. 요새 컨디션은 어떤가요?

좋아요. 저는 요새 공부가 제일 고민이에요. 듣는 과목도
너무 많고 과제도 많고 너무 바빠요. 곧 기말고사고요.
학기 중에는 항상 공부가 제일 고민이죠. 전공도 점점 더
어려워지고 있어요. 공부 외에는 여유 시간이 없으니까
수면도 부족하고 다음 날 피곤하고. 이런 부분을 제외하고는
괜찮아요.

주디님은 보통 어떻게 일상을 보내나요?

학교 다녀오면 운동하러 가고요, 학교에서 공부하는 학회
활동하는 게 있고, 친구들이랑 만나서 맛있는 것 먹으러
다니고, 가끔 영화 보고요. 학기 중에는 어렵지만요.
최근에는 연애를 시작했으니 그 친구를 만나는 시간이
많고요. 그 외에는 가족들과 보내죠.

주디님이 20대 초반이잖아요. 앞으로 어떤 사람으로

여자 사람 친구

어떻게 살고 싶은지 궁금해요.

저는 항상 단단한 사람이 되고 싶다고 생각해요. 심지가
굳고 자기 주관이 뚜렷하고. 일시적으로 타인이 주입해서
이루는 게 아니라 나의 경험과 성찰로 구축한 건강한
사고방식을 가지고 싶어요. 동시에 융통성이 있어서 다양한
이야기를 포용할 수 있는 사람으로 살고 싶어요. 그리고
옳은 일과 옳지 않은 일 중에 옳은 일을 선택하면서 살 수
있는 사람이고 싶고요. 옳지 않은 쪽이 나에게 득이 된다고
해도 옳은 쪽을 택하는 사람이 되자는 생각. 옳은 선택이
결국 득까지 되면 제일 좋겠고요.

지금까지 그렇게 해왔다고 생각해요?

네, 최선을 다했다고 생각해요. 과정에서 부족한 점이
있다면 제가 잘 인지하고 있고, 앞으로 잘 개선할 수 있다는
자신감이 있어요.

**평소에 주디님 보면서 빈틈이 없고 정말 똑똑하고 똑
부러지고 자기 관리도 참 잘하는 사람이라는 느낌을
받았어요. 오늘 이야기 나누다 보니까 정말 그런 것
같고요. 그래서 하는 질문인데요, 혹시 주디님 스스로
생각할 때 단점이나 부족한 점이 있을까요?**

제 자신에게 마음에 안 드는 부분은 집중력이 별로 좋지

않다는 거예요. 공부를 하더라도 오래 앉아서 집중해서
공부하는 이런 게 안 돼요. 제가 할 일을 제때에 제대로
하기 위해서, 몰입하기 위해서 여러 장치들을 동원해야
해요. 몰입의 시간이 짧으면 목표로 했던 시간까지 해야
할 일을 완수하지 못해요. 그럼 뒤이어서 해야 할 일들을
연기해야 하고, 계획이 망가지는 거예요. 그러면 몰입하지
못하는 자신에게 실망하고. 그러다 보면 기분이 가라앉아
버리더라고요. 그럴 때 저는 일어나서 사람을 만나요.
사람을 만나서 그 시간에 몰입하면 제가 몰입하고 있다는 걸
느끼면 기분이 나아져요. 사람들을 만나는 시간이 집중하는
나를 만나는 시간이기도 한 거예요.

**원가족 외에 주디님이 꾸리는 가족에 관한 상이랄까,
이런 것이 혹시 있을까요?**
꾸리게 될 수 있다고 생각하지만, 별로 생각해본 적 없어요.
먼 미래의 이야기라고 생각해요.

**그러니 제가 물어볼 다음 질문, 노후에 관해서도 답할
게 없겠네요.**
하하하. 없어요. 저는 별로 미래를 생각하지 않아요. 항상
현재를 생각해요.

여자 사람 친구

왜 미래를 생각하지 않아요? 왜 현재를 생각해요?
언제부터 그랬어요?

원래 그랬던 것 같아요. 취업처럼 아주 가까운 미래에 대한
생각 말고는 하지 않아요. 제 성격이 그냥 그런 것 같아요.

미래에 대해 특별히 생각하지 않는다면 미래에 대한
두려움도 없겠어요?

없어요.

현재에 집중하는 편이기 때문에?

그런 것 같아요. 저는 미래에 대해서 생각하는 게 별로
의미가 없다고 생각해요. 현재에 충실한 게 중요하죠.
내가 지금 현재에 충실한 것이 결국 내가 무의식적으로
원하는 어떤 미래를 향하는 거라고 생각해요. 내가 어떤
구체적인 미래를 바란다고 그 미래가 오는 게 아니라, 내가
현재를 어떻게 사는지가 곧 미래를 만들게 될 테니까요.
연애도 그래요. 어떤 사람들은 애인이랑 사귈 때 '우리
헤어지면 어떡하지?' 이런 걸 걱정한다고 하더라고요.
저는 이해하기가 어려워요. 미래를 걱정할 게 아니라 지금
이 관계에서 우리가 어떻게 하면 잘 지낼 수 있을지를
생각해야지, 헤어질 것을 미리 걱정하면서 현재를 불안하게
만드는 건 아니라고 봐요. 대체 그런 걸 왜 걱정해요?

인터뷰 말미에 노후 문제를 항상 묻고 있는데 물어볼 수가 없네요. 하하.

저도 다른 분들의 생애 기록을 읽었는데 노후 질문들이 있더라고요. 그래서 생각해봤는데, 노후라는 키워드로 연상되는 게 전무해요. 그냥 건강하면 좋겠네요. 하하하.

이제 마지막 질문이에요. 스물세 살의 주디님의 짧은 이야기를 듣고 문자로 기록해서 남기는 거잖아요. 10년 후든 20년 후든 우리가 다시 만나서 인터뷰를 할 텐데요, 서른세 살의 주디님 혹은 마흔세 살의 주디님이 이 인터뷰 기록을 읽게 될 거예요. 혹시 10년 후, 20년 후 주디님에게 하고 싶은 이야기들이 있을까요? 이 기록에 남겨두고 싶은 얘기들이요.

음…… 그때도 퀴어라는 것이 스트레스로 다가오지 않기를 바라고, 현재에 충실하면서 살고 있기를 바라고요. 저는 레즈비언 정체성과 관련해서 굉장히 운이 좋은 케이스였고, 그래서 정체성 관련해서 긍정적인 편인데요. 이런 긍정적인 에너지를 제가 어떤 형식으로든 공동체에 전하고 싶어요. 이런 에너지를 유지하고 시간이 흘러도 이 선한 힘을 공동체를 위해서 나누고 싶어요.

왠지 그럴 수 있을 것 같아요. 이 질문도 하고 싶네요.

여자 사람 친구

**퀴어 프라이드, 레즈비언 프라이드요. 주디님은
프라이드를 어떻게 이해하고 있고 설명할 수 있어요?**

사람은 결코 아무에게도 영향을 받지 않거나 주지 않을
수는 없다고 생각해요. 어떤 방식으로든 영향을 주고받고
살고 있는데, 레즈비언이나 퀴어라는 정체성을 스스로
인지하게 된 이상 그런 생각을 더 많이 하게 되는 것
같아요. 프라이드를 가진 사람이라면요. 내가 세상에
영향을 미치고 또 세상이 나에게 영향을 미친다는
사실을 인지하고, 여기에서 내가 해야 하는 역할을 좋은
방향으로 발전시키고자 하는 의지를 갖는 것, 노력하는
것이 프라이드라고 생각해요. 일종의 마음가짐인 거죠.
내가 단독자가 아니라는 인식, 그리고 고정된 상태가
아니라는 인식, 그런 지향들을 품는 것. 그러려면 작은
일 하나하나에 흔들려서는 안 된다고 생각해요. 작은
것에 너무 기뻐한다거나 작은 것에 너무 슬퍼하거나 너무
화를 내는 것은 좋지 않다고 생각해요. 프라이드 함양에
있어서요. 요즘 수많은 것들에 혐오와 차별이라는 이름을
붙이고는 하는데요. 모든 혐오와 차별에 대해 에너지를 쓸
수도 있겠지만, 제 생각에는 중대한 혐오와 차별에 맞서는
에너지를 내기 위해서라도 자신의 에너지를 잘 분배할 수
있어야 해요. 나의 한정된 에너지를 더 좋은 곳에 잘 쓰기
위해서 노력해야죠.

**제가 준비한 질문은 다 했네요. 주디님은 이미
너무나도 멋있는 분이고, 앞으로도 그럴 것 같아요!
인터뷰 제안해주고 이렇게 만나줘서 정말 고맙습니다.**

인터뷰 너무 재미있어요. 시간이 굉장히 빨리 지나간 것
같다는 생각이 드네요. 최근에 너무 바빠서 이런 시간을
갖지 못했는데 에너지를 얻는 느낌이 들어요. 일상을
환기시킬 수 있었고, 집에 가서 과제를 더 열심히 할 수 있을
것 같아요.

집중하는 시간이었어요?

그럼요. 이제 집에 가서 과제를 열심히 해야죠.

감사합니다.

감사합니다.

사과

"의미는
찾는 게
아니라,
살다 보면
생기는 것
같아요"

사과는
1987년생으로
경기도에
거주하고 있다.

종교는 없으며,
사회복지 계열
회사에 다니고
있다.

(사과님과의 인터뷰는 두 차례 나누어 진행했습니다. 두
번째 인터뷰에는 함께 활동하고 있는 완두님이 동석했어요.
완두님, 사과님, 저는 함께 활동도 하고 있지만 조금씩
친해지고 있는 중입니다. 얼마 전부터는 함께 식사하는
자리도 만들고 있고요. 인터뷰 중간 그리고 쉬는 시간에
사과님의 어린 시절 이야기, 살던 동네 이야기, 가족 이야기
등 재미있는 이야기들을 많이 들었는데, 기록에는 담지
않았습니다.)

〈첫 번째 만남〉

녹음기가 너무 많죠?
녹음기가 3개나 있으니까 중요한 이야기를 해야 할 것
같은 기분이 드네요. 그런데 제 이야기가 재미없을 것 같아

걱정이에요.

제가 질문을 드리니까요. 하하. 인터뷰 시작하면서 종교가 없는데 종교를 가지려 한다고 얘기했잖아요. 왜 종교를 가지려고요?

가족 전체가 독실한 개신교 신자들이에요. 모이면 가족 예배 드리고 추석과 설날에 가족이 모여서 예배를 드리는 분위기에서 자랐어요. 저도 어렸을 때부터 교회를 계속 다녔고요. 그런데 중학교 2학년 무렵부터 "교회에 나가지 않겠다"고 선언하고 교회를 안 나가기 시작했어요. 커서는 종교를 가져보려고 노력해봤는데 잘 안 되더라고요. 살아오면서 삶의 지침이나 기준점이 필요하다는 생각이 종종 들었거든요. 요즘 다시 진지하게 고려하고 있는 중이에요. 예전에 그런 생각을 하면서 한창 무신론에 빠지기도 했었는데 다 마음에 안 들더라고요. 그러던 중에 '내가, 인간인 내가 신을 선택해도 되는 걸까?'라는 생각을 하기도 했다가, 무신론 책을 읽고 '그래, 이거다'라고 결론을 내린 적도 있고요. 그런데 요새 다시 생각이 들어요. 왜냐면 길을 잃었는데 교회를 표지판 삼아서 집에 찾아오고 하는 꿈들을 꾸거든요.

교회에 나가라는 꿈인가요?

하하. 교회가 아니더라도 삶에서 내가 가질 수 있는
기준점이나 이런 것들이 필요하다는 걸 뜻하는 것 같아요.

자기가 말하는 종교를 갖는다는 것은 개신교를 의미하나요?

꼭 그렇지는 않아요. 그런데 아무래도 교회가 제일
익숙해요. 하지만 천주교도 가깝게 느끼고 있어서, 제가
쉽게 접근할 수 있는 종교는 개신교나 천주교예요. 수진님은
불교라고 알고 있는데, 저는 불교가 힘들거든요. 불교에서
말하는 깨달음을 얻기가 너무 힘들 것 같아요.

기댈 수 있는 종교가 필요한 건가요?

네, 저는 기대고 싶어요. 기대고 하라는 대로 하며 살고
싶어요. "너 혼자 알아서 해라" 이러는 거 너무 싫어요.
시키는 게 좋아요. 지킬 것도 주면서 "지켜라!" 이러는
게 좋아요. 그리고 뭔지는 모르지만 "나는 너에게 사명을
줬으니 찾아서 해라" 이런 게 마음 편해요.

구체적인 지침이 필요하구나! 그런 역할을 해주는 종교요.

네. 자기 수양을 통해서 해탈을 이루는 것도 진리라고
생각하지만, 거기까지 이르기에 너무 힘드니까요. 한동안

물리학에 빠진 적이 있어요. 불교랑 되게 비슷한 점이 많더라고요. 너무 재미있었어요. 그래서 물리학 공부를 하면서 '불교가 최고구나' 생각했었는데, 내가 그걸 한다는 건 엄두가 나지를 않더라고요. 제가 요즘 필요한 것은 지침이에요. "이 길은 너의 길이니 의심하지 말고 따라가면 된다" 이런 지침들이요. 힘든 일이 있어도 "이건 신이 너를 시험하는 거다. 시험에 지지 말라" 이런 게 필요해요.

힘든 순간마다 종교를 찾게 되었는데, 요새는 어떤 어려움으로 종교를 찾게 되었어요? 무엇이 사과님을 힘들게 하나요?

모든 것이 매일 힘든데요. '뭐 해서 먹고사나?' 하는 고민이 힘들죠. 일에 되게 몰입하는 편인 것 같아요. 그러다 보니까 일에서 오는 스트레스가 많아요. 일이 정말 많거든요. 회사에서도 어느 정도 인정은 받는데, 인정받아도 저에게 오는 기대를 채워야 한다는 생각이 들어서 힘들어요. 지금까지는 열심히 채워주면서 오기는 왔는데.

언젠가 그만두겠다고 얘기한다고 했었잖아요.

네. 얘기했는데 결국 다시 다니기로 했어요. 8월에도 한 번, 12월에도 한 번 얘기했는데, 결국 계속하게 되었어요. 붙잡히는 형국이지만 사실 제 선택인 거죠. 그런데 결국 그

문제로 좌절 중이에요. 지지난 주에 얘기했었으니까 얼마 안
됐거든요. 이번에는 스스로 확실히 알았어요. 내가 일하기를
원하지 않는다는 것을요. 그 욕구를 확실히 알았는데,
현실적인 계산을 해서 조금 더 일하겠다고 얘기하게 된
거예요. 그리고 나서 되게 슬펐어요.

**그렇다면 일은 정말 하기 싫다면서 그런 선택을 또
했다는 것은 경제적인 이유인가요?**

경제적인 이유도 있고, 경력 문제도 있고요. 어디로
옮기기에는 경력도 조금 짧아요. 그리고 일단 여러 가지
이유가 있는데, 그 두 개가 가장 큰 이유인 것 같아요.
경제적으로 내가 다른 데 가도 비슷할 거고, 여기에서 조금
더 일하는 게 더 안정적으로 돈을 벌 수 있는 거고. 제가
지금 상담을 받고 있는데 상담료 걱정도 있고요. 백수인
상태에서 상담료 부담을 많이 느끼게 될 것 같기도 해요.

지금 자기가 하고 있는 업이 원했던 일이 아닌 건가요?

비슷한데 성격이 달라요. 제가 상담사로 일하면서, 상담하는
것 자체가 가장 중요한 가치인데 지금은 탈학교 학생들을
만나고 있다 보니까 상담 관계가 잘 안 맺어져요. 왜냐하면
상담자라기보다는 선생님처럼 역할이 고정되는 측면이 있는
거예요. 아이들에게도 그게 더 필요한 현실이고요. 그러다

보니 제가 바라는 상담 관계를 못 맺게 되는 거죠. 상담자 경력으로는 좋은 경력이 아닌 점도 있지만, 장기적으로 봤을 때는 내가 내담자를 상담실 안에서만이 아니라 상담실 밖에서도 보는 등 다각도로 볼 수 있게 된 기회라는 생각도 들어요. 내담자를 여러 다양한 장면에서 만난다고 할 수도 있고. 복지에 관해서도 정보가 약한 편이었는데 일하면서 많이 배우고 공부하게 됐죠. 정말로 상담만 해서 해결되지 않는 것들이 많이 있잖아요. 그런데 복지 자원을 적절하게 잘 연결해주면 내담자가 상담을 100번 하는 것보다 한 번 잘 연결하는 게 낫다는 경험도 하게 됐고요.

종국에는 성인 개인 상담을 하고 싶은 건가요?
네, 맞아요. 목마른 게 있어요. 아이들을 만나는 게 즐겁기는 한데, 이 친구를 오랫동안 깊이 있게 만나는 관계가 안 되거든요. 일대일 관계라기보다 그룹으로 만나게 돼요. 아이들 입장에서도 저 역시 선생님들이라는 그룹의 성원일 뿐이고요.

그래서 교회를 찾아가 봤어요?
아니요. 교회는 안 찾아갔고, 목사님 딸인 친구와 의논은 해봤어요. 별것 있겠어요?

결국엔 안 나가게 될 거 같아요?

그럴 것 같아요. 교회에서 말하는 것들은 이해가 돼서
믿는 게 아니고, 믿고 나서 이해되는 것들이 있어요. 저는
중학교 때까지는 정말 신실한 사람이었어요. 매일 성경 읽고
기도하는 학생이었기 때문에 그 느낌을 알거든요. 내가 진짜
믿었을 때의 충만함과 신뢰감과 안정감을 기억하고 있어요.
그런데 무턱대고 믿기에는 너무 머리가 커버렸어요. 그래서
안 될 것 같아요.

아까 중학교 때 그만 다니겠다고 선언했다고 했는데,
계기가 있었어요?

2학년 때 되게 여러 가지 일이 있었는데, 이라크전이
있었을 거예요. 그 전해에는 홍석천 씨가 커밍아웃을
했어요. 그때 같은 반에 좋아하는 친구가 생기고 그랬어요.
혼돈의 시간을 겪고 있는데, 교회에서 얘기하는 것들은
내가 판단하고 생각했던 거랑 너무 다른 거죠. 이라크전에
관해서 목사님한테 질문을 했어요. 이라크전이 있고
전쟁이 너무 충격적인 거예요. 책에서만 보던 것인데
실제로 일어나고 테러도 있고 그랬으니까요. 그래서
"여기에서 죽는 어린아이들은 그럼 지옥에 가나요?"라고
물어봤거든요. 목사님이 그렇다는 거예요. 지옥에 간다고
하기에 "왜 지옥에 가요? 얘네들은 하나님을 만날 기회가

없었잖아요"고 말했더니 "알지 못하는 게 죄다, 그래서
우리가 선교를 하고 알려야 하는 거다"라고 말씀하셨어요.
하지만 납득이 안 갔어요. 그때 사춘기이기도 했고 생각도
많아지던 시기였는데, 아닌 것 같다는 생각이 들더라고요.
그리고 인도네시아인가에서 쓰나미 때문에 사람들이 많이
죽었어요.

사건 사고가 많던 시기였군요.

아니면 매해 있었는데, 그해에 제가 인식하기 시작한지도
모를 일이고요. 목사님이 하시는 말씀을 들으니까 신이 되게
무책임하게 느껴지더라고요. 신이 "나를 모르는 사람에게
나를 다 알려라"라고 떠넘기는 느낌도 들고 그렇더라고요.
홍석천 씨 커밍아웃 당시에도 되게 충격적이었어요.
어디에선가 그냥 듣던 것들이었거든요. 그때 한창
친구들끼리 팬픽 많이 돌려 봤는데, 팬픽은 동성애물이
많잖아요. 그래서 그냥 '이런 게 있구나, 재미있다'고
생각했어요. 사춘기가 시작되던 나이대의 성적 호기심을 잘
채워줬단 말이에요. 즐겁게 보고 있는데 커밍아웃을 하니까
좀 놀란 거죠. 내가 팬픽에서만 읽던 그런 것들이 실제로도
일어나고 있고, 그 사람은 울면서 얘기하고 이 이후로
방송도 못 하고 이러고 있는데, 나는 이 문제를 재미로만
보고 있었던 거예요.

중학교 2학년 때요?

그때 막 생각이 피기 시작하던 때였던 것 같아요. 조용하게
교회만 다니던 애가 생각이 피기 시작해서 세계하고 만났던
때라고 생각해요.

그 와중에 또 누구를 좋아하고 그랬던 거네요.
처음이었던 건가요?

초등학교 때도 이 애, 저 애 좋아하던 애들이 있었어요.
여자애들도 있고 남자애들도 있고요. 중학교 2학년 때에는
그게 어려웠던 것 같아요. 전에는 아, 나 쟤 좋아해, 하면
그냥 좋은 거였거든요. 조금 부끄럽기도 하고 애들하고
장난치듯이 고백도 하고 그랬었는데, 조금 더 진지한 마음이
된 것 같아요. 좋아하는 마음을 전하면 안 될 것 같은 느낌도
들고요. 그 전하고 달랐는데, 그러면 안 된다는 생각이
많았어요. 그 전에는 안 그랬는데.

다시 하던 얘기로 돌아가면 일단 저는 홍석천 씨한테 되게
미안한 마음이 들었어요. 나는 팬픽을 너무 재미있고
흥미로운 세계로 봤는데, 이 사람에게 동성애는 현실이고
그게 너무 고통스러운 걸 거라는 생각이 드니까 죄책감
같은 게 생겼어요. 나는 그저 재미로만 즐기고 소비만 하는
느낌이 있었죠. 이미지를 소비하기만 한 느낌이요. 보통

남자 아이돌 둘을 짝짓거든요? 둘이 손만 잡고 있어도 그
사진을 공유하는 공간에 올리면 "우와, 쟤네 봐~ 이건
진짜야" 이러는 게 있단 말이에요. 그런 부분들이 이제
불편해진 거죠. 팬들이 편집 영상도 만들고 그러니까요.
심지어 저는 아이돌을 좋아하지도 않았음에도 정말
재미있더라고요. 그러다가 실제로 그런 일이 일어나고.
팬픽은 판타지니까 모든 사람들이 이 커플을 축하해주고
얘들은 행복하게 잘 지내고 하는데, 사실은 그렇지 않다는
것을 많이 알게 되면서. 얘들은 심지어 동성애자도 아닌데
그랬으니까요.

그래서 당시에 생각이 진짜 많았어요. 그리고 그 목사님이
홍석천 씨랑 하리수 씨에 대해서 나쁘게 얘기했어요.
"세상이 망할 징조"라고 얘기하셨어요. 그래서 그때
교회를 그만두면서 읽었던 책이 페미니즘 책이었어요.
지금 생각하면 교회와 페미니즘이 대척점에 서 있는 게
아닌데 왜 그랬는지는 모르겠지만 그랬어요. 엄마한테 책을
사달라고 했어요. 그 책이 벨 훅스의 『행복한 페미니즘』,
지금은 『모두를 위한 페미니즘』으로 다시 나온 책이에요.
제가 도서관을 좋아했어요. 도서관에서 보고 사달라고 했던
것 같고, 목차에서 동성애에 관련한 것들을 봤던 것 같아요.
책을 읽고 싶다고 엄마한테 얘기해서 사주셨고요.

교회에 안 다니겠다고 선언한 이후의 부모님 반응 기억나요?

제가 얘기했죠. 엄마는 사실 뭐라 하셨어요. 처음에는 제가 게을러서 안 간다고 생각하셨죠. 많이 혼났어요. 안 가고 싶어 하고 안 가던 것이지, 저도 교회를 안 가는 이유들을 정리해서 말씀드리고 한 게 아니었거든요. 그 후에 생각을 정리하고 목사님이 이런 이런 말을 했는데 너무 싫었고 그래서 가기 싫다고 얘기했어요. 그랬더니 엄마가 그러면 가지 말라고 얘기하셨어요.

엄마랑 대화가 되는 편인가요?

엄마랑은 감정적인 부분에서 대화가 잘되지는 않는데, 논리적으로 설명하면 받아들이시는 것 같아요. 엄마랑 신문 보고도 얘기 많이 하고 뉴스 보고 같이 얘기하고 그랬어요.

아빠랑은요?

아빠랑 대화가 많지는 않았는데, 저를 되게 예뻐해주셨어요. 드러내지는 않지만 저를 예뻐한다는 거를 알겠어요. 아빠는 제게 전화해서 "재밌냐? 잘 지내냐?" 하고 물어봐요. "재미없다"고 하면 "야, 재미있게 살아야지" 하면서 재미있는 것만 하라고 말씀하시고 그래요. 아빠는 현재를 사는 분이거든요.

**부모님과 대화가 된다는 건 참 좋은 것 같아요.
중요하고요. 아까『행복한 페미니즘』을 읽었다고
했는데, 어땠었는지 기억나요?**

읽으면서 '나는 페미니스트가 되어야겠다'는 장래희망을
가지게 되었어요. 그때는 그게 장래희망이었어요.
페미니스트가 되는 것이요. 어떤 느낌으로
장래희망이었냐면 '나는 선생님이 될 거야', '나는 과학자가
될 거야'라는 느낌의 장래희망이었어요. 하하하. 직업이면
돈을 벌어야 하잖아요. 그런 생각을 못 했던 거죠. 나는
페미니스트를 해야겠다는 생각이 들었어요. 그런데 이런
고민들이 있었어요. 그때는 이해가 깊지 않으니까, 제가
생각하는 페미니스트는 뭐였냐면, 데이트를 하는데 남자
친구가 의자를 빼주거나 하면 "이건 나를 무시하는 태도다,
나 혼자 할 수 있다!" 이렇게 얘기해야 하는 건데, 내가 만약
그 상황이라고 생각하면 누가 그렇게 해주면 되게 좋을 것
같은 거예요. 이 부분이 스스로 잘 해결이 안 되는 거예요.
그 간극이 굉장히 힘들었던 기억이 나요.

해결했죠?

하하하. 지금은 해결했죠. 그때 나는 페미니스트가 되고
싶다는 얘기를 못 했어요. 제가 책을 끼고 다녔거든요.
친구가 물어보면 답을 하기는 하는데, "그냥 궁금해서

읽어"라고 답하고 말았어요. 내가 이런 영향을 받았고 이런
사람이 되고 싶다는 얘기를 못 했어요. 내가 가진 모순이
싫어서요. 원하는 것과 지향하는 것 사이의 간극이 있는
상태에서 그렇게 말하면 안 될 것 같았어요.

지금 꿈을 이루었나요? 하하하.
페미니즘에서 얘기하는 것이 너무 당연하고, 세상 돌아가는
걸 보면 너무 화가 나고 그랬어요. 예전에는 화를 내고
싸우고 가르치고 그랬다면 지금은 페미니즘도 유연하게
생각하고 받아들이고 있는 편이에요. 페미니즘에 대한
생각들, 제가 가지고 있는 모순들에 대해서 조금 더
유연하고 편안하게 받아들이고 있어요. 가끔은 반성해야
할 때가 있기도 하고요. 내가 감이 떨어진 건가, 여전히
나도 내가 생각하지 못했던 편견이 많다는 것을 발견하기도
하고요.

**불일치와 한계는 여전히 있지만 페미니스트가 되고자
하는 꿈은 이룬 거네요.**
그렇죠, 이룬 거죠. 이제 와서 알게 된 거지만, 페미니스트는
내가 그렇다 하면 되는 거 아니에요? 하하하.

선생님은 월급이 나오는데⋯⋯ 하하하. 어느 시점엔가

꿈을 수정해야만 했던 시기가 있었을 것 같네요.

아, 장래희망이요? 저는 장래희망이 되게 많은 애였어요.

어떤 것들이 있었어요?

페미니스트가 되어야겠다고 생각하던 무렵에는 시인도
되고 싶었어요. 그리고 자판기 관리업자가 되고 싶었고요.
되게 편해 보였어요. 그냥 가끔 와서 자판기만 관리해주면
그 안에서 돈이 나오니까요. 그리고 시인과 병행하기 좋은
직업이라고 생각했어요. 고등학교에 올라와서는 영화가
하고 싶었어요. 영화감독이 되는 게 꿈이었는데, 그때는
차마 그 말을 못 하겠더라고요. 지금 얘기를 하다 보니
제 꿈을 얘기하는 걸 되게 어려워했던 것 같다는 생각이
드네요. 그 말을 하기에는 제 안의 창조성이나 능력이
부족하다고 생각했거든요. 영화를 보면서 감독까지는
아니더라도 크레디트에 이름 한 줄 들어갈 수 있는 뭔가가
되면 좋겠다는 생각을 많이 했어요.

고등학교 2학년 말 정도에 엄마가 "심리학과를 가는 게
어떻겠냐?"고 제안하셨어요. 제가 생각을 전혀 안 하고
있던 분야였는데요. 저는 영화감독 아니면 기자에 관심이
있는 상황이었거든요. 엄마의 제안을 받고 생각해봤는데
괜찮은 거예요. 엄마가 영화과나 신방과 가는 걸 안

좋아하셨거든요. 엄마도 좋아하고, 내가 생각해도 심리학과 나와서 영화감독을 하는 것도 말이 된다는 생각이 들더라고요. 인간의 심리를 안 상태에서 영화를 한다는 게 말이 되더라고요. 경찰학과 나와서 감독을 한다고 하면 "특이하네" 이러지만 심리학과를 나와서 영화감독을 한다면 그럴듯해 보일 것 같았어요. 결국 심리학과에 가기로 결심하고, 고3 초반에 구체적으로 생각하기 시작하고는 지금까지 심리학 공부를 하고 상담 활동을 하고 있는 거죠.

이제 영화만 찍으면 되겠네요.

영화 찍고 싶어요. 요새 진짜 일하기 싫어서 영상 대학원 같은 곳을 알아보곤 해요. 돈 문제가 있어서 쉬운 일은 아니지만요.

언젠가는 학교가 아니더라도 영상 관련 교육 과정에 들어갈 계획 있어요?

계획은 없지만 마음은 있어요. 정말 하고 싶어요. 일을 하면서 배울 수 있는 교육 과정이 없더라고요. 만약 한다면 일을 그만두고 해야 하는데 경제적인 문제가 걸리고요.

아까 얘기 중에, 홍석천 씨가 커밍아웃할 때 다르게 좋아했던 친구가 있었다고 했잖아요. 그게 말하자면

여자 사람 친구

**사과님 연애사의 시작인 건가요? 사과님 연애 얘기
해주세요.**

모르겠어요. 언제를 처음으로 해야 할지 모르겠어요. 연애
얘기를 할 게 없어요. 저는 되게 오랫동안 좋아하는 마음이
들면 '이러면 안 되는데' 이런 마음이 같이 들었어요. 그때가
처음으로 그런 마음이 같이 들었던 때예요. 그 전에는 누굴
좋아해도 좋아하는 거지, '이러면 안 되는데' 하는 마음이
안 들었어요. 중학교 때 처음으로 그런 마음들이 같이
들기 시작해서 조금 다르게 느껴지기 시작했던 거거든요.
중학교 2학년 때 반 친구를 좋아했어요. 짝사랑이었어요.
좋아한다고 얘기도 안 했어요.

대화는 하는 친구였어요?

친한 친구였어요. 친하다기보다 그 친구가 저를 되게
예뻐했다고 해야 할까? 말이 좀 이상한데, 저를 되게
예뻐하는 친구였어요. 저를 많이 챙겨주고 그랬던
친구였어요. 제가 그 친구를 되게 좋아했던 것 같아요. 지금
생각해도 그래요.

좋아한다는 말을 안 한 이유가 있겠지요?

일단 저 스스로 그게 뭔가 '안 된다'는 생각이 되게 컸어요.
좋아하면 안 된다는 생각이 많았어요.

동성애라서요?

네. 그러면 안 된다는 생각이 되게 많았고 뭔가 싫었어요.
그때 이반이라고 하죠? 그 무리들이 있었거든요, 학교에. 그
무리들이 있었는데, 제가 그 무리에 들어가는 게 싫었어요.
내가 얘를 좋아하면 쟤네들과 비슷한 성향을 가진 사람으로
묶이게 되는 것이 싫었던 것 같아요. 걔네들은 걔네들끼리만
놀았거든요. 저는 걔네들하고 놀기 싫었어요.

왜죠?

모르겠어요. 거부감이 있었는데, '저 애들은 특이한
애들이야, 이상한 애들이야'라는 생각이 있었어요. 그랬죠.

**그러니까 내가 저 애를 좋아하게 되면 내가 '저런
애들'의 일원이 되는 거라 싫더라, 이거군요.**

그렇죠. 고백을 하면 인정하게 되는 거고, 인정하고 나면 저
애들과 같은 애가 되는 거니까요. 저는 평범하게 공부 잘
해가지고 좋은 고등학교 가고 그렇게 살고 싶었거든요. 그
애들이 몰려다니면서 추문을 많이 뿌렸어요. 뽀뽀하다가
걸리기도 하고, 사고도 많이 치고, 자기들끼리 싸우고, 그
안에서 연애 싸움도 잦았고. 그런 드라마가 많았거든요.
그냥 나는 공부나 하고, 조용하게 도서관에 가서 책 읽고
이런 삶이 좋다고 생각했어요. 안 끼고 싶은 거예요. 그런

생각을 되게 많이 했던 것 같아요. 그러면서 동성애 관련한 책도 찾아 읽고 그랬어요. 책을 읽으면서 스스로를 보호하고 변화시키는 의지들은 생겼지만, 감정적으로는 잘 안 되어서 힘들었어요. 머리로는 알겠는데, 내가 그 친구를 좋아한다는 사실을 인정하는 게 너무 무서운 거예요.

무서웠구나.

네. 되게 무서웠어요. 그래서 자꾸 생각하는 거죠. '내가 애를 진짜 좋아하는 걸까?' 이런 생각들을 계속하는 거예요. 그런데 좋아하는 이유를 찾기가 더 어려워지더라고요. 생각을 하다가 '아니, 안 좋아하는 것 같아', '이건 좋아하는 마음이 아닌 것 같아'라고 결론을 내리기도 하고. '이런 마음이 드는 걸 보면 내가 안 좋아하는 게 맞네'라고 결론 내리고. 그렇게 결론 내리고 안심했다가 조금 더 지나면 좋아하는 마음이 올라오고 그러면 '망했네' 이러고. 저는 이런 과정을 되게 오랫동안 반복했어요. 그때 이후로도 대상은 조금씩 달라졌지만 늘 반복해왔어요. 되게 오랫동안. 주변에서 누구를 좋아하게 되면 그 사람을 만날 수 있는 장소에 아예 안 가버리거나 하는 식으로 자리를 피하고 그랬어요.

언제까지요?

스물일곱 살 정도까지 그랬어요.

**중 2면 열다섯 살인데 열다섯 살 때부터
스물일곱까지요? 그럼 그 사이에 여자를 사귀어본
적이 없단 뜻이네요. 정체성 고민 기간이 길었던
거네요.**

네. 뭔가 사귄다는 느낌으로 잠깐 만난 적은 있었어요.
오랫동안 만났던 적은 없어요. 한두 번 만나서 데이트하고
사귀자 하고 한 2주 있다가 헤어지고 하는 이런 경험들은
있었는데, 그렇게 뭐 연애하고 사귀고 깊은 관계가 되고
이러지는 않았어요. 그때는 내가 너무 답답하니까 일단
누구라도 만나보고 싶었어요. 그런데 좋아해서 만난 게
아니니까 낯설고 친해지기가 어렵더라고요. 그러니 관계가
발전하기가 힘들고요.

아, 딱 한 번 대학 다닐 때, 어떤 친구에게 고백했던 적이
있어요. 그때도 '이건 내가 꽁꽁 잘 가지고 있어야 하는
마음이야'라고 생각했는데, 제가 누구를 좋아하면 티가 많이
나는 것 같아요. 제가 누굴 좋아한다는 사실을 다 알았어요.
저만 모르고 다 알고 있더라고요. 결국 차였어요. 일단 그
친구는 이성애자였고요, 제가 고백하고 2주인가 있다가 다른
남자 선배에게 고백하고 그랬거든요.

**아, 정체성 관련해서 혼란을 겪어오면서 어릴 때부터
스물일곱 살 때까지 연애를 안 하게 혹은 못 하게
되었던 거군요.**

아, 지금까지도요.

지금까지도요?

네. 뭐가 바뀌게 된 건지는 모르겠지만, 스물일곱 살
이후에 조금 편해졌어요. 제가 수진님 처음 봤을 때가
재작년이잖아요. 재작년에 처음으로 이렇게 많은
레즈비언들을 만났단 말이에요. 그 당시에 집에 가서 일기를
썼는데, "너무 기분이 이상하다. 내가 여기에서 아무에게도
내가 어떤 사람이라고 얘기하지 않는데, 사람들이 나를
너무 자연스럽게 레즈비언이라고 생각하고, 나도 그게
이상하다, 너무 불편하다"라고 썼어요. "어떻게 해야
할지 모르겠는 기분이 들었다"라고 썼던 게 기억나요.
어쨌든 언제부터라고 말하기도 어렵고 어떤 계기도
없었는데 동성애자라는 정체성에 대해서 조금씩 편해지기
시작했어요. 아마도 대학/대학원을 다니고 일을 하면서,
그리고 공부도 하면서 자연스럽게 나를 아기는 방법을
알아가게 된 것 같아요. 성장하는 과정이었는데, 아마 그
과정에서 정체성에 관해서도 생각이 바뀌기 시작했어요.
아, 최근에 알게 된 건데요, 무엇에 대해서 생각할 때 이유를

찾는 것을 굉장히 중요하게 생각하고 있다는 걸 알게
되었어요. 명확한 이유를 찾는 것, 이게 문제라는 생각도
들었어요. 물론 여전히 이유를 찾기도 하고요.

**그러면 지금은 정체성에 관해서 어느 정도 이유를 찾고
정리한 상태인가요?**
아니요. 진행형이에요. 이유를 찾는다는 것을 깨닫게 된
것도 3주 전이에요.

**우리 단체에 들어왔을 때 그런 일기를 썼다고
했잖아요. 그러면 우리 단체가 자기가 말한 "그런
사람들"이 있는 첫 가입 단체인 거죠? 왜 우리 단체에
가입하기로 결심했어요?**
사람들이 필요하다는 생각이 들었어요. 때가 됐다는 느낌이
들었어요.

무섭지는 않았어요?
긴장은 됐죠.

걱정되는 건 없었어요?
제가 스스로에 대해서 계속 의심하고 있잖아요. 내가 만약
여기에서 지내다가 갑자기 남자 친구가 생기거나 결혼하게

되면 굳이 이런 곳에서 활동을 안 해도 되는 거잖아요.
단체 사람들에게 실망을 시키게 되는 거잖아요. 그런데도
가입했던 건, 아무리 생각해도 그런 일들이 벌어질 거라는
생각이 안 들었기 때문이에요.

**우리 단체가 회원이 직접 "나는 이성애자다"라고
말하기 전에는 묻지도 않고 바이나 레즈비언이겠거니
생각하는 편이잖아요. 이런 분위기가 좀 어려웠겠어요.**
어려웠지만 불편하지는 않았어요. 어색했지만 싫은
어색함은 아니었어요.

**아흑, 인터뷰 너무 재미있잖아요! 사과님 얘기
재미있어요. 한 번 더 만나야 할 것 같아요. 그런데
앞으로는 누굴 좀 만날 수도 있겠어요?**
네, 하고 싶어요. '이제는 나도 연애를 해야겠다!'는 생각을
하기 시작했어요. 지난주부터요.

지난주요?
네. 하하하.

〈두 번째 만남〉

(두 번째 인터뷰를 시작하기 전에 첫 번째 인터뷰 내용을
요약해서 사과님께 전했어요.)

**제가 지금 짧게 요약해서 지난번 우리 인터뷰 내용을
알려드렸는데 기분이 어떤가요?**
그랬구나…… 싶어요. 지난번 인터뷰하고 나서 걱정스러운
부분이 있었는데, 너무 얘기를 많이 했구나, 공개될 거라고
생각하니까 특정 정보들이 많이 나오는 게 아닐까 하는
걱정이 들었어요.

**1차로 제가 최대한 편집하고요, 검토하면서 또
제안해주시면 다시 편집하면 될 것 같아요. 마음이
불편하지 않을 수준까지 편집하면 어떨까요?**
네, 그렇게 하죠.

**인터뷰 시작 전에 지난 1차 인터뷰를 하고 나서 꿈을
꾸었다고 했잖아요. 얘기해주실 수 있어요?**
제가 가판대에서 줄을 골랐어요. 그 줄은 제가 자살을
할 줄이었어요. 목에 감고 죽을 느낌으로 산 거였는데,
무거운 마음으로 산 것은 아니었어요. 꼭 지금 사지 않아도

되지만 '지금 그냥 골라보자' 하는 가벼운 마음으로 쇼핑을
했는데, 꿈에서 적합한 줄을 찾지 못했어요. 어떤 줄은 너무
거칠었고, 어떤 줄은 내 무게를 감당할 수 없을 만큼 약해
보여서 결국 줄을 사지 않았어요.

짧은 꿈이기도 하고 기억에 남아서 '왜 이런 꿈을 꾸었나'
생각해봤어요. 지난 인터뷰에서 얘기했던 것들이
무의식적으로는, 아예 무의식이라고는 하기는 어렵고
대략적으로 알고 있었지만, 얘기하는 과정에서 구체적으로
명료해진 부분들이 있었던 것 같아요. 수진님이 "이랬던
건가 봐요"라고 말하면 "아, 맞아. 그랬나 보다"라는
식으로요. 그 꿈은 포비아에 관한 꿈이었다고 생각해요.
제가 이런 부분을 불편해하고 받아들이기 어려워했던
부분들이 포비아적인 성향 때문이라고 생각은 했지만, 그런
얘기를 했던 게 지난번 인터뷰가 처음이었거든요.

포비아가 있는 나를 또 받아들이기 어려워했다는 걸
그 인터뷰를 통해서 알게 됐어요. 그런데 되게 가벼운
마음이었어요. 저 자신에 대해서 덜 불편하게 받아들이기
시작한 부분도 있지만요. 수진님이 그날 이제는 그냥
굳이 탐색하는 것을 중단하고 정체화 고민을 중단하는
게 어떻겠냐고 말했던 걸 듣고, 저 역시도 그런 생각을

하기도 했었지만 더 그렇게 받아들여야겠다는 생각을
하게 된 것 같아요. 제가 명확하게 알게 된 거예요. '내가
이 부분은 노력해봐야겠다'라든가 '내가 이 부분을 되게
불편해했었구나'라는 것을 명확하게 알게 되어 그런 꿈을
꿨던 것 같아요. 좋은 꿈이었어요.

**제가 쉬는 시간에 영화 얘기했잖아요. 제가 포비아
때문에 영화를 안 본다고요.**
그 말도 해주셔서 너무 좋았어요.

**그런데 저는 그 포비아를 고치려고 하고 있지
않거든요. 그러고 싶은 마음이 들지 않아요. 그런
과제를 더 이상 만들고 싶지 않아요. 지쳤어요.
왜냐하면 저는 너무 오랜 시간 정체성 문제로
힘들어했거든요. 과제 설정도 제가 하는 거란 말이죠.
전 지쳤어요. 지금 가만히 사과님 얘기를 들어보면
지칠 만하거든요. 지금쯤은요.**
네, 맞아요.

**지금 우리 단체에 들어와서 처음으로 레즈비언들을
만난 거고, 물론 그 전에 잠깐씩의 연애가 있기는
했지만요. 이 단체 말고 활동하고 있는 다른**

커뮤니티나 친구나 지인은 없나요?

친구는 중고등학교 동창 중에 한 명 있고요. 그런데 걔가
지금 결혼을 하겠다고 하고 있어요. 만나는 여자 친구가
있는데, "남자랑 결혼해야 할 것 같다"고, "너무 나의
삶이, 생활이 불안정하다"고 얘기하고 있어요. 아무튼 그런
친구가 한 명 있고, 그 외에는 없네요.

**스물일곱 살 이후로 나름대로 적극적으로 자신을
분석하고 이유를 찾고 이런 것에 관심이 많은 사람인
것 같아요.**

맞아요. 준비되지 않은 것처럼 느낄 때가 많았어요. 하지만
지금은 이유를 찾는 것이 가능하지 않고, 정체성을 찾는
과정이 완성될 수 있는 거라고 생각하지 않아요. 책에도
나오잖아요. 정체성이 유동적이라고요. 저는 이 유동성을
받아들이는 것도 너무 어려웠는데, 이제는 뭔지 알겠어요.
그래서 편해진 부분도 있는 것 같아요. 뭔가를 정확하게
정해놓고 움직이고 싶은 건 마음인 거지, 그렇게 될 수 있는
건 아니라는 생각을 더 많이 해요.

**이야기를 듣다 보니 정말 자신을 설명할 수 있는
언어를 찾기 위해서 혼자 고군분투하며 살아온 것
같아요.**

네. 그랬어요. 제가 '고군분투'라는 말을 좋아해요.
좋아한다기보다 제 상황을 잘 반영한 표현이라고 생각해요.

**완두님은 어때요? (완두: 저는 뼈레즈!) 완두님처럼
답하는 사람을 보면 어떤 느낌이 들어요?**
부러워요. 제가 저렇게 되고 싶었던 것 같아요. 하지만 저는
신중한 편이고, 종교적인 영향도 있었을 거고. 저는 주변에
제 고민을 잘 나누는 편이 아니었어요. 혼자 생각하는
것들이 많고요. 두려움도 컸고요. 주변 사람들과 내가
다르다는 사실이 두려웠던 것 같아요.

사과님은 평범하게 살고 싶어요?
네, 너무나도요.

어떤 평범함이에요?
평범함을 넘어 주류에서 살고 싶어요. 제가 이런 걸
원한다는 걸 모르고 있었어요. 나중에 알게 됐어요.

지금도 그런가요?
지금은 아니죠. 현실을 알게 되었고, 내가 나를 지킬 수
있어야 한다고 생각하고 있어요. 이런 부분이 더 중요해요.
그래서 더 정체성 부분에 대해서 고민이 많았던 것 같아요.

우리 단체에 언제 가입하셨죠?

2018년이면 3년째 되네요.

**단체에 와서 그렇게 많은 사람들을 만났더니
어땠던가요?**

되게 많이 달라진 건 맞는데, 처음에 제가 왔을 때 완두님이
저한테 한 얘기 기억하세요? (완두: 아니요.) 제가 여성학
모임을 선택하고 이 모임을 선택한 이유를 말하는데,
이렇게 말했어요. "내 주변에 레즈비언이 없고 퀴어라는
사람들이 없어서, 내가 이 모임을 통해서 안전하게 있을
공간을 만들고 싶어요"라고 말했어요. "인간 쿠션을
만들어야겠다는 생각이 들었어요. 그런데도 자신이
없었는지 책을 매개로 한 모임이니 정체성 등 세밀한
이야기들을 나눌 필요는 없겠다 싶었고, 책 중심의 모임이라
가입을 결심했어요." 그랬더니 완두님이 깍듯하게 "사과님
말대로 이 모임이 여성학 이야기를 편안하게 할 수 있는
공간이었으면 좋겠다"는 평이한 얘기를 해주셔서 안심이
됐어요. '내 얘기보다 페미니즘 얘기를 더 많이 자연스럽게
할 수 있겠다'는 생각을 했어요.

**친구도 생겼네요. 이렇게 밥을 두 번이나 먹으러 오는
사람들도 있고.**

(완두: 의지하셔야죠.) 해볼게요.

제가 인터뷰를 제안했을 때, 어땠어요?
되게 좋았어요.

왜요?
왜냐하면 저 같은 사람이 있을 거니까요. 저도 이전에
기록들을 읽은 적이 있거든요. 제 이야기도 기록하고
공유하는 게 의미가 있을 거라고 생각해서 흔쾌히 응한
거예요.

부모님과 이런 고민들을 나눌 수 있는 관계인가요?
자기의 고민을 말할 수 있나요?
할 수는 있을 것 같아요. 왜냐하면 엄마가 학창 시절에 제
일기를 읽는 게 취미였거든요. 울면서 저한테 물어보신
적도 있어요. "나는 네가 어떻든 괜찮다" 이런 얘기를
하시면서요. 그때는 제가 겁이 나기도 했고, "아니야"라고
부인했었고. 그 후로 그런 얘기를 해본 적이 없어요. 그런데
엄마가 짐작이나 준비를 하고 계신다고 느껴요.

어떤 준비요?
페미니즘이나 동성애 관련한 공부를 하시고요, 그런 공부를

한다고 저에게 굳이 알려주고는 하세요. 그럼 저는 그냥 "아, 그래?" 그러고 말고요. 제가 중학교 때 되게 좋아했던 친구 있다고 했잖아요. 엄마가 그 친구네 집에 가서 울면서 "얘랑 우리 애랑 못 놀게 해주세요"라고 하신 적이 있다는 거를 제가 얼마 전에 알았어요. 불과 몇 년 전에요.

엄마 통해서 알았어요?

아니요. 그 친구 통해서 알았어요. 그런데 저는 몰랐거든요. 얘기하면 할 수는 있을 거라고 생각해요. 그런데 제가 얘기하고 싶지 않아요. 이유를 생각해봤는데, 그 두려움이 또 있는 거예요. 나도 아직 나를 잘 모르니 엄마한테 얘기할 준비가 안 되어 있는 거죠. 불편한 대화를 상상하면 아직 감당하기가 어려울 것 같아요. 그리고 내가 확신이 없는 상태에서 이야기를 하면 더 못 받아들일 수밖에 없을 것 같고요.

지금 서른한 살이면 결혼 얘기도 할 것 같은데요?

안 해요. 제 정체성에 대해 어느 정도 생각하고 계시기 때문에 이야기하지 않는다고 생각해요.

아빠는요?

아빠는 저를 너무 좋아해서 아마 결혼 안 하는 걸 더

좋아하실 것 같아요. 아빠가 "나중에 집을 지어서 같이
살자"고 하고 그러세요.

결혼에 대한 압박은 없어서 다행이네요.

간혹 친척들이 얘기하기는 하지만 엄마가 중간에서 잘
막아주시는 편이에요.

**마지막 질문인데요. 이 세상은 무엇이고, 당신은
누구입니까? 지난 인터뷰를 다시 듣고 이 질문을 하고
싶다는 생각이 들었어요.**

하하하. 제가 가장 궁금해하던 것들인데요. 지금까지 의미를
찾으려고 애써왔던 고민들이요. 하지만 지금은 '의미를
찾지 말자'는 생각을 해요. 의미는 찾는 게 아니라 살다 보면
생기는 것 같더라고요. 그럼에도 해오던 버릇이 있어서 계속
의미를 찾으려고 하고, 의미가 없으면 치워버리고 이런
경향은 있어요. 의미들에 의미를 덜 두는 것, 이런 연습을
하고 있는 중이라고 생각해요. 그리고 결국 의미를 찾지
않는 순간들이 참 좋아요. 그런 순간들을 살고 싶어요.

그리하여 세상은 무엇입니까?

죽을 때까지 잘 모르지 않을까요? 우리는 그냥 세상에
던져진 사람들이잖아요. 어쨌든 살아내야죠. 살아내고 싶고.

여자 사람 친구

그래서 사는 것 같아요.

유익한 대화였습니다.

네? 하하하.

감사합니다.

" 잘 사는 게
아니라 잘
죽어야겠다는
생각을 하게
되었어요 "

브라이튼은
1980년생으로
경기도에
거주하고 있었고,
입사를 앞두고
있었다.

현재는 충청도에
거주하고
있으며, 종교는
가톨릭이다.

그럼 시작할까요?

녹음기가 3개네요. 마치 제가 매우 유명한 사람이 된 것
같아요. 하하하.

**하하하. 인터뷰에 응해주셔서 감사해요. 첫
번째 질문인데요, 레즈비언 생애 기록 인터뷰에
응해주셨잖아요. "아직도" 레즈비언 정체성에 관한
이야기를 나누는 것에 개인적인 의미가 있을까요?**

있어요. 예전에 다른 인터뷰에서 이런 식으로 얘기했던 것
같아요. 제가 여성단체에 있었을 때에는 레즈비언 정체성이
하나도 문제가 되지 않았어요. 나의 레즈비언이라는
정체성은 딸, 활동가, 누군가의 친구나 애인 등 내게 붙일
수 있는 수많은 이름들 중 하나였을 뿐이에요. 그런데
지금은 '보통의 삶의 현장' 속에서 지내려고 하다 보니까

'언제 어디에서 내 레즈비언 정체성을 드러내면 좋을까?'를
생각하고 고민하게 됐어요. 새로 입사하게 된 직장을 위해서
작은 면접 스터디 모임 하나에 참여했었는데요. 모임에 나갈
때마다 마인드 컨트롤을 했어요. '남자 친구나 결혼에 관한
이야기들이 등장하면 어떻게 대응할 것인가?'를 생각하고
답변을 준비하기도 했어요. 하다못해 이렇게 작은 면접 준비
모임에서조차 내가 이러고 있는데 입사 후에는 또 어떨지
걱정이 들죠. 마흔 살이 다 되어 입사하는 것이니 결혼을
위한 선 자리를 제안 받을 수도 있잖아요. 그런 순간들에는
어떻게 대처하면 좋을지 등을 생각하기 시작하면서 나의
레즈비언 정체성에 관해 다시 생각하게 되었어요.

**정체성에 관한 생각을 안 하던 시기도 있었다는
얘기군요.**

정확하게는 정체성에 관한 고민이 불필요했던 많은 시기를
보냈던 거죠. 스스로 레즈비언 정체성을 받아들였던 시기는
대학생 때였어요. 여러 대학에서 대학 모임들도 많이
생기고 하던 때였고요. 대학에 입학하고 찾아보니 마침
우리 학교에도 모임이 있어서 가입했어요. 모임에서 학교
선배 후배들과 어울리면서 자연스럽게, 별 거부감 없이
정체성을 받아들일 수 있었어요. 그 후에는 레즈비언 인권
단체에서 활동하게 됐고, 여성 인권운동 단체 활동도 했으니

제 레즈비언 정체성 때문에 불편한 일들은 별로 경험하지
못했어요.

**아, 대학 입학 후에 정체화를 했군요. 그 전에는
어땠어요?**

중학교, 고등학교 시절에도 좋아하던 여자 친구들이
있었어요. 하지만 제 스스로 '나는 여자를 좋아하는
레즈비언이구나'라고 언어화하지 못했어요. 그저 많이 친한
친구인데 내가 소중하고 특별하게 좋아하고 있는 거라고
생각했어요. 대학에 들어간 이후에야 내가 '레즈비언'이라는
존재, 그 정의 안에 포함되는 사람이라는 것을 알게 됐어요.

연애는 언제 시작했어요?

연애는 대학에 가서 시작했어요. 중고등학교 때에는 연애를
한 건 아니고, 좋아하는 친한 친구 사이로 지내기만 했고요.

특별히 정체성 문제로 고민하거나 그러지는 않았군요.

중고등학교 재학 시절엔 그 문제로 고민하지 않았어요.
그 당시에는 '레즈비언'이라는 개념도 몰랐고, '게이'가
뭐고, '동성애'가 뭐고, '동성연애'가 뭐고 이런 개념도 그
차이들도 전혀 몰랐어요. 그러던 어느 날 폐품을 모으는
과정에서 어떤 종이 자료를 보게 되었는데, 거기에 이런

내용이 실렸더라고요. 어떤 나라에서 어떤 여자애가
성장하는 과정에서 남자 성기가 자랐다는 내용이었어요.
그 전에는 '나는 여자아이들을 더 좋아하는데, 그럼 나는 왜
남자가 아니라 여자인 거지?'라고 생각했다가, 그 내용을
읽은 후에는 '나도 나중에 남자 성기가 자라는 건가?'라는
생각을 했어요. 이 문제로 조금 고민했던 적은 있지만 이
외에 심각하게 했던 고민은 없었어요. 연애도 대학 입학
후에나 했고요.

대학교 1학년 때요?

대학에 입학한 후 모임에 가입하기 전 일인데, 〈티지넷〉에
들어가서 '펜팔 친구 구해요'인가, 이런 게시판에서 어떤
친구랑 주기적으로 메일을 주고받다가 사귀었어요. 연애는
그게 처음이었어요.

오래 사귀었어요?

아니요. 6개월 정도 사귀다가 헤어졌어요. 그 이후로는 학교
선배를 오래 좋아하기도 했었고요.

**보통 연애사를 물어보는데요, 지금 연애를 몇
번이나······**

아이고, 안 돼요. 그렇게 얘기를 시작하면 끝도 없을

얘기고요. 음…… 이렇게 얘기할게요. 먼저 결론부터
말하자면요, 저는 결혼에 대한 갈증이 많았어요.

동성 결혼이요?

네. 법적 결혼이라기보다는 결혼 개념으로 사람을 만나는
거요. 저는 결혼을 하고 싶었어요. 안정적인 관계에
대한 욕구가 굉장히 강했지만, 연애 기간이 그리 길지
못했어요. 3년 만난 친구가 있었는데 그 연애가 가장 길었던
연애였어요. 저는 성격이 워낙 안정적인 것을 추구하는
편이에요. 따뜻한 가족을 만들고 싶었던 것 같아요. 하지만
매번 잘 안 됐고, 그래서 스스로 많이 안타까워했어요.
그런데 최근에 오랜만에 새로운 연애를 시작하면서 생각이
많이 바뀌었어요. 늘 안정적인 가족에 대한 열망이 있으니까
관계 자체를 매우 무거운 마음으로, 진중한 마음으로
대하고는 했었단 말이죠. 나는 결혼을 할 사람을 원하고,
그런 마음을 가진 사람을 찾아야 하고, 그런 사람을 찾기
위해서는 상대방이 결혼을 할 사람인지 아닌지를 따져보고,
이런저런 고민들이 많았던 거죠.

그런데 이 부분에 관해서 다시 생각해보게 된 거예요. 내가
가졌던 결혼에 관한 갈망이 굉장히 막연하고 추상적이라는
생각을 하기 시작했어요. 결혼이라는 것은 노력으로만 되지

않는 뭔가 운명적인 것이라는 생각이 들었고 군이 결혼을
목표로 삼기보다는 그저 물 흐르는 대로 사람을 만나고
싶다는 생각이 들었어요. 지금 만나는 사람과도 인연이 되면
오래 사귈 수 있는 거고 그러다 같은 집에서 함께 살 수도
있는 일이라는 생각과, 사정상 헤어지는 일도 생길 수 있고
또 다른 좋은 사람을 만날 수도 있는 거라는 생각을 하기
시작한 거죠. 시간이 흐를수록 나이 부담을 느끼면서 더욱
조급하게 생각했던 부분이 있었던 것 같아요.

그런데 그렇게 조급한 마음을 가지다 보니까 오히려 다시
생각해보게 되더라고요. '대체 네가 원하는 결혼이라는 게
뭔데? 결혼이 뭔데? 대체 결혼이 뭐기에 그렇게 따지고
재고 기대하고 그러는 건데? 왜 그렇게 미리 규정하려
드는 건데?' 이런 질문들을 스스로에게 하기 시작했어요.
해도 언제 엎어져도 이상하지 않을 게 결혼이라는 건데,
왜 그렇게 갈망해왔고 하고 있는지에 관해 생각하기
시작한 거죠. 지금은 그래요. 조급하게 생각하지 않으려고
해요. 그리고 결국 결혼을 안 할 수도 있다고 생각해요.
결혼했다가도 이혼할 수 있는 게 삶이잖아요. 레즈비언이든
아니든 간에 말이죠. 그냥 지금 내가 행복하면 되는 거고,
앞으로도 기회들이 많이 있을 거고. 이렇게 생각하는 게
좋겠다고 정리했어요.

어쩌면 길고 길었을지도 모를 연애에 관한 질문에
이런 깔끔한 답변이라니요. 짧고 굵고 명쾌한 응답에
진심으로 감사드립니다. 하하.
동성 결혼 얘기가 나왔으니 이성 결혼이 떠오르는데요,
지금 나이가 몇 개월만 있으면 마흔 살이 되네요.
그러면 부모님은 이미 결혼에 대해서 마음을 비우셨을
것 같기는 한데요. 그동안 가족들로부터 결혼에 대한
압박이나 부담을 느낄 일은 없었나요?

네. 없었어요.

어떻게 그럴 수 있었어요?

하하하. 우리 집은 이상한 집이에요. 저는 중학교 재학
시절부터 '결혼을 하지 않겠다'고 생각했고, 부모님께도
그렇게 말해왔어요. 언젠가 선 자리들이 들어오기는
했었지만 "만나기 싫다"고 했어요. 그럼 또 잘
수긍하셨어요. 부모님은 한 번도 저에게 "넌 결혼 안 할
거니?"라고 물어본 적이 없어요.

왜 그러셨을까요?

알 수도 있는 것 같아요. 모르는 척하는 것 같기도 하고요.

브라이튼님이 레즈비언이라는 사실을요? 두 분

모두요?

고등학교 때 좋아했던 친구가 있었어요. 내가 하도 그
친구랑 어울려 다니니까 그걸 좀 특별하게 보신 것 같기도
해요. 그 외에는 특별한 사건이 있었던 것도 아니에요.
부모님이 왜 그러시는지 저도 잘 모르겠어요. 심지어
제가 쓴 논문 주제가 레즈비언에 관한 것이었어요.
하드커버로 금박 글씨를 인쇄해서 부모님께 드렸는데,
부모님은 논문 제목을 보고도 놀라지 않으셨어요. 그냥
매우 기뻐하셨죠. 속으로 이런 생각을 하기도 했어요.
'부모님은 레즈비언이라는 낱말 자체가 와 닿지 않는 분들인
건가'라고요.

다시 앞 얘기로 돌아가면요. 우리 집은 큰집이에요. 제사를
정말 많이 지내요. 어릴 때부터 제사 준비하고 진행하는
과정을 보면서 이런 말을 자주 했어요. "내가 왜 남의 집에
가서 이런 고생을 해야 해? 내가 왜 남의 집에서 남의 집
살림을 해야 해?" 얼마 전에 아빠께 "요즘 주변에 나처럼
결혼 안 한 사람 많지 않아요?"라고 물으니까 "맞아"
그러시더라고요.

왜 중학교 때부터 결혼을 안 하겠다고 생각했어요?
제사만이 이유였을 것 같지는 않아서요.

제사 지낼 때 보면 여자들이 차별을 받는 게 보이잖아요. 엄마들만 일을 하고 남자들은 일을 안 하고요. 시골 친척 집에 가서 봐도 그렇고. 그런 장면들을 볼 때마다 정말 이해할 수가 없었어요. 왜 엄마는 끊임없이 부엌일을 하시고 아빠는 가만히 있는지 이해할 수가 없었어요. 정확하게 표현하기는 어려운데요, 그냥 어릴 때부터 여러 가지로 남녀 차별 문제에 대해서 뭔가 불만이 많았던 것 같아요. 이런 이유들도 있고, 제가 여자를 좋아하기도 했고요. 남자와 잘 수 있는 생각 자체를 할 수도 없었어요.

혹시 스스로를 타고난 레즈비언이라고 생각해요?
원래는 그렇게 생각하고 살았는데요, 생각이 바뀌었어요. 아닐 수도 있다는 생각이 들어요. 이제는 남자랑 잘 수도 있을 것 같아요. 하하하. 생각보다 괜찮은 남자 사람도 많이 있더라고요. 저는 특히 깔끔함을 중요시하는데, 남자애들 중에도 깔끔한 애들이 있더라고요.

많아요.
그러게요. 있기는 있더라고요. 하지만 남자는 차선이에요. 하하하하. '그럼에도 남자는 차선이다!'라고 생각해요. 왜냐하면 더 깔끔하고 예쁜 여자들이 얼마나 많은데요!

여자 사람 친구

그러면 엄마 아빠한테 커밍아웃을 할 계획은 없어요?

없어요. 이제 와서 뭘 또 충격을 드려요? 그냥 아닌 척 사는 거죠, 뭐.

부모님이 눈치챈 것 같기도 하다는 생각이 들어요.
일단 주변에 여자 둘이 사는 경우도 많고 말이지요.

주변에 레즈비언 커플이 많은 편이에요. 평소에 제 주변 사람들 이야기를 자주 하는 편이에요. "여자 친구 둘이 사는 경우가 많아. 나도 누군가와 살 수도 있는데, 혼자 사는 것보다 낫지 않겠어? 외롭지 않을 거야" 이런 식으로 말을 자주 해왔어요.

부모님을 안심시키기 위한 것인가요?

부모님을 안심시키기 위한 것이기도 하고요. 내가 누군가와 함께 살 때 자연스럽게 받아들이실 수 있도록 하기 위해서죠.

게다가 여성단체에서 오래 일했던 영향도 있었겠네요.
부모님이 약간의 의심이 가는 상황이 있다고 하더라도,
짐작할 만한 것이 있더라도 꼭 그렇게 생각하지
않으시고 약간 애매한 경계에서 생각하시도록
만들었군요.

맞아요, 맞아요. 부모님께 가끔 내 친구들 얘기를 하면요, "그 애는 결혼했니?"라고 물으세요. 그럼 "안 했어"라고 답하면 "왜들 그렇게 결혼을 안 한대?" 이렇게 말씀하시고 넘어가는 분위기예요. 워낙 제가 해왔던 이야기들도 있고, 요즈음 사회적 분위기가 비혼이 많아지는 추세니까요. 이모든 상황들이 합쳐져서 내가 '이상한 애'가 안 되는 거예요. 적어도 우리 집에서는 그래요.

그간 커뮤니티들 활동은 어떤 것들을 했어요?
대학 때는 대학 친구들, 대학원 때는 대학원 친구들이 있었어요. 가장 큰 것은 〈한국여성동성애자인권운동모임 끼리끼리〉 활동하면서 만나던 관계들이에요. 20대 때 맺었던 관계는 〈끼리끼리〉 활동을 하면서 만났던 관계가 거의 전부라고 할 수 있어요. 30대에는 여성단체에서 활동하면서 많은 레즈비언들을 만났죠. 대학 때는 동아리 활동을 했지만, 그것보다 사실 더 중요했던 것은 레즈비언 관련한 활동들, 인권 활동들이에요. 그 활동들에 조금 더 정신적으로 투여했던 것 같아요. 거기에서 만난 사람들하고 관계 맺는 게 더 중요했어요.

단체 활동을 얼마나 하셨어요?
레즈비언 단체 활동은 9년 정도 했고요, 여성단체 활동은

10년 정도 했어요.

현재 맺고 있는 관계들은요?

제가 몇 년 전에 '디어 마이 프렌즈'를 봤어요. 여자
노인분들이 모여서 살겠다고 하고, 같이 길에서 여행하면서
살자고 얘기하고 그런 드라마였는데, 그 드라마를 보면서
엄마도 되게 좋아했지만 저도 보면서 '저렇게 살 수 있는 거
아닌가?'라는 생각을 했어요. 그러면서 친한 언니들한테도
얘기하고 그랬던 거죠. 남동생이 있고 조카도 있기는
하지만 원가족에게 손을 벌리는 것도 한계가 있고, 돈이
있어도 돈으로만 다 해결할 수는 없는 것 같고요. '그렇다면
사람들을 모아야겠고, 관계를 만들어가야겠다'는 생각을
해서 그 언니들한테도 얘기한 거죠. 그래서 언니들하고 다른
친구들이 함께 고민하게 된 거고요. 지금은 그 고민을 함께
나누고 있는 친구들이 몇 명밖에는 없어요.

이제 곧 마흔인데요. 저는 건강하게 내 다리로 걸을 수
있는 시기를 80세 정도라고 보고 있어요. 그럼 앞으로 40년
정도 남아 있는 거죠. 그런데 그 남은 기간 동안 지금의
친구들 외에 얼마나 많은 새로운 인연들을 만들 수 있을지
회의적이에요. 새로운 친구를 사귀는 일도 쉬운 일이
아니고, 이제 만나서 또 맞춰나갈 생각을 하면 벌써부터

힘이 들어요. 나이 들어서 서로 맞추려고 하면 그게 또
얼마나 어렵겠어요? 하하. 느슨하지만 오래된 편한 연대를
하는 관계를 만들고, 그런 관계를 지향하면서 살면 좋겠다는
생각을 해요. 〈티지넷〉은 없어졌다지만 이제는 〈티지넷〉
같은 곳에 들어가고 싶지도 않고, 그렇게 해서 누구를
만나는 게 귀찮고 낯간지럽고 그래요.

모여 사는 것에 관해 구체적인 그림을 가지고 있나요?
조만간 계획을 세우기 위해 만나기는 할 건데 구체적으로
뭔가가 만들어져야지 되는 거지, 지금은 생각뿐인 거죠. 한
건물에서 모여 살면 좋지만 아니면 아파트에서 앞 동, 옆 동,
옆 호, 같은 라인 이렇게라도 살면 되지 않겠나 싶은 생각도
들고. 돈이 없으면 둘이 합쳐서 한집에서 살고 근처에 살고
이러면 되지 않겠나 이렇게 생각하고 있어요.

그렇다고 현재 아예 그림이 없는 건 아니에요. 내가 제안한
언니들과 그 언니들이 아는 두 명의 동생들, 그리고 저까지
포함해서 총 다섯 명이 건물을 한 채 사서 집을 배분하는
거예요. 1층에는 제가 하고 싶어 하는 서예학원 등 경제
활동을 할 수 있는 공간을 두는 그림을 그리고 있어요.
지금으로부터 15년 정도 후에는 그 집에서 살기로 얘기하고
있는 상황이에요. 조만간 모여서 구체적으로 가지고 있는 돈

여자 사람 친구

혹은 모을 수 있는 돈, 이런 것들을 공유한 다음에 청사진을
구체적으로 그리는 작업을 앞두고 있어요. 이게 1차적인
목표고, 정 안 되면 앞서 얘기한대로 근처에라도 살자,
이렇게 얘기해나가는 중이에요.

곧 마흔인데 준비해야겠네요. 준비가 됐나요?

아니요. 그래서 조만간 입사하면 대출을 받아서 일단 집을
구하고, 돈을 차곡차곡 모으기 시작해야지요. 그 커뮤니티
이름을 정해야 할 것 같은데, 이를테면 '빌딩 프로젝트'랄까
이런 식으로 정하면 제가 빌딩 적금을 마련해서 꾸준하게
저축하고 싶어요. 그렇게 돈을 모아서 그때 되어서 또다시
대출 받아야겠죠? 사실 경제 활동을 계속할 수 있으면 못
할 건 아닌 것 같아요. 그런데 경제적인 것뿐만 아니라 몸이
건강하고 서로의 관계가 건강한 것도 중요한 것 같아요.

**왜 혼자 사는 그림보다 같이 어울려서 사는 그림을
그리고 있나요?**

그 전에는 몰랐는데 혼자는 너무 심심할 것 같아요. 주변에
사람들이 많을 때는 몰랐는데, 입사 준비하면서 혼자서
있어보니까 더 많이 그런 생각이 들었어요. 너무 외로울
것 같아요. 아파서 죽는 게 아니라 외로워서 말라 죽을 것
같은 느낌도 들었거든요. 그리고 가족이라고 말이 통하는

게 아니잖아요. 가족만큼 나를 아는 주변 사람들이 분명히 있는데. 뭐라도 나눠 먹고 얘기할 수 있고 일상을 나눌 수 있는 사람들이 있으면 좋겠어요. 예를 들면 "길을 건너다가 이런 것을 봤는데 되게 웃겼어" 이런 얘기들을 나눌 수 있는 사람들이 필요해요. 일상을 나누지 못할 때의 외로움이 너무 클 것 같아요. 나이 들어서는 더할 것이고요. 만약 일을 하지 않는다면 더 그럴 것이고요.

싱글인 상태에서 빌딩 모임을 그리기 시작한 것으로 알고 있는데, 최근에 연애를 시작하신 거잖아요. 연애가 빌딩 모임의 그림 속에는 어떻게 반영되고 있나요?

연애는 지금은 하다가 내일은 안 하고, 내일은 안 하고 있다가 모레에는 또 하고 그럴 수 있는 거잖아요. 아마도 빌딩 모임 사람들이 원가족이 될 것 같아요. 애인이 원한다면 빌딩에 같이 사는 거고요, 원하지 않는다면 두 집 살림을 하는 거예요. 원가족이 변동되는 것 같아요. 엄마, 아빠까지만 원가족이라고 생각하고 있는데, 부모님이 돌아가시면 이쪽이 나의 원가족이 되는 거죠.

조만간 입사할 텐데, 회사 내에서 커밍아웃을 할 계획은 있나요?

여자 사람 친구

전혀 없어요. 그 조직에서 운동을 할 마음은 없어요.
'이 정체성을 말하지 않고서는 정말 버틸 수 없어'라는
마음이 없어요. 이런 생각이 들어요. 사람은 뭔가 가면을
하나씩은 쓰잖아요. 사실 내가 언니 앞에서조차 어떤 가면을
쓰고 있는 것일 수도 있죠. 좋은 가면이든 나쁜 가면이든
간에 말이죠. 그런 것처럼 직장에 들어가서 이성애자인
가면을 쓰는 게 내가 더 편할 것 같아요. 계획은 없어요.
하지만 "결혼을 해야 하지 않겠느냐?"면서 선을 주선하고
그러면 어떻게 해야 하나 이런 고민은 있어요. 한번 봐야
하나, 한번 보면 끝이 없을 텐데…… 이런 생각도 들기는
해요.

**레즈비언, 게이 이슈가 굉장히 이슈화됐고 많은
사람들이 특히 젊은 층에서는 문제없다고 말하는
인구가 상당히 많아지고 있기는 한데, 일상에서는 그게
어느 정도 반영되고 있는지 그 변화를 체감할 기회가
많지 않은 것 같아요. 이 점에 관해 어떻게 생각하세요?**
그냥 사람들이 어떻게 말하면 멋있는지 아니까 그렇게
대답하는 경우들도 있는 것 같아요. 그럴 거라면
추측해야 할 것 아니에요. '이 사람이 동성을 좋아할
수도 있겠구나'라고 항상 생각해야 하는데, 전혀 아무도
일상 속에서 그 생각은 안 해요. 동성을 좋아할 수 있는,

동성애자일 가능성을 배제하면서 누군가와 인터뷰할 때 "어떻게 생각하십니까?", "저는 상관없어요"라고 답할 수는 있죠. 그런데 현실에서는 바로 내 옆에 있을 수 있다는 생각을 하는 수준까지는 못 미치는 것 같더라고요. 저는 세상이 달라졌다는 체감을 한 적이 없어요. 운동들의 변화 속도를 보면 또 '세상이 달라지는 속도도 그만큼 빨라지겠거니' 하는 생각도 들지만 내가 향유할 수 있을 거라고는 생각하지 않아요.

앞으로 어떻게 살고 싶으세요?

스무 살 이전까지는 성장기니까 기억나는 건 별로 없고요. 스무 살 이후부터 한 30대 중반까지, 대학 다닐 때부터도 그렇고 크건 작건 사회적인 변화에 기여해왔다고 생각해요. 이 정도면 충분했다는 생각이랄까요. 내 조카에게도 말할 수 있어요. "고모가 매일 광장에 출근했다, 정말 너무 힘들었어"라고요. 이만큼의 사회적 기여를 했으면 내가 할 수 있는 것의 최대치를 했던 건 아닌가라고 생각해요.

앞으로는 다른 방식의 사회적 기여를 하며 살고 싶은데, 분명한 것은 내가 지치지 않는 방식으로 할 수 있으면 좋겠다는 생각이에요. 나를 위해서, 나의 가족을 위해서, 내가 좋아하는 사람들을 위해서 살 수 있으면 좋겠다는

생각도 하고요. 단체 활동을 하면서 인정 욕구나 평가가
공정하지 않은 느낌, 끊임없이 투신해야 하는 내면의 압박
같은 것들이 있었어요. 그런 것 때문에 활동하면서 많이
지친 거고. 거기에서 벗어나고 보니 내 삶과 행복은 내가
챙겨야 한다는 생각이 들었어요. 아무도 챙겨주지 않아요.
"너는 정말 멋진 활동가야, 너는 훌륭한 활동가야"라는
말들이 내 노후를 보장해주지 않잖아요. 정말 안타까운
일이죠. NGO의 환경이 너무나도 척박하니 줄 수 있는 게
그것밖에 없잖아요. 저는 도망쳤어요.

그렇게 된 이유는 정신적으로나 여러 가지로 지친 것도
있었고 활동 매너리즘에 빠진 것도 있었지만, 부모님이 나이
드는 게 보였어요. 주름살, 귀가 안 들려서 같은 얘기를 여러
번 해야 하는 상황들, 키우던 16살 반려동물의 죽음, 주변
친구나 지인들이 병에 걸려 아파하는 것들, 내 개인적인
생리적인 변화 이런 것들을 접하면서 잘 사는 게 아니라 잘
죽어야겠다는 생각을 하게 되었어요. 친구들과 같이 살려고
하는 계획들도 어떻게 보면 그런 과정 중에 있는 거예요.

잘 죽기 위한, 내가 존엄하게 잘 죽기 위한 준비 과정을 잘
지나고 싶어요. 그리고 어떤 대의보다는 나를 위해서 살고
싶어요. 그리고 내가 챙기지 않으면 언젠가 너무 후회할 수

있는 사람들, 부모님 친구들 챙기면서 관계도, 삶의 방식도
단순하게 간소하게 정리하면서 살고 싶다는 생각을 했어요.

인터뷰에 응해주셔서 고맙습니다.

감사합니다.

해
바
라
기

" 내가 내 힘으로
내 애인과 잘
산다는 걸
꼭 보여주고
싶어요"

해바라기는
1979년생으로
서울에
거주하고 있는
기독교인이다.

직업은 학원
강사이다.

요새 여러 가지로
생각도, 고민도
많다.

우리 단체에서 생애 기록팀 활동을 하면서 인터뷰한 경험도 있는 상황에서 인터뷰 제안을 받으니 기분이 어땠어요?
제가 대상이 된다고 생각을 안 해봐서 신선했어요. 나도 해보면 좋겠다 싶었어요.

대상을 항상 찾기만 하다가 응하는 입장이니까. 해바라기님은 레즈비언으로 정체화를 하신 분인가요?
네. 그런 것 같아요.

같은 건 뭐예요?
요즈음엔 정체성을 너무 길고 다양하게 얘기하더라고요. 제가 잘 알지 못하는 용어들도 섞어서 쓰고 그래서 "그냥 레즈비언인 것 같다" 이렇게 말하게 되더라고요,

여자 사람 친구

정체화를 어떻게 했냐는 질문에. 요즘엔 여성을 얘기할
때도 그냥 여성이라고 말하지 않고요. 되게 디테일하게들
얘기하시기에 좀 말하기가 조심스러운 부분이 있어요.
그래서 "레즈비언이지 않을까" 이런 식으로 조심스럽게
말하는 편이에요.

**그 사람들이 다양하게 말하는 것과 레즈비언이라고
말하는 사이의 연결 고리는 뭐죠?**
뭔가 제가 요즘에 지식이나 젠더 감수성을 따라가지 못하나
싶은 마음이 들고, 그러다 보니 뭔가를 정확하게 말하지
못하는 지점이 있을까 봐 조심스러워지는 거예요.

**그러하니 레즈비언이라는 말을 조심스럽게 한다는
말이군요.**
정체성을 너무 길게 얘기하셔서 좀 나도 길게 얘기해야 하나
하는 생각도 들고요. 이걸 이렇게 말하면 너무 짧지 않나
하는 생각도 들고 그러네요.

해바라기님은 언제 정체화를 하기 시작했어요?
어느 순간이 있던 건 아니고요. 기억을 되짚어 보면 제
기억의 끝이 닿는 그 순간까지도 저는 여자를 좋아하고
있었더라고요. 네 살, 다섯 살 때까지의 기억까지 더듬어

갔을 때 그렇더라고요. 이걸 편하게 '아…… 나는
레즈비언이구나'라고 받아들인 건 20대 후반 넘어서였어요.
'나는 그런 사람이다'라고 생각한 거는 중학생일 때였던 것
같고요.

20대 후반 전에는 불편하게 받아들인 상황이었나요?
그 전에는 공교롭게도 만났던 사람들도 제가 일상적으로
있던 생활 반경 안에서 사귀게 되었던 경우라. 그 친구들
자체도 스스로를 레즈비언이라고 생각하지 않았고, 그런
사람들하고 사귀다 보니까 본의 아니게 미안한 마음도 갖게
되고 그랬어요. 뭔가 심리적으로 되게 편안하진 않았어요.

연애 자체도 편하지가 않고, 그걸 생각하고 받아들이는
과정도 별로 편안하지 않았던 시기가 있었다는 거군요.
네. 그리고 또 특별히 처음 사귀었던 친구는 대놓고
그런 식의 얘기를 하기도 했어요. "네가 남자였으면
좋겠다"라든지 그런 얘기들이요. 그 친구도 어려서
그랬겠지만 너무 서슴지 않고 제 입장에서는 상처가 될 만한
얘기들을 하고 그랬어요. '아, 나는 레즈비언인데 연애를
하는 것은 불편하고 레즈비언이라는 건 이런 불편함이
있구나'라고 생각하면서 심리적으로도 불편한 상태를
유지해왔던 것 같아요.

첫 연애라는 게 언제인가요?

스무 살, 스물한 살 이때요. 대학 진학을 하자마자요.

불편한 상태가 나아진 계기나 이런 게 있었어요?

20대 후반 들어서 했던 연애는 상대도 스스로의 정체성이
편안한 사람들이었어요. 저도 그런 영향을 받았고요. 나이
들면서 제 스스로의 모습을 편안하게 받아들인 지점도
있고, 이런저런 계기들로 친구들도 생겼고요. 이런 영향들로
편안하게 받아들이기 시작했어요.

**거슬러 올라갔을 때, 네다섯 살 때부터 여자를
좋아했고, 그리고 본격적으로 생각한 것은 중학교
때라고 했는데 연애는 스무 살 넘어서 했잖아요.
중학교 때에는 어떻게 지냈나요? 연애를 안 했네요.
짝사랑을 많이 하셨을까요?**

짝사랑은 되게 많이 했죠. 항상 누가 너무 많이 좋은 게
문제였어요. 지금은 안 그런데요. 어렸을 때는 학교에 가면
얘가 좋고, 교회에 가면 저 애가 좋고. 그 눈앞에 있는 어떤
사람들 중에 항상 좋아하는 사람, 마음에 드는 사람이
있었어요.

동시다발적으로요?

네. 그랬어요. 다섯 명쯤을 늘 마음 안에 이렇게 저렇게
넣어두었던 것 같아요. 중학교 때는 그런 식으로 짝사랑을
많이 했어요.

그 당시에 정체성 고민을 했나요?
초등학교 고학년 때부터 했어요. '애들은 안 그러는데 나는
왜 이렇게 여자애들한테 관심이 많이 가고 좋지?' 이런
고민을 하기 시작했어요.

혼자요?
네. 제가 학창 시절에 이런 고민을 나눌 수 있는 친구가
아무도 없었어요. 고등학교 때까지. 내 주변에 너무
없었어요.

저와 같군요.
누구라도 비슷한 애가 있으면 같이 얘기해봤을 텐데, 그렇게
됐어요. 대학 가기 전까지는 누구한테도 얘기 못 해보고
혼자 고민하고 그랬었죠.

레즈비언이라는 말도 잘 모르지 않았어요?
중학교 때는 몰랐어요.

고민할 때 언어가 없었을 텐데…… 나는 뭐지? 이런 거였을까요?

동성애자 정도는 알았던 것 같아요. SBS '그것이 알고 싶다' 비슷한 어떤 프로그램에서 '성소수자들의 삶'이라고 하면서 동성애자들의 삶을 얘기해준 적이 있었어요. 그거 보면서 '아, 내가 저 사람들이랑 같은 사람인가 보다'라고 생각했던 기억이 있어요.

그 프로그램은 혼자 봤나요?

혼자 보다가 말미에 아빠도 같이 보게 됐어요. 돌이켜 생각해보면 아빠가 그때 젊어서 그랬는지, 지금은 어떻게 생각하시는지는 모르겠는데 그때는 그냥 "세상에는 사람들이 다양하게 있다 보니 저런 사람들도 있는 거란다"라고 얘기하셨던 기억이 나요.

지금은 어떻게 생각하실지 모르고요?

네. 지금은 몰라요. 분명한 거는 엄마는 젊었을 때는 케어해야 할 존재들이라고 생각하셨던 것 같은데, 엄마가 다니는 교회에서 동성애자들에 대한 비난이 세지다 보니까 요즘에는 과거에 비해서 안 좋게 얘기하시는 경우가 있었어요. 제가 "엄마가 그렇게 얘기하지 않았으면 좋겠어요. 내 친한 친구들 중에도 있어요" 그렇게 얘기했더니 그다음부터는 거기에 대해서 더 얘기하시지는 않더라고요.

다행이네요. 스무 살, 스물한 살 때 연애를 시작으로 그동안 연애를 많이 하셨나요?
여섯 일곱 번 정도 한 것 같아요.

어휴, 많이 하셨네. 재미있었나요?
네. 재미있었어요.

어떤 면이 재미있던가요?
어렸을 때는 제일 슬펐던 게, 아무도 저를 안 좋아해줄 거라고 생각했어요. 나는 여자를 좋아하는데 누가 또 여자를 좋아하는 사람이 있겠나 하는 생각이요. 없을 것 같아서. 세상에 나 혼잔 줄 알고요. 내가 동성애자라는 점보다 나는 그 누구한테도 사랑을 못 받겠구나 하는 점이 제일 슬펐었는데 내가 좋다고 하니 좋다고 하는 사람들도 있고, 똑같이 젊은 20대 때 데이트도 하고 이러니까 신나고 재미있었던 것 같아요.

연애는 순탄한 편이었나요?
20대 때는 아무래도 동시다발적으로 사람을 좋아하는 제

여자 사람 친구

성향 때문에 어려움이 좀 있었어요. 딱 한 번 양다리를 걸친 적이 있는데 너무 힘들었어요. 두 번 다시 양다리를 걸치지 않고 있어요. 그건 할 짓이 아니더라고요. 나는 얘가 너무 좋았는데 한 2년 지나니까 쟤가 너무 좋고, 이런 게 문제가 되었어요. 그리고 사람이 자제하고 절제할 줄 아는 마음이 있었어야 했는데, 제가 그런 마음이 부족해서 너무 많은 사람에게 큰 상처를 주지 않았나 후회하는 마음도 들어요. 안 좋은 일을 겪을 때마다 내가 벌을 받는구나 이렇게 생각해요. '남의 눈에서 눈물 나게 하면 내 눈에서 피눈물이 난다고 하더니 결국 내 눈에서 피눈물이 나는구나' 하면서 벌을 겸허하게 받는 편이에요.

지금 만나는 분은 오래 만나온 거죠?
5년 됐어요.

조금 다른 의미로 만나고 계시나요?
네.

어떻게 다르죠?
일단은 제 나이가. 호기심이 가득했던 마음이 나이 들면서 다행히 없어졌어요. 그렇게 제 상태가 변한 지점도 있고요. 성격이 좋아 보이지만 좋지 않은 편이어서 안 맞는 사람하고는 불화랄까 뭔가 트러블이 되게 심한 편인데, 지금 만나는 친구하고는 그렇게 막 트러블이 심하지도 않고 그냥 편안해서 좋게 생각하고 있어요.

둘 다, 관계를 장기적으로 보고 있나요?
네. 그렇게 보고 있어요.

예컨대 법제화가 된다면 할 계획도 있나요?
하고 싶은 마음도 있어요.

그동안 어떤 커뮤니티 활동들을 했나요? 아까 친구들도 만나게 되었다고 하셨는데요.
커뮤니티는 〈레즈비언생애기록연구소〉가 처음이에요. 그 외의 커뮤니티에서 활동해본 적은 없어요. 단지 제가 미술을 공부했던 공간에서 만나게 되는 경우들이 있었어요. "눈빛에서 티가 난다"며 한눈에 알아본 친구도 있었어요.

신내림을 받았을까요? 그걸 어떻게 알죠?
그게 약간이라도 커뮤니티 경험이 있는 사람들은 볼 수 있다고 하더라고요.

해바라기님도 볼 줄 아는 눈이 있나요?

저는 없어요. '게이더'가 아예 없어요.

공부를 하면서 자연스럽게 인연이 된 사람들이 있던 거군요.

네. 맞아요. 많았어요.

심지어 많았어요?

자꾸 파생되니까요. 이 친구를 만나면 이 친구의 또 다른 친구들을 만나게 되고, 이런 식으로 넓게 만남을 가질 수 있었어요. 소개팅을 받아본 적도 있고요. 소개팅을 하는데 저쪽 친구들 네 명 나오고 내 친구들 네 명 나오고 해서 우르르 만나 같이 놀고 그랬던 적도 있어요.

아참, 얼마 전에 재미있는 얘기를 들었어요. 경기권에서 고등학교에 들어갔던 30대 초반 친구들을 만났는데, 자기네 학교에는 레즈비언이 200명도 넘었다고 그러더라고요. 경기도는 평준화가 아니어서 시험을 봐서 고등학교에 들어가는데 레즈비언들이 그 학교에 레즈비언이 많다는 것을 알고 지원해서 들어갔대요. 학교 안에서 누가 사귀면 선생님들도 알 정도였고, 뽀뽀도 할 수 있고 그랬다고 하더라고요.

**친구들이 많은 편이었으니까 학내에서 커밍아웃을
하셨겠네요?**

다른 애들한테까지 다 오픈했던 건 아니었고요. 친한
친구들끼리는 서로 편하게 얘기하고 하면서 지낼 수
있었어요.

**지금 졸업하고 새로운 장에서 커밍아웃을 하는
편인가요?**

아니요. 안 하는 편이에요.

아까 부모님 얘기 잠깐 하셨는데.

얘기 안 했어요. 언니한테만 했어요.

자매인가요? 다른 자매, 형제 없고요?

네.

언니한테는 어떻게 하게 됐어요?

너무 답답했어요. 식구들 중 누구라도 알고 있어야 할 것
같았어요. 그리고 언니 정도라면 충분히 받아들이고 서포트
해줄 거라고 생각하고 얘기했는데 결과적으로 그 반대의
결과가 나와서 후회도 하고 있고요. 그로 인해서 상처도
많이 받았어요. '오히려 엄마 아빠면 나한테 이렇게 하지

않을 텐데, 부모 자식과 형제가 이렇게 다른가?' 이런
생각도 좀 들고 그래요. 언니도 독실한 기독교 신자예요.

**뭐가 답답했고, 어떤 기대를 가지고 커밍아웃을 하게
된 건데요?**

가끔 부모님이 결혼 압박을 하실 때가 있어요. 그런
거라든지, 나는 이 친구랑 계속 살고 싶은데 엄마 아빠는
납득이 잘 안 되잖아요. 부산에서 하우스메이트라고만
생각했던 친구가 왜 내가 서울에 오는데 동행해야 하는지
이런 거 이해 못 하시고. 그러니까 이런 부분들이 생기면
언니가 중간에서 얘기도 잘 해주고, 막을 수 있는 것들은
막아주고, 적당한 중간자 역할을 해줄 수 있지 않을까라는
기대가 있었어요. 또 하나는 사람은 살면서 무슨 일이
생길지 모르는데, 그래도 나랑 같이 사는 사람이 내
애인이라는 것 정도는 언니도 알아야 나중에 어떤 일이
생겼을 때 그에 맞게 대처할 수 있지 않을까 등 이런저런
생각으로 얘기했는데 그렇게 되었어요. 반응이 제가
예상했던 것과 달라서 당황하고 있어요.

얼마 안 된 일이네요?

언니한테 얘기한 지 한 2년 된 것 같아요.

그래도 부모님께 말씀드리지는 않으시네요. 언니가.

아마 부모님께 제가 말씀드린다고 해도 반대하지 않을까
싶어요.

충격받으실까 봐?

그럴 거예요.

언니한테 커밍아웃한 걸 후회하는군요.

한 30퍼센트 후회하고, 70퍼센트는 후련해요.

반응이 그럼에도 후련한 부분이 있어요?

그렇죠. '나는 모르겠고, 네가 감당할 건 네가 감당해라'
이렇게 생각해요. '나는 내가 감당할 거 감당하면서 살면
된다' 이렇게 생각하니까요.

얻은 건 뭘까요?

적어도 언니한테는 구질구질하게 계속 거짓말하지 않아도
되는 거요. 어디 놀러 갈 때나, 뭘 해도 괜히 핑계대고
거짓말하고 그랬던 일을 더 이상 하지 않아도 되는 거요.
언니랑 친한 편이거든요. 자주 연락하는 편이어서요. 적어도
언니한테는 거짓말을 안 해도 되는 게, 점점 나이 들면서
머리도 나빠지고 기억력도 나빠져서 내가 무슨 거짓말을

어디까지 했는지 기억도 안 나는데 이제 거짓말 안 해도 되니까요. 그건 좀 편한 것 같아요.

듣거나 말거나 언니에게는 최소한 거짓말 안 해도 되는 환경이 된 거군요. 그래도 많이 속상했겠네요.
이거를 어떻게 해야 하나 고민 많이 했어요. 성경 부분에 관한 얘기에서 트러블이 있고 그러니까요. 나는 때로는 이걸 죽음으로써 증명하고 싶은 거예요. 언니가 생각하는 것처럼 가벼운 문제가 아니라는 것, 언니의 말대로라면 나 같은 건 없어져야 하는 존재가 된다는 것인데 그런 문제가 아니라는 걸 언니에게 증명하고 싶었어요. 죽음으로요. 언니는 페미니즘에 대해서도 잘 모르고. 그런 데에는 아예 관심이 없어요. 그러니 말이 통하지 않고. 언니에게 내 억울한 심정을 보여주고 싶다는 생각이 들더라고요. 그런데 내 소중한 목숨을 언니 때문에 잃을 수는 없으니까 그런 걸 실천으로 옮기지는 않겠지만, 표현하자면 그거밖에는 표현할 길이 없겠다 싶을 때가 있어요.

그러면서 동시에 '저 언니한테도 시간이 필요하겠구나' 하는 생각도 들죠?
그렇죠.

아마 언니도, 더더욱이나 사이가 좋았다고 하면 언니 본인도 전쟁 같을 거예요.

제 친구 중에 언니가 셋인가 넷인가 있는 애가 있어요. 그 언니들 중 두 명한테 커밍아웃을 했는데, 첫째 언니는 "너는 아니다"라고 했대요. 그다음부터 못 들은 걸로 했고요. 그리고 셋째 언니 같은 경우는 많이 지지해준대요. "지금 그럼 만나는 그 애랑도 사귀는 거야?"라고 묻기도 하고요. 집에 거짓말도 대신 해주고 서포트를 해준다고 하더라고요. 그 얘기 들으면서 그냥 첫째 언니 같은 그런 언니도 있고, 셋째 언니 같은 언니도 세상에 존재하는 건데, 나에게는 언니가 하나밖에 없어서 그 첫째 언니 같은 언니만 있는 거죠. '우리 언니는 이런 모습과 모양으로, 내가 바라고 기대했던 건 아니지만 그렇게 반응하는구나' 이렇게 생각하고 있어요.

몇 살 차이 나요?

세 살이요. 76년생이에요.

부모님한테 커밍아웃할 계획은 전혀 없겠네요?

전 너무 후회되는 게, 조금 더 어렸을 때, 부모님도 좀 더 젊었을 때, 한 20대 초반에 다 했었어야 했는데요. 그거를 미루고 미루다 보니까 부모님이 너무 연세도 많아졌고,

사고는 더 옛날보다 더 보수적으로 바뀌었을 테고, 건강상 충격을 감당하기도 젊었을 때보다 더 힘들어졌을 텐데, 참 그런 부모님한테 대고 무슨 얘기를 하기가 지금은 힘드네요. 우리 언니가 저를 너무 괴롭히는 상황이 펼쳐지면 '엄마는 안 그러겠지'라는 마지막 희망을 가지고 할 생각도 있지만, 엄마마저 그러면 정말 죽고 싶을 것 같아요. 그런 두려움도 있어서 못 하는 것 같아요. 처음에는 충격적이고 받아들이기 힘든 부분이겠지만 그래도 자식이라고 귀결되어야 할 텐데, 그게 안 될 경우 내가 어떻게 감당할 것인가 이런 부분 때문에 내 건강도 생각해야 되니까. 당장 계획은 없어요.

지금 작가 활동은 못 하고 계시는 상황인 건가요?
네. 스스로 작가라고 하기엔 작업을 꾸준하게 해오지 못한 부분도 있고, 다른 일들을 하느라 바쁘게 보내는 중이에요. 그래서 누구에게 스스로 작가라고 말을 하기에도 민망한 상태가 되어버렸어요. 사실 작업이나 일에 관해서 앞으로 어떻게 해야 할지 고민이 많아요. 지금 하고 있는 학원 일도 지속할 수 있을지 모르겠고, 여러모로 안정적인 직업이라고 보기에도 힘들고요. 어떻게 먹고살아야 할지 많이 고민하고 있고. 마치 제2의 사춘기처럼 그런 어려운 시간을 보내고 있어요. 심리적으로 압박도 있고, 스트레스도 있고. 힘들어요. 10대 때 정체성 알아가면서 힘들었던 것에 준하게

지금 힘들고 슬프기도 하고 그래요. 하루하루를 견디면서
어려운 시간을 보내고 있어요.

언젠가 〈성소수자 부모모임〉에 나간 적이 있었는데, 그
모임에서 어떤 부모님이 "커밍아웃을 하기 전에 경제적인
독립을 하는 게 좋다"는 말씀을 하신 적이 있어요. 저도 같은
생각인데, 언니나 부모님이 볼 때 내가 경제적으로 어려워서
심려를 끼치는 그런 상황들을 만들고 싶지 않아요. 언니는
아무래도 부정적인 생각을 가지고 있는데, 더 부정적으로
보게 만들고 싶지 않아요. 내가 내 힘으로 내 애인과 잘
산다는 걸 꼭 보여주고 싶어요.

아이고, 요새 많이 힘들겠어요.
요새 하도 눈물을 참고 다녀서 눈이 너무 아파요. 체력도
좋질 않아서 더 쉽게 피로해지고 더 우울해지고 그런
것의 반복이에요. 그래도 최근에 잘 챙겨 먹고 운동도
시작했어요.

오늘 인터뷰에 응해주셔서 감사해요.
감사합니다.

수
연

" 연애랑
결혼 얘기를
계속해요.
답답해요.
정말
답답해요"

수연은
1979년생으로
부산에서
40년을 거주했다.
서울에서 거주한
지는 1년이 조금
넘었다.

종교는 없으며,
직업은 사무직
회사원이다.

현재 직장 생활과
학업을 병행
중이다.

**부산에서 생애 기록팀 활동도 하셨고, 이미 생애
기록에 관해서도 알고 계시고요. 인터뷰 제안받고 어떤
느낌이 들었어요?**

저는 제 이야기 하는 게 재미있어요. 그런데 말할 기회가
없어요. 뭔가 제 개인적인 이야기를 털어놓은 적이 거의
없고. 잘 안 하기도 하고요. 이 사람한테는 이 얘기 일부,
저 사람한테는 저 얘기 일부. 다들 그렇게 하겠지만요.
제가 작년에 학교 다니면서 상담을 받았어요. 상담에서 제
이야기를 털어놓은 게 처음이었어요. 하고 싶은 생각은 많이
드는데, 그럴 기회는 없죠.

말할 기회가 많지 않죠.

꺼낼 일도 거의 없고 그렇죠. 일상적인 이야기들을
주로 하며 사는 거죠. 학교 사람들하고 자주 어울리는

편인데, 사람들은 나에 대해 잘 모르니까 많이 물어봐요. 물어는 봐요. 나의 많은 부분을 얘기 못 하고 피상적인 이야기들밖에 보여줄 수가 없으니 그 점이 좀 답답하죠. 결혼 얘기도 너무 많이 하고요. 내가 마흔이 넘었고 혼자인 삶을 살고 있다고 하는데도 사람들은 연애와 결혼 얘기를 끊임없이 해요. 정말 이해할 수가 없어요.

싱글로 알고 있으니까.

그렇죠. 연애랑 결혼 얘기를 계속해요. 답답해요. 정말 답답해요. 지난 토요일에는 사람들을 만났는데, 결혼 얘기를 하다가 어떤 사람이 그러더라고요. "상담을 하기 위해서는 많은 경험들을 해봐야 하는데, 결혼도 그중 하나이지 않겠어요?"라고요. 그래서 내가 "당신들은 40대 싱글들의 경험을 하지 않으니 모르지 않아요? 그런데 나에게 왜 그런 이야기를 하죠?"라고 물었어요. 모든 것에 경험이 필요한 건 아닌데, 그들은 경험이 필요하다면서 결혼을 얘기한다는 것이 너무 말이 안 되잖아요. 자기는 혼자였던 삶도 있었다고 하지만 그 시기는 20대, 30대이지 않나요? 40대 싱글의 삶은 또 다르잖아요. 모든 걸 다 경험할 수도 없고 그럴 필요도 없는데 그런 식으로 말을 하더라고요. 나는 계속 결혼이라는 것에 관해 생각이 없다고 그렇게 얘기하는데도 끊임없이 얘기해요. 왜 그러는지 정말

모르겠어요. 저는 부산에 있을 때도 남초 회사에 다녀서
그런 이야기들을 더 많이 들었죠. 부산에서도 그런 얘기를
들어오다가 잠잠해지는 시기에 서울에 오니 서울에서
만나는 새로운 사람들이 또 시작하는 거예요.

싱글인 채로 50대가 되어도 그럴 것 같아요?
모르겠어요. 왜 다들 그렇게 결혼에 매달리는 건지
모르겠어요. 내가 트위터에서 보는 세상이랑 현실에서 보는
사람들 사이의 갭이 너무 큰 것 같아요.

**실제로 만나고 같이 사는 분이 계시잖아요. 두 분이
얼마나 된 거죠?**
6년 넘었죠.

**같이 살고 있고 결혼식만 안 했는데. 그런 언급은 하기
어려운 상황에서 결혼 얘기를 들으려니 그런 데서 오는
스트레스가 있겠어요.**
지금 친한 사람들끼리는 나중에 내가 얘기해버려야겠다는
생각을 하고 있어요. 지금은 그럴 단계는 아니지만요.
상담을 하기 위해 모인 사람들도 포비아적인 모습들이
많아서 섣불리 얘기하진 못하겠다는 생각이 들기도 해요.

스트레스를 많이 받나요?

크게 받지는 않아요. 얘기할 때마다 답답한 마음은 들어요.

왜 크게 스트레스 받지 않아요?

일단은 듣고 넘기면 되니까요. 내가 그들이 하는 얘기를
들을 사람도 아니고요. 얘기할 당시는 조금 답답하기도 하고
그만하면 좋겠다는 생각이 들기도 하지만 크게 괴롭거나
그렇지는 않아요. 그런 얘기들이 중요하지 않아서 그런
거겠죠. 수업 중에 동성애가 꼭 예로 나와요. 그럴 때
별다른 기분이 들지는 않아요. 그저 '아직도 사람들에게는
동성애자들이 되게 멀고 특별한 존재로 여겨지는구나'라는
생각이 들어요.

**지금 6년째 함께하고 있는 파트너가 있는데, 두 분은
어떻게 만났나요?**

소개로 만났어요. 제가 공무원 시험 수험 생활을 오래
하면서 우울에 허덕이는 시간을 보냈어요. 그러다가
수험 생활을 정리하고 취업을 하니 뭔가 마음도 안정을
되찾으면서 사람을 만나고 싶다는 생각이 들기 시작하는
거예요. 그간에는 사람을 거의 안 만나고 지냈었으니까요.
그래서 커뮤니티를 기웃거리다가 한 커뮤니티에서 알게
된 분이 소개해줘서 만난 경우예요. 이전 연애가 너무

힘들었어요. 그래서 저의 연애관이 많이 바뀐 상태였을
때 만났어요. 저는 부산에 있었고, 그분은 서울에 살고
있었어요. 저는 그간 장거리 연애를 많이 했었거든요.
저한테는 장거리 연애가 잘 맞는 편이에요. 만나고 싶을
때 만나는 것에 집중하고, 떨어져 있을 때는 내 시간에
집중하고요. 그런 게 좋더라고요.

지금 만나는 파트너는 저랑 하는 연애가 처음이었어요.
저보다 11살이 많은데도 제가 처음 만난 사람이어서
제가 다 가르치면서 연애를 했어요. 하하. 비교 대상이
없잖아요. 내가 가르쳐준 게 다인 줄 아는 거죠. 하하.
그렇게 연애를 시작했어요. 그런데 이렇게까지 저한테
맞춰주는 사람을 처음 만났어요. 성격 자체가 상대방에게
맞춰주는 사람이고요. 그래서 이렇게 편안한 연애를 처음
해봤어요. '아, 원래 이렇게 할 수도 있는 거구나'라는 걸
배웠어요. 이전 연애에서 상대방에게 모든 걸 다 퍼붓고
관계가 허망하게 끝날 때 참 많은 생각을 했어요. 더는 그런
연애를 하고 싶지 않더라고요. 그렇게 감정을 소모하고
힘든 연애를 하고 싶지 않더라고요. 원한다고 이루어지는
건 아니지만요. 그런데 지금은 나한테 맞춰주고 나를 많이
좋아해주고 편안한 연애를 처음 해보게 된 거예요. 그래서
되게 좋더라고요.

여자 사람 친구

**장거리 연애를 하다가 지금 1년 조금 넘게 동거하고
계시는 상황인 건가요?**

네. 지금 파트너가 없었다면 제가 서울에 올라올 선택을
이렇게 쉽게 할 수 없었을 거라고 생각해요. 혼자서는 겁이
났을 텐데, 서울에 있던 사람과 같이하면 내가 조금은 덜
힘들 것 같았어요. 그래서 서울 생활을 선택한 이유도 크죠.

**이전 연애에서 장거리 연애 많이 하고, 이분하고도 5년
정도 장거리 연애하다가 완전히 같이 살고 있잖아요.
그랬을 때 어려운 점은 없었어요?**

어려운 부분이라기보다는, 서로 다른 부분이 있으니까
그 부분을 맞춰가는 과정이 필요하다고 생각해요. 나는
계획주의자이고 정리정돈에 신경을 많이 쓰는 편이에요.
그런데 파트너는 반대예요. 그러니 내가 잔소리를 많이 하게
되고요. 그런 부분 말고는 대체로 괜찮아요.

두 분이 함께 노후를 생각하기도 하나요?

둘이서 구체적으로 얘기해본 적은 없어요. 나는 늘
연애할 때도 얘기했는데, 미래는 알 수 없는 거라고요.
경제적으로는 준비가 필요하지 않나 하는 생각에 그런
이야기들을 나누기는 하고요.

몇 번째 연애인가요?

그렇게 많은 연애를 해본 건 아닌데, 1년 미만 정도 연애하는
편이어서 세기가 어렵네요. 그래도 한 일곱 번째 연애인 것
같네요. 지금 연애가 가장 길게 하는 연애고요.

첫 연애가 언제였나요?

첫 연애, 아픔이 있는 연애였어요. 스물두 살 때였어요.
상대방이 바람이 나서 헤어졌거든요. 굉장히 짧은
연애였지만요. 처음 연애였고, 사귄 지도 3개월, 4개월
정도밖에 안 됐는데 그 안에 일이 생겨서 충격이 진짜
컸어요.

일곱 번의 연애를 회상해보면 어떤가요?

다 힘든 연애였어요. 연애 과정부터 끝까지 다 힘들었어요.
그래서 지금 하는 연애가 제일 편안한 연애인 거예요. 저도
갈등도 싫어하고 다툼도 싫어하는 성격이거든요. 연애를
하면 자꾸만 부딪치는 일이 많았어요. 성격이 안 맞는
거죠. 그게 너무 스트레스였어요. 헤어질 때도 다 안 좋게
헤어지고요. 지금 애인 만나기 전에 짧게 6개월 정도 만난
사람이 있었는데요. 그때는 내 감정 소진이 너무 컸던 것
같아요. 정말 푹 빠졌었어요. 짧은 시간에 푹 빠져서 정신을
차릴 수가 없었는데, 그런 상황에서 헤어지자는 소리를

여자 사람 친구

들었거든요. 그렇게 헤어지고, 마지막이라고 생각하고 본
공무원 시험에서 떨어졌고요. 시험 본 날은 또 노무현 전
대통령 서거일이었어요. 당시에 심적으로 너무 힘든 시기를
보냈어요.

그 연애가 제일 기억에 남기는 해요. 그 사람 이야기 꺼내는
게 되게 싫었었는데, 같이 어울리던 사람이 있어서 만나면
자연스럽게 얘기가 나오게 되거든요. 그래도 지금은 많이
괜찮아졌는데, 헤어지고 3년, 4년까지도 되게 힘들었어요.
생각조차 하기 싫은 거죠. 생각하기 싫다는 건 뭔가가
남아 있다는 얘기잖아요. 당시 친하게 지내던 친구가
"도대체 그 사람이 뭐냐?"고 묻기에 그냥 "묻어둬야 할
사람이다"라고 얘기했거든요. 마음에서 절대 떠날 것 같지
않았던 사람이었는데 지금은 많이 괜찮아졌어요. 최근에도
생각해본 적 있는데, 많이 괜찮아졌다는 생각이 들더라고요.

그렇게 푹 빠져서 좋아했던 게 그 사람이 거의 처음인
거예요?
첫 연애 상대에게도 비슷한 감정을 느꼈어요. 첫 애인을
만나기 전에 학교 선배를 굉장히 좋아하게 되었어요. 그
감정이 뭔지, 정체성에 혼란을 느끼고 고민이 참 많았어요.
1999년, 2000년에 인터넷망이 발달하기 시작했거든요.

그때 다음Daum에 접속해서 '동성애', '레즈비언'이라고
입력하니 딱 두 개 커뮤니티가 나오더라고요. 당시에 〈해피
투게더〉라는 모임이 있었는데, 그 모임 자료실에 정체성
관련한 정보들이 정말 잘 정리되어 있더라고요. 그래서
많이 읽고, 고민도 많이 하고, 선배에게 가지는 내 감정이
뭔지도 정리할 수 있었어요. 그리고 당시에 채팅을 많이
했고요. 방학에는 피시방에서 살다시피 하면서 채팅을
하고는 했어요. 완전 신세계를 만난 거예요. 그러면서 첫
애인을 만나게 된 거죠. 당시에는 정말 순수한 마음으로
좋아했던 사람이었고, 그래서 상처를 받고 그랬던 거죠.
30대에 만났던 그 사람은 나의 가치관과 비슷했어요.
그래서 이상형을 만났다고 생각했었어요. 딱 내가 원하는
사람이었거든요. 그래서 더 많이 올인을 하게 된 것 같아요.
그 두 연애가 느낌은 조금 다른 것 같아요.

**수연님 인터뷰할 때 빼놓을 수 없는 게 부산에서의
단체 활동에 관한 얘기인데요, 활동 얘기를
들려주세요.**

〈안전지대〉 말이죠? 부산에 있던 모임이었어요.
검색하면 제일 먼저 나오고, 사람들도 제일 많이 모였던
모임이었어요. 제가 20대 초반에 처음 알게 된 모임은
〈해피 투게더〉라는 카페였는데, 전국구 카페였어요. 그리고

사람들과의 관계가 얽히면서 모임을 탈퇴했어요. 그 후에 부산에 있는 모임을 찾다 보니까 〈안전지대〉 모임을 알게 된 거고요. 〈안전지대〉 규모가 정말 컸어요. 사람도 많고 연령대도 다양하고요. 제가 스물두 살에 들어갔었는데 20대, 30대, 40대 등 다양한 층위의 사람들이 있었어요. 그 모임에 꾸준히 나갔었죠.

저는 그냥 회원이었는데, 그 안에서 어떤 일이 발생했는지 구체적인 상황은 잘 몰라요. 모임 대표가 폭행, 불법 비디오 유통 등 해서는 안 되는 일들을 했고 그것을 안 회원들이 문제 제기를 했어요. "이렇게 모임이 되겠느냐?"는 문제 제기죠. 그 과정에서 많은 사람들이 떨어져나갔어요. 당시 가루님이 모임을 지속할 수 없겠다며 모임 자체를 바꿔보자고 해서 거기에 있던 몇몇 뜻있는 사람들이 모여서 여러 가지 프로그램을 돌리고 그랬어요. 그러다가 랑랑님이 오면서 모 씨랑 몇몇 분들이 물어보더라고요. 모임을 인권 운동 단체로 바꿔서 하는 활동에 함께하겠느냐고요. 그래서 함께하게 됐죠. 내가 크게 뭘 하지는 못하겠지만, 그 안에서 팀원으로 활동하겠다고 해서 활동을 시작하게 됐어요.

인원이 몇 명 정도 됐었나요?
그때 네 명으로 시작했어요. 랑랑님, 가루님, 저랑 또

한 친구가 더 있었어요. 이렇게 네 명이서 운영진을
하고, 그 외의 〈안전지대〉에서 마지막에 같이했던
멤버들이 함께 회원으로 모이게 된 거죠. 그래서
만들어진 게 〈부산여성성적소수자인권센터〉인 거예요.
〈부산여성성적소수자인권센터〉 사무실도 열고 여러 가지
사업도 했고요.

**〈안전지대〉가 없어진 거잖아요. 그러면 〈안전지대〉의
역사는 센터 이전에서 끝났다고 봐도 되는 거예요?**
끝난 거죠. 끝난 후에 완전히 새로운 조직이 만들어진
거라고 봐야 해요.

센터의 전신이 〈안전지대〉라고 볼 수는 없는 거죠?
그렇게 볼 수는 없는 거죠.

센터에서의 활동 중 기억나는 활동이 있나요?
내가 활동을 많이 못해서 미안했어요. 제일 기억에 남는
사업은 '무지개 영화제'예요. 센터의 주 업무는 상담
활동이었어요. 상담 활동은 주로 가루님과 랑랑님이
맡았어요. 분기별로 동성애 관련한 정보를 정리해 담아서
배포하는 활동도 했어요.

'무지개 영화제'를 몇 회까지 했나요?

3회 정도 한 것 같아요. 한 번 오셨었죠?

네. 한 번 갔어요.

3회 때 오셨던 것 같아요. 그 영화제를 마지막으로 단체를
해체했던 것 같아요.

해체하던 때에도 활동을 같이하고 있던 상황이었나요?

네. 저는 그때 수험 생활을 시작할 때였어요. 주축이던
두 분이, 특히나 가루님이 더 이상 조직을 유지하기가
어렵겠다고 했고, 더 이상 모임을 끌어나갈 사람이 없는
상황이 되어서 자연스럽게 단체가 해체되었죠.

그 후에 유사한 단체가 만들어진 적이 있나요?

그 이후에는 없는 것 같아요. 몇 해 전에 대학생들 위주로
해서 학교 모임들이 생긴 걸로 알고요. 부산대 안의
성소수자 모임이 있었는데, 이후에 학교 외부인들도
가입 받고 하면서 모임이 커졌고, 그 사람들이 부산에서
'부산퀴어문화축제'를 준비하고 있는 걸로 알고 있어요.
지금은 그 모임이 부산에서의 활동들을 이어가고 있다고 볼
수 있어요. 그 사이에는 뭐가 없었던 걸로 알아요.

그 이후에는 수험 생활을 계속하신 거죠?

그때는 정말 힘들었어요.

공무원 시험 준비를 몇 년 하다가 중단하신 거예요?

3년 반 정도요. 몸과 마음이 다 피폐해졌어요. 많이
아팠었고, 살도 많이 빠지고 그랬어요. 그때 아팠던 곳들이
지금까지도 계속 안 좋아요. 스트레스를 받고 힘들면 몸으로
나타나더라고요. 당시에 아팠던 곳들이.

**그 후에는 직장 생활을 하다가
〈레즈비언생애기록연구소〉에 가입하신 거네요.**

네. 가입만 한 거죠.

**제가 권해서 부산에서 생애 기록팀을 맡아
활동해주셨잖아요.**

할 수 있을 것 같아서 시작하기는 했는데, 결국엔 '아,
함부로 하겠다고 할 일이 아니구나'라고 생각했죠.
하하하하. 제안 받고 고민을 많이 했는데, 뭔가 하고 싶다는
욕심이 생겨서 시작하기는 했으나 이게 또 현실은 마음대로
되지 않았죠.

직장 다니면서 뭔가를 한다는 게 쉬운 일이 아니죠.

여자 사람 친구

그러니까요. 마음의 여유가 없으니까 어렵더라고요.
당시에는 직장 생활이 너무너무 힘들었거든요. '정말 이렇게
살아야 하나?'라는 생각도 많이 들던 시기였고요.

**커뮤니티에서 교류하고 있는 레즈비언 친구들이
많나요?**

많지는 않아요.

커뮤니티 활동을 많이 하신 편이잖아요.

꾸준하게 하기는 했지만, 관계들이 오래가지는 않더라고요.
관계가 지속되려고 하면 얼굴도 종종 보고 그래야 하는데,
지리적으로 멀면 자연스럽게 멀어지는 것 같아요. 지금
계속 연락하는 친구는 구미에 사는 친구인데, 1년에 한
번씩이라도 보고 그러니 관계가 이어지는 거죠. 또 동갑인
사람들이 관계가 좀 오래가는 것 같아요. 애인이 생기고
하면 연락이 뜸해지다가 끊어지고 그런 경우들도 있고요.
지금은 제가 서울에 있으니 앞으로 또 관계가 어떻게 될지
모르겠어요.

가족에게 커밍아웃 전혀 안 했죠?

네. 안 했어요. 커밍아웃은 학교 친구들 중 친한
사람들에게는 다 했고요. 이전 직장에서 친했던 사람,

공무원 준비하면서 친했던 사람 등에게는 했어요. 트위터를 하면서는 공공연히 커밍아웃을 하기도 하고요.

어떤 마음으로 친한 사람들에게 커밍아웃했어요?

커밍아웃은 친함의 증거인 것 같아요. 이 사람에게는 얘기해도 되겠다는 생각이 들어서 하는 거예요. 얘기할 때는 떠보기도 하거든요. 어떠한 마음을 가지고 있는지요. 다들 흔쾌히 받아줬어요. 속마음이야 모르지만요. 나는 다 말하고 다니고 싶기는 한데, 그렇지만 두려운 것도 있으니까 완전히는 하지 못하고요, 알려주고 싶고, 시선이 달라지면 좋겠다는 생각이 들어요.

커밍아웃을 하면 편안해지는 면이 있죠?

그렇죠. 내 연애도 편하게 얘기할 수 있고요. 초중고를 같이 나온 친구가 있었어요. 어느 날 우리 집이 비어서 그 친구가 놀러 왔어요. 그 친구가 나한테 자기한테 뭔가를 숨기고 있는 것 같다고 말하는 거예요. 그러면서 자기 연애 얘기를 하더라고요. 그래서 그때 얘기했어요. 그게 첫 커밍아웃이었어요. 그 친구한테는 계획이 없었는데 하게 된 거예요. 내가 그 얘기를 하고 나서 별다른 반응이 없었어요. 그리고 자기 이야기만 이만큼 하다가 잠들었어요. 그 뒤로는 다른 얘기를 하지는 않았는데, 나중에 들었는데 자기가 많이 찾아봤대요. 이런저런 정보들을요.

친구들한테 얘기했을 때는 반응 자체가 별로 없었어요.
질문도 없고, 내가 커밍아웃을 하면 그걸로 끝인 경우가
많았어요. 얘기들을 안 하더라고요. 나중에 시간이
지나면서는 자연스럽게 내가 알아서 내 얘기를 하게 되고요.
대학교 선배들한테 했을 때는 조금 다양한 반응들이 있기는
했어요. 그들은 호기심을 가졌던 것 같아요. 학교 선배 두
명을 불러서 커밍아웃을 했어요. 내가 얘기를 해야 편해질
것 같아서 얘기했어요. 그 선배들은 운동권이기도 해서
운동적인 부분으로 이해하고 받아들이는 것 같았어요.

가족들에게 안 하는 이유가 있나요?
오빠랑 동생한테는 서울 올라오기 전에 하려고 했었거든요.
내 파트너 얘기도 하고 싶고, 이런 삶을 살겠다고 얘기하고
싶었는데 막상 불러놓고 얘기한다는 상상을 하니까 못
하겠더라고요. 반응이 걱정되기도 하고요. 그러면서 '굳이
해야 하나?'라는 생각 끝에 결국은 못 했어요. 커밍아웃하고
나서 달라지는 게 있을까 하는 생각도 하면서 결국 이런저런
생각을 하다가, 못 하고 서울에 오게 됐어요. 하지만 오빠랑
동생한테는 언제든 하게 될 것 같아요. 엄마한테는 굳이
해서 뭐하나 하는 생각이 들고요. 우리 엄마는 "너 알아서

해라"라고 반응하실 것 같기는 해요.

미래에 관해 생각하는 편인가요?

계획적인 사람이에요. 미래에 관해 많이 생각하는 편이죠.

노후에 관해서는 생각하시나요?

아니요. 거기까지 생각해버리고 나면 지금 당장 해야 하는
어려운 선택을 망설이게 되더라고요. 노후를 생각하면
모으기만 해야죠. 지금 새로운 공부를 시작했는데, 이런
선택 자체를 못 하게 되겠죠. 그래도 아예 걱정이 안 되는 건
아니니까 일을 오래 해야지 싶어요.

**나중에 시간이 흘러서 41세인 수연님이 이 인터뷰를
읽으면 어떨 것 같아요?**

'잘 살아가고 있구나', 그런 마음이 들 것 같아요.

몇 년 후가 될지 모르겠지만 또 인터뷰해요.

좋아요.

감사합니다.

감사합니다.

여자 사람 친구

윤 김 명 우

"중요한 것은
나는 여자를
사랑하는
사람이고,
그런 삶을
살기로 내가
선택했다는
거예요"

이 글은 2006년에 진행했던 레즈비언 생애 기록 「50대 레즈비언, 최명환 이야기」를 일부 수정한 글이다. 원본은 기록자가 활동하고 있는 단체 〈레즈비언생애기록연구소〉의 블로그에서 확인할 수 있다.

* 50대 레즈비언, 최명환 이야기 http://blog.daum.net/lesbian2013/35
Ch'oe Myung-hwan, Lesbian http://blog.daum.net/lesbian2013/36

나의 이름은 두 개입니다

나는 1956년생이고, 이름은 이현옥입니다. 나의 또 다른
이름은 윤김명우입니다. 아무래도 실명을 쓰기가 어려워서
가명이 하나 필요했어요. 레즈비언들이 실명을 쓰는 게
좀 무서운 일이잖아요. 지금도 마찬가지인 분위기죠?
여하튼 나랑 같은 사람들을 만나면서 준비해둔 이름이
'명우'였어요. 학교 다니던 시절에 알던 친구 이름이
'명우'였는데, 이름이 중성적이어서 마음에 들더라고요.
누군가 내게 이름을 묻는데, 다른 이름을 댄다고 한 것이
친구 이름을 댄 것이었고, 그 이름을 지금까지 사용하게
된 거예요. 나는 내가 만든 활동명인 '윤김명우'가 좋아요.
내 본명이 너무 여성스러운 이름이어서 그게 그렇게
싫더라고요. 1970년대에 만났던 선배들도 대부분 가명을
사용했어요. '이 박사님', '서 박사님'이라는 가명을

사용했던 분들도 계시고, '은자' 형님, '순자' 형님처럼
본명을 사용했던 분들도 계세요. 본명을 사용하신 분들은
본명이 흔한 이름에 속하기 때문에 그냥 편안하게 사용했던
것 같아요. 당시에 만났던 선배들에게는 '명우'라고 해야
아시지, '현옥'이라고 하면 모르세요. '명우'라는 이름을
40년 동안이나 사용해왔네요.

'남자 같은 아이'로 자랐던 시간들

나는 어릴 때부터 "남자 같은 아이"였어요. 네 살, 다섯
살 때부터 소위 말하는 남자 같은 성격의 아이였죠. 동네
사람들이 어머니에게 "세상에 남자도 저런 극성스러운
남자는 없을 것"이라는 말을 일상적으로 했죠. 나는 실제로
활달하게 뛰어노는 것을 좋아했어요. 어머니는 매우 깔끔한
분이었는데, 내가 하도 옷을 더럽혀 와서 하루에 세 번
이상 갈아입혀 주셨어요. 내가 그렇게 놀고 있으면 엄마가
집에 데리고 들어와서는 다시 옷을 입혀주셨어요. 그러면
뭘 해요? 다시 뛰어나가서 다 더럽혀서 들어오는걸. 당시
서울 시내에는 도로 공사하는 곳이 굉장히 많았어요.
아스팔트를 까는 공사를 많이 해서 바닥이 흙탕물이었죠.
하수도 공사하는 곳도 많았고. 그런 곳에서 숨바꼭질하고,
모래성 쌓기 놀이 하고, 신발 감추기 놀이 하고……. 그러다
보면 신발 한 짝은 사라져버리고. 아주 극성스럽게 놀았죠.

얘기하다 보니까 이런 것 하고 놀았던 것도 기억이 나네요. 초등학교 들어가기 전에 고기잡이 놀이를 했었어요. 농촌에는 어망이란 것이 있었지만, 서울에는 그런 게 없었잖아요. 그래서 광에 들어가서 밀가루 체 내리는 거, 그거하고 바구니를 가지고 나간 거예요. 그걸로 냇물에 가서 고기를 잡으니 그 살이 다 부러져서 엄마한테 엄청 혼나고. 남자 친구 머리에 붙은 거머리를 떼어줬던 기억도 나네요.

내가 언니랑 6살 차이가 나요. 부모님이 아들을 낳고 싶어 했었죠. 아이를 가졌는데 아들인 줄로만 알았대요. 언니를 낳고 엄마가 고생을 많이 하셨어요. 몸이 약하신 분이어서 계속 자연유산을 하고, 첫째가 딸이니까 아들을 낳고 싶어 하셨죠. 6년 만에 아이를 가졌는데 그게 바로 나였던 거죠. 엄마가 나를 임신했을 때 좋은 약이란 약은 다 드셨는데 어떻게 하다가 나 같은 인간이 태어났는지 몰라요. 주변 분들이 내가 태어나서 낸 첫 번째 울음소리를 들으시고는 "요거, 보통내기가 아니겠다. 큰애랑은 다르다"고 하셨대요. 어렸을 때에는 말도 또랑또랑 잘했어요. 어쨌든 나는 참 남자 같은 애였어요. 병원 놀이를 할 때에도 의사 같은 것은 꼭 내가 맡아 괜히 강아지 앞다리를 붕대로 감아주곤 했죠. 아니면 시장에서 장사하는 사람이라든가, 그런 활동적인 역할은 내가 다 했어요.

아주 재미있게 놀았어요. 당시에 서울 시내 곳곳은 대대적으로 도로 공사를 하느라 북적거렸어요. 초등학교 다니던 시절엔 툭하면 수업 안 듣고 도망 나와서 그런 도로 위를 뛰어다니고는 했어요. 남자애들이 그런 나를 참 무서워했어요. 나는 여자애들을 괴롭히는 남자애들로부터 여자애들을 보호하는 역할을 했어요. '남자 같은 나'를 건드리는 남자애들은 한 명도 없었어요. 여자애들도 나를 자기들을 보호해주는 사람으로 생각했어요. 나에게는 꼭 깍두기만 시키더라고요. "이거 붙들고 있어!" 그러면 고무줄 붙들고 서 있고. 그래도 그게 정말 좋더라고요. 남자애들이 여자애들이 가지고 노는 고무줄을 끊고 도망가고 그랬는데, 여자애들이 자기들의 놀이를 지켜달라는 의미에서 나를 옆에 세워두고는 했죠. 내가 있으면 남자애들이 여자애들을 괴롭히지 못했으니까요. 나는 완전히 여자 친구들의 보호자였어요. 그렇다고 '내가 남자다'라고 생각했던 건 아니에요. 놀이도 꼭 '남자애들의 놀이'만 한 것도 아니었고요. 고기를 잡으러 갈 때는 남자애들하고 갔고, 공기놀이나 고무줄놀이를 할 때는 여자애들하고 했어요.

초등학교 4학년이 되기 전까지는 친구들 사이에 여자, 남자와 같은 구분은 전혀 중요하지 않았어요. 그저 좋으면 좋은 것이었고, 싫으면 싫은 것이었어요. 입학하고 새

학기가 시작되면서 남자애와 여자애를 짝을 지어주잖아요?
옆에 남자애가 서거나 말거나 아무 신경도 안 썼어요.
당시만 해도 여자애들, 남자애들끼리 특별히 관심을 갖고
하는 시기가 아니었던 거죠. 그런데 4학년에 올라간 후부터
친구들이 변하기 시작하는 거예요. 여자 친구들은 남자
친구들에게 관심을 갖기 시작하고, 남자 친구들은 여자
친구들에게 관심을 갖기 시작하더라고요. 어린 나이였지만
그런 변화가 뭔가 참 불편했어요. 설명하기는 힘들지만요.
당시에 나는 한 여자 친구를 보면서 심장이 콩닥콩닥 뛰고,
좋아하는 마음을 느끼기도 했어요. 같이 얘기도 많이
하고 싶었고, 그 애만 만나면 수줍어서 얼굴도 쳐다보지
못하고 그랬죠. 하지만 그런 분위기가 되면 그 이전과 달리
친구한테 다가갈 용기를 내기가 힘들어지더라고요.

그래서였는지 중학교에 입학하기 전까지 특별한 스캔들
없이 지냈어요. 그때만 하더라도 중학교 입시가 있었어요.
중학교에 들어가야 하는데 나는 공부를 잘하는 편이
아니었어요. 공부에 관심이 없었어요. 그래도 집에서는
공부해라, 공부해라 하지는 않았어요. 자유로운 편이었죠.
빵점을 받아 와도 엄마는 웃었어요. 절대로 매를 들고
때리고 하시지 않았어요. 그런데 중학교 입시가 없어지더니
삥삥이를 돌려서 입학하는 방식으로 중학교 입학 제도가

바뀌었어요. 내가 중학교 뺑뺑이 1세대예요. 당시 서울에
신설 학교가 굉장히 많았는데, 나도 신설 학교에 배정받아
입학했죠. 중학교에 입학할 수 있는 실력을 전혀 갖추지
못했는데 말이에요. 그때 엄마가 나한테 "너는 정말 운이
좋은 아이다"라고 하셨어요. 공부를 그렇게 안 해서 성적도
나쁜데 아주 운 좋게 입시를 비켜갔죠.

중학교 다니던 시절에 엄마가 눈치를 챘어요. 아버지는
돌아가시는 그날까지 내가 여자를 좋아하는 사람이라는
것을 전혀 모르셨지만, 엄마는 내가 열네 살이었을 무렵부터
이미 알고 계셨죠. 내가 학교에서 어떤 여자애한테 짓궂게
했어요. 그 여자애를 좋아하는데 어떻게 표현해야 할지
모르겠고 하니까 괜히 복도 지나가는 그 애를 넘어뜨리고,
딴죽 걸고, 못되게 굴었던 거예요. 괜히 심통 부리고. 그런데
그 애가, 내가 자기를 좋아한다는 것을 눈치채고는 자기도
고민스러우니까 교무주임 선생님한테 상담을 했나 봐요. 그
선생님은 내 남자 친구의 아버지이기도 했는데, 그 선생님이
나를 불러서 이야기했으면 좋았을 것을 엄마를 찾아와서
그 얘기를 하더라고요. 굉장히 수치스러웠던 기억이에요.
화장실을 가려고 현관을 지나는데, 방에서 엄마는 죄인처럼
그 선생님 앞에서 머리를 숙이고 죄송하다고 하고 있었어요.
집에서 뛰쳐나가고 싶었지만 그렇게 하지는 않았어요.

지금까지 살면서 다섯 번 이상 아우팅을 당했는데, 모두 남이 어머니에게 직접 사실을 알리고 어머니 스스로 그 상황을 해결해야 하는 것으로 일단락이 나고는 했어요. 그렇다고 해서 어머니가 나를 레즈비언이라고 생각했던 것은 아니에요. 어머니는 나를 동성 친구를 지나치게 좋아하고, 의협심이 강하고, 리더십이 있는 딸이라고 생각하셨어요. 사람들이 오해한다고 생각하신 것 같아요. 그리고 사춘기 시절에 얼마든지 일어날 수 있는 일이라고 생각하셨다고 하더라고요. 엄마는 돌아가시는 날까지 그 이야기를 한 번도 입 밖으로 꺼낸 적이 없었어요. 내가 여자 친구를 좋아한다는 이유로 다른 사람들로부터 비난받는 그런 일로 어머니를 힘들게 만든 것 같아서 마음이 많이 아팠어요.

레즈비언 정체성을 깨달은 뒤 방황을 시작했다

중학생이 되어서 김 아무개라는 여자애랑 사귀었어요. 그 애는 생각하는 것이 굉장히 성숙한 아이였어요. 글씨도 참 예쁘게 쓰고 문장력도 굉장히 좋았고요. 길지 않은 기간 동안 그 친구와 교제하다가 헤어지게 되었어요. 분명히 '연애 감정'이 맞는데, '연애'를 한 게 맞는데, 그냥 스쳐 지나가는 바람처럼 잠시 만났다가 헤어졌어요. 그 친구도 나도 뭔가 알 수 없는 두려움을 가지고 있었거든요.

고등학교에 들어간 후에 그 애를 만나고 싶더라고요. 그래서
연락을 해서 어떻게 만나게 되었어요. 남영동 금성극장
앞에서 만나서 같이 퇴계로를 걸어 대한극장까지 갔죠.
대한극장에서 영화 '사운드 오브 뮤직'을 보고는 금방
헤어졌어요. 그 애는 ○○여고에 입학해서, 그 애와 같은
학교에 다니던 내 친구로부터 소식을 전해 듣고는 했어요.
고등학교를 졸업한 후에 그 애를 다시 만나게 되었는데
완전히 이성애자가 되어 있더라고요. 대학교에 다니는 남자
친구도 있다고 하고요. 그 이후에 그 애를 만난 적은 없네요.

중학교 시절에는 연애 감정이 강했을 뿐이고, 실제로 연애를
한 건 고등학교 1학년 때였어요. 고1 때 만났던 친구가
있는데 스킨십을 참 좋아했어요. 나도 그 친구를 만나면서
손도 잡고 싶고 볼에 뽀뽀도 하고 싶고 그랬어요. 어느
날, 그 친구의 입술을 보는데 야릇한 감정이 드는 거예요.
그저 좋아하는 감정만 느끼다가 나중에는 육체적인 느낌도
들더라고요. 그래도 나는 볼에다 뽀뽀하는 것 이상은 전혀
몰랐어요. 그런 스킨십이 전부였어요. 그 이후에도 많은
여자 친구들에게 사랑하는 감정을 느끼고는 했지만 늘
내 감정을 숨겨야 했고, 부정하고 그랬어요. 속은 타는데
상의할 사람은 아무도 없고. 그러니 연애들이 순탄할 리가
없잖아요. 만남도 헤어짐도 전부 다 나 혼자만 감당해야

하는 일들이 반복됐어요. 이런 생각을 했죠. '내가 여자를 사랑하고 동성애자로 사는 길은 이미 너무나도 불량스러운 상황이다. 어차피 옳지 않은 삶을 살 것인데 불량한 이들과 어울리고 내 주제에 맞게 살아도 되는 것 아닌가' 하고 말이죠. 모든 것을 부정적으로 보기 시작했어요. 일부러 불량하다고 소문이 난 친구들과 어울리기 위해서 노력도 많이 했고요. 고등학교 재학 시절에는 그 친구들하고 어울리기 위해서 담배 심부름, 술 심부름을 하면서 따라다녔어요.

내가 모든 것을 다 감당하려고만 하다 보니 성격이 바뀌더라고요. 고등학교 때 방황하기 시작했는데, 20대가 되면서 더 심해졌어요. 고등학교 때에는 교복 입고 다니다가 교복 집어 던지고 사복으로 갈아입고 시내에 있는 술집에 가서 술 마시고 담배 피우고 그랬어요. 대학에 가서도 학교를 쉽게 그만두고 어떤 여자애랑 산다고 집을 나가고. 그런 방황의 시기를 보내야만 했던 것은 내가 동성애자이기 때문이었던 것 같아요. 방황할 수밖에 없었다고 생각해요. 내가 정상이 아닌 것 같으니 아예 막 나가는 거죠. 차라리 나쁜 사람이 되는 것이 낫다고 생각해서 가족들도 나를 포기하게 만들려고 했던 것 같아요.

어느 날 내 여동생이 그랬대요. "언니 극약 먹여서
죽이자"고 말이에요. 형제자매들이 나를 인간으로 보질
않았어요. 그럴 정도로 내가 형편없이 굴었던 거죠.
레즈비언이니 뭐니 하는 말을 입에 담을 수도 없던 시절에
내가 그런 사람이었으니, 가족들이 어떻게 감당할 수
있었겠어요? 언니는 내 마음에도 없는 소개팅을 시켜주고,
남동생은 내 외모 때문에 나를 굉장히 부끄러워했어요. 당시
내 옷차림은 남동생의 옷차림과 별반 다르지 않았거든요.
남동생은 그런 나를 혐오했어요. 무조건 창피해하고, 죽이고
싶었겠죠. 가슴에 복대를 두르고 남자 신사복을 맞춰 입고
다녔으니까요. 그들이 보기에 나는 완전히 괴물이었던
거예요. 동네 사람들이 다 쳐다보고 하니 가족들은 부끄러울
수밖에 없었겠죠. 그 시기에 교제하던 사람들이 있었는데,
다들 집안의 결혼 압력을 받으면서 떠나갔어요. 나 역시
가족으로부터 끊임없이 선을 보라는 압박에 시달렸고요.

20대 초반에 나는 어떻게 살아야 하는 건지, 뭘 해야 하는
건지 알 길이 없었어요. 나는 완전 건달이었어요. 어느
날 집에서 낮잠을 자고 있는데 큰언니가 잠을 깨우면서
"도대체 너는 뭘 하려고 이러냐?", "네가 제대로 된 직장도
안 갖고 어떻게 살려고 이러냐?"고 묻더라고요. 언니가
보기에 결혼도 안 하려고 하지, 마땅한 직장에 다니는 것도

아니지, 나는 나대로 속상해하면서 건달처럼 방황이나 하고
그랬죠. 그즈음에 나는 집 밖에서 술을 마시고 들어오거나
집 안에서 술을 마셨어요. 그 당시 제 눈은 굉장히
사악했어요. 그렇게 변해 있더라고요.

드디어 레즈비언 집결지, 서울 명동에 진출하다

그렇게 방황하던 스물세 살의 어느 날 드디어 명동으로
진출했어요. 1970년대 서울 명동은 연예인과 미군들이
수없이 드나들며 즐기던 유흥가였어요. 시인, 작가
등 예술가들의 집결지이기도 했고요. 그런 명동에
레즈비언들이 모여들기 시작한 거죠. 유네스코 건물 뒤편
골목은 그야말로 레즈비언들의 집결지였어요.

명동에 가서 처음 만난 레즈비언이 있었는데, 나이가
일곱 살 정도 많은 선배였어요. 제 생애 처음으로 만난
레즈비언이었죠. 그때도 그랬지만 지금 생각해보아도
그 선배는 굉장히 멋있는 사람이었어요. 외모도 대단히
이국적이었고, 전체적인 스타일도 굉장한 미남형이었죠.
일반 여자들이 그 선배를 보면 보자마자 반할 정도였어요.
그 선배는 내 선망의 대상이기도 했죠. 그 선배를 만나면서,
처음으로 레즈비언이 나 말고도 얼마든지 많이 있다는
사실을 알게 되었어요. 레즈비언들이 어디엔가 모일 수

있다는 것을 알게 된 것이에요. 1975년 어느 날, 그 선배는 나를 만나서 "내가 결혼을 해야 하는 상황이야"라고 말하고는 갑자기 남성다웠던 외모를 여성스럽게 바꾸더니만 명동을 떠났어요.

레즈비언들을 그렇게 많이 만날 수 있었던 경험은 나한테 매우 중요한 사건이었어요. 여자를 사랑하는 사람이라는 사실 하나만으로 '정신병자'나 '변태성욕자'로 치부되던 세상에서 누구를 붙잡고 내 얘기를 할 수 있었겠어요. 그곳에만 가면 마음이 편안해지고, 여자 얘기도 서슴없이 할 수 있고, 말을 할 수 있었으니까요. 같은 얘기를 나눌 수 있는 사람들을 처음으로 만나게 된 것이었죠. 거기는 우리의 해방구 역할을 해준 공간이었어요. 당시 명동을 거닐던 레즈비언들은 말은 하지 않아도 느낌으로 서로를 알아봤어요. 바지씨*가 지나가면, 작은 목소리로 자기들끼리 "야, 바지씨가 지나간다"고 소곤거렸고, 직접 다가가서 "혹시 우리 같은 사람 아니에요?"라고 묻고, 웃음으로 답하면서 그렇게 서로의 존재를 확인했어요.

* '바지씨'는 소위 남자 역할을 하는 레즈비언, '치마씨'는 여자 역할을 하는 레즈비언을 뜻한다. 당시의 바지씨는 대체로 '여성의 몸에 갇힌 남성'이라는 의미로 사용되었다. 오늘날의 용어로는 FTM 트랜스젠더라 볼 수 있다. '치마씨'는 바지씨의 파트너인 사람들로 대체로 여성적인 이미지를 가졌다.

명동에는 레즈비언들이 이용하는 일반 업소들이 밀집해
있었어요. 〈샤넬〉, 〈PJ〉, 〈겨울나그네〉, 〈동굴〉, 〈호야〉…….
〈샤넬〉은 한국 최초의 여성 전용 바(Bar)였어요. 1974년에
문을 연 여성 전용 음악다방이었어요. 〈샤넬〉은 '여성
전용 바'라는 간판을 내걸지도 않았고, 심지어 업소
주인은 이성애자 남성이었어요. 문을 열 당시에만 해도
〈샤넬〉은 여성운동을 하는 사람이든, 언론계 여성 기자든,
레즈비언이든 여성이라면 안 가본 사람이 없을 정도로
애용했던 여성 전용 공간이었어요. 나중에는 〈샤넬〉을
이용하는 손님들의 99퍼센트가 레즈비언이었고요. 〈샤넬〉의
사장이 이성애자 남성이었음에도 많은 레즈비언들이
이용했고, 그 사장 역시 손님들이 레즈비언이라는
사실을 잘 알고 있었어요. 그저 장사가 잘된다는 이유로
사장은 레즈비언들의 출입에 개의치 않았던 것 같아요.
당시 〈샤넬〉을 비롯한 몇몇 업소들은 이성애자 남성이
업주였음에도 레즈비언 손님들이 많다는 것에 착안해서
업소 DJ를 남자가 아닌 여자로 고용하기도 하고 그랬어요.
〈샤넬〉은 1976년에 문을 닫았어요. 당시 〈샤넬〉을 출입하던
레즈비언들이 남자들처럼 여자들 앉혀놓고 대마초도
피우고 했죠. 그건 이미 알 사람들은 다 아는 사실이었어요.
공공연한 비밀이었는데, 결국 발각된 거죠. 한국일보나
조선일보에 기사가 났을걸요?

여자 사람 친구

당시에 ○○일보 사회부 기자들이 취재하러 왔었는데,
그때 만났던 기자들하고 아직까지도 연락하고 만나요.
이 사람들이 취재를 하러 와서 보니까 너무너무 좋았던
거예요. 그 사람들은 이반도 아니에요. 그냥 여자들끼리
있으니까 좋았던 거죠. 그 사람들한테는 정체성이니 뭐니
이런 게 중요한 게 아니었어요. 그냥 좋아하는 선배였고,
언니였고. 그때 만났던 기자 선배가 한 분 계신데, 그분은
우리 집에도 오셨었지요. 지금은 기자 생활 안 하세요. 결혼
후에 이혼하고 지금은 혼자 살고 계세요. 〈샤넬〉에 모였던
사람들의 연령층은 20대, 30대, 40대로 매우 다양했어요.
내 기억으로는 약 200여 명 정도가 모였던 것 같아요.
당시에 만났을 때에는 대부분 결혼을 안 했지만, 시간이
지나면서 결혼한 사람들도 생겨나고 그랬죠. 펨 같은
경우에는 일반이라고 볼 수도 있잖아요. 그렇다 보니 우리
선배들을 좋아하고 사귀고 그랬지만, 결국은 대부분 남자
만나서 결혼하더라고요. 요즈음에도 결혼한 사람들을 가끔
만나기도 해요.

〈샤넬〉 외에 레즈비언들이 모였던 공간으로 레스토랑 〈PJ〉가
있었어요. 〈PJ〉는 한 건물의 2층, 3층을 모두 사용하는
규모가 큰 레스토랑이었어요. 〈PJ〉는 유명한 포크송
가수들의 노래를 감상할 수 있는 곳이었는데, 일반 손님들도

많았고 레즈비언 손님들도 많았어요. 어떻게 알고 그렇게 모였는지 모르겠지만 〈PJ〉에는 정말 많은 레즈비언들이 모였어요. 전국에서 다 올라온 것 같았어요. 그러다가 점점 레스토랑 〈PJ〉가 '레즈비언 소굴'이라는 소문이 나돌기 시작하더라고요. 그러던 어느 날 〈PJ〉 관계자들이 〈PJ〉에 출입하던 레즈비언들을 제지하기 시작했죠. 〈PJ〉 지배인이 "레즈비언들, 재수 없다"면서 다 쫓아내고 그랬어요. 당시 선배들이 대부분 남자 외모를 한 여성들이었으니까 '이상하고 더럽다'고 생각했겠죠. 선배들이 "우리는 왜 못 들어가냐?"고 하면서 대들고 싸우고, 그러다가 얻어맞기도 했어요.

그 당시 그 사람들이 레즈비언들, 우리 선배들을 어떻게 몰아내고 무시했는지 증언해줄 분들 참 많아요. 서울의 중심지였던 명동에서 레즈비언들이 모이던 장소가 있었고, 그 장소 관계자로부터 출입을 봉쇄당한 그 경험도 우리 레즈비언 커뮤니티의 전체 역사에서 봤을 때 절대로 무시하면 안 되는 것 같아요. 그 당시에 한 주점에서 레즈비언인 우리들이 동성애자라는 이유로 폭행을 당하기도 했어요. 남자 같은 외모의 우리들에게 군인들이 시비를 걸어왔고 급기야 싸움이 벌어진 거죠. 군인들은 우리에게 찌개 그릇을 던졌고 군홧발로 나를 짓밟기도 했어요.

여자 사람 친구

당시에는 군인을 제외한 대부분의 남자들은 장발이었어요. 단발머리만 해도 아주 짧은 머리에 속했던 시절이에요. 미제진이 유행하던 시절이었고요. 나는 주로 청바지를 입었어요. 나도 그랬고 우리 선배들도 그랬고, 우리는 남자처럼 보이고 싶어 했어요. 하지만 여자의 체형을 가졌으니 남자의 옷이나 신발이 맞을 리 없죠. 그래서 우리는 이화여대 앞이나 명동에 있는 의상실에 가서 남방, 양복 등을 신체 사이즈에 맞게 맞춰 입었어요. 구두 역시 넓은 볼의 남성 구두를 신을 수 없어서 구두 가게에 가서 작은 사이즈로 맞추어 신었고요. 당시에는 남자들도 체구가 작았어요. 뒷모습만 보면 우린 완전히 남자로 보였죠. 청바지에 청재킷 그리고 베이지색 가죽 잠바, 이런 건 여자들은 절대로 입지 않았어요. 그렇게 하고 다니면서 불편한 일도 많았지만 나는 편했어요. 명동에는 그런 차림의 레즈비언들이 많았으니까요. 당시에 나는 복대도 하고 다녔죠. 누가 어떻게 보든 상관하지 않았어요. 선배들 만나서 술 마시는 것이 내 삶의 유일한 낙이었죠. 선배들을 만나면 편했어요. '말'이라도 할 수 있잖아요.

어쨌든 우리는 그렇게 〈PJ〉에서 쫓겨났어요. 〈PJ〉에서 쫓겨난 레즈비언들이 한참을 술렁거렸어요. 그러더니 선배들이 하나둘씩 일반 업소를 차리기 시작하더라고요.

선배들이 일반 가게라고 문을 열어도 결국은 우리들이 다 몰려가니 이반 가게가 되기 일쑤였죠. 한 선배가 문을 연 업소는 낮에는 일반들이 주로 와서 일반들 대상으로 영업하고, 밤이 되면 칸막이를 쳐놓고 일반 손님은 일반 손님대로 받고 우리는 우리대로 받았어요. 그래도 대부분의 손님은 레즈비언들이었죠.

'이 박사'라는 닉네임을 가진 분이 있었는데, 당시에 마흔이 넘은 분이었으니까 지금은 70세가 넘었겠네요. 이 박사님은 △△여대를 나온 분이었어요. 이 박사님 집은 교육자 집안이었는데, 이 박사님이 여자를 사랑하는 사람이라는 것을 알고 가족들이 정신병원에 보내기도 했다고 해요. 나중에는 탈출해서 집에 안 들어가고, 집을 구해서 나와 살았다고 하더라고요. 아주 똑똑한 사람이었어요. 아직 살아 계세요. 어쨌든 이 박사님이 〈PJ〉에서 우리의 출입을 막던 시절에 어울리던 레즈비언들을 위해서 〈겨울 나그네〉라는 간판을 걸고 학사주점을 열었어요. 〈겨울 나그네〉는 유네스코 뒤에 있는 주점이었는데, 완전히 레즈비언들의 소굴이었죠. 〈겨울 나그네〉의 장사는 레즈비언들이 다 해준 꼴이었어요.

그런데 어느 순간 명동이 유흥가 이미지에서 탈피하기

여자 사람 친구

시작했고, 모임 장소도 여기저기 흩어지기 시작하면서
레즈비언들의 고리가 끊어졌어요. 그렇게 서울 명동에
존재했던 레즈비언 커뮤니티는 자취를 감추게 되었어요.

양동 집창촌에서의 잊지 못할 기억들

당시 명동에 모여서 이루었던 레즈비언 관계는 한마디로
'건달 시스템'이었어요. 대선배 앞에서는 얼굴도 쳐다보지
못했어요. 어려워서요. 요즈음은 그런 것 없잖아요. 그때는
나이가 최고였어요. 어쩔 수가 없었죠. 남자들하고 똑같이
굴려고 그랬었으니까요. 또 레즈비언들 간에 싸움도
잦았어요. 우리를 이상하게 보는 사람들하고도 많이
싸웠고요. 나도 어떤 폭력 사건에 휘말렸는데, 상대방이
합의를 안 해줘서 중부경찰서 유치장에 3일 동안 갇혔던
적이 있어요. 동생하고 형부가 와서 유치장에서 나오도록
도움을 줬어요. 그리고 나중에 그 일을 알게 된 둘째 이모가
얼마나 나를 원망했는지 몰라요. "이년이 미친년이야!
도대체 언제까지 엄마 속을 썩일 작정이냐"며 호통을
쳤어요. 엄마는 3일 내내 경찰서 앞에서 나를 기다리셨다고
하더라고요. 경찰이 "아줌마, 집으로 돌아가세요" 하고
문을 닫아야 그제야 집으로 돌아가셨대요. 집으로 돌아오니
엄마가 제일 먼저 나한테 해주신 말씀이 "씻고, 밥 먹고,
편안히 자라"였어요. 잠자리 다 깔아주고. 엄마는 그런

분이었어요.

내 나이 스물여섯인가 스물일곱인가일 때, 명동에서
어울리던 선배가 명동과 가까운 양동에서 여관을 운영하고
있었어요. 당시 양동은 '양동 창녀촌'으로 불리는 유명한
곳이었어요. 통행금지가 있던 시절이었지요. 명동에서
사람들하고 어울려 놀다가 통행금지에 걸리면 그 여관에
가서 같이 또 놀았어요. 여관 주인이 우리 선배니까 우리는
물론 다른 이반들도 자주 애용했어요. 다른 지역에서 서울로
올라온 레즈비언들이며 아예 집을 나온 레즈비언들이며,
진짜 많은 이반들이 그 여관으로 몰려든 거죠. 그 선배
어머니도 여관 일을 보셨는데, 선배가 커밍아웃을 한 건
아니었지만 다 알고 계시는 눈치였어요. 우리들도 그분께
'어머니'라 불렀고. 어머님도 우리에게 참 잘 해주셨어요.
주말이면 명동으로 다 모여 술 마시고, 또 그 여관에 모여서
술 먹고 화투 치고, 그렇게 놀았어요. 지금이야 통신도
있고 하니 이반들이 만나 놀 수 있는 기회도 많고 종류도
많잖아요. 그때는 그저 명동에 나와서 술 마시고, 양동
여관에 가서 화투 치고, 그게 다였어요.

그 여관은 완전히 노름방이었어요. 당시에는 놀이 문화라는
게 별로 없었어요. 그저 사람들 만나면 술 마시고, 여관에

모여서 화투나 치는 게 전부였어요. 그런데 어느 날부터 내가 그렇게 노는 일에 질리기 시작하더라고요. 그때 하도 질려서 그런지 나는 아직까지도 화투 치는 법을 배우지 않았어요. 화투를 치다 보면 자기네들끼리 얼마나 싸우는지 몰라요. 그런데도 모였다 하면 화투를 꺼내고 그랬죠. 그런 놀이 분위기가 정말 싫더라고요. 그래도 그렇게라도 나가서 선배들 얼굴 보면서 사는 게 나에게는 큰 위안이었어요.

양동에는 유명한 집창촌이 있었어요. 성매매 업소에 있는 남자 포주 왕초를 '오야지'라고 불러요. 그 동네 오야지들하고 우리 선배들은 아주 친하게 지냈어요. 그곳에서 일하던 아가씨들은 우리들을 '오빠'라고 불렀어요. 그 사람들이 우리들한테 참 잘해줬죠. 매일 나타나기는 하는데 화투판이 벌어져도 구석에서 조용히 앉아 있기만 하는 나를 보고 오야지들이 "저 개똥 같은 놈은 왜 또 왔냐?"면서 놀리기도 했어요. 그 사람들은 우리가 남자들처럼 하고 다녀도 '아, 얘네들은 이렇게 살아야 하는 애들인가 보다'고 생각을 했을 뿐, 노골적으로 짓밟고 그러지 않았어요. 오야지들뿐만 아니라 건달들도 우리가 이런 사람들이라고 함부로 대하고 그러지 않았어요. 오히려 정말 남자로 대접해주었고, 그냥 선후배 관계인 것처럼 정말 인간적으로 대해주었어요.

선배들이 모여서 화투 치고 하던 당시 그 여관에 우리
이반 선배들만 화투를 치고 했던 건 아니었어요. 포주들,
'펨프'들, 아가씨들도 와서 화투 치고 그랬죠. 펨프는
길거리에서 남자들 잡고 아가씨 있다고 하면서 호객 행위
하는 여자들을 말해요. 그렇게 다 같이 모여서 화투를 치며
놀기도 하고 그랬어요. 그렇게 모여서 놀다가 서로 알게
되고 하는 과정에서 선배들하고 아가씨들하고 연애를
하는 사람들도 있었어요. 그곳에서 일을 하던 아가씨들은
남자들한테 상처를 참 많이 받았어요. 기둥서방들도
하나같이 벌이도 없어 아가씨들을 더 어렵게 만들었죠.
그 아가씨들이 우리들을 굉장히 좋아했어요. 남자들한테
질릴 대로 질린 사람들이었고, 우리가 여자도 아니고
남자도 아니고 남자 같은 외모니까 그게 신기했던지
우리를 구경하러 오고 그랬었죠. 아가씨들이 나한테 '우리
도련님'이라고 불렀어요. 여자들끼리 좋아하고 살고 하는
게 그 사람들한테 정말 신기한 일인 거예요. 그 사람들은
"여자들끼리 어떻게 살아요?", "여자들끼리 어떻게 섹스를
해요?" 하며 많이 궁금해했어요. 처음에는 그런 관심이
불편하고 내 고정관념 때문에 그 여자들이 싫었는데, 만나다
보니까 참 순박하고 착한 사람들인 것을 알겠더라고요.

선배들 중 일부는 거기에서 만나 어울리던 아가씨들하고

여자 사람 친구

사귀고 살림을 차리기도 했어요. 그 선배들이 다른 남성들이 하듯이 기둥서방 노릇을 했고요. 선배 중에 ○○대학교를 졸업한 분이 계셨어요. 그 선배가 대학 다니던 시절에 ○○대학교에서 △△학을 전공하던 여자를 사귀고 있었는데, 우리가 그분을 '형수님'이라고 부르고는 했어요. 그 선배는 정말 순진한 사람이었는데, 그곳에서 화투 치고 그렇게 놀더니 갑자기 돌변하기 시작하는 거예요. 그곳에서 한 아가씨랑 살림을 차리더니 직장에도 나가지 않으면서 기둥서방 노릇을 하더라고요. 나중에 알게 된 사실이었지만, 당시에 이미 양동에는 우리가 몰려가 놀기 전부터 FTM 트랜스젠더들이 기둥서방 노릇을 하면서 살았다고 하더라고요.

선배 중에 '영진 선배'라는 분이 계셨는데, 어느 날 나한테 돈을 빌려달라고 하고는 잠적했던 일이 있었어요. 감감무소식인 거예요. 나중에 알고 보니 그 선배도 아가씨랑 부산 완월동에 내려가서 살고 있더라고요. 부산에 '완월동 창녀촌'이라고 있는데, 그 동네 쪽방에서 둘이 살고 있었어요. 영진 선배랑 같이 내려간 아가씨 꿈에 내가 나왔대요. "그 착한 사람 돈을 이렇게 안 돌려주고 사는 게 아닌 것 같다"면서 돈을 갚으러 두 분이 서울에 올라와서 만났어요. 그 여자가 나한테 돈을 주더라고요. 그러고는 자기들 사는 부산에 내려가 보자고 해서 같이 내려간 적이 있어요. 부산 내려가는 길에 받은 돈을 잃어버릴까 봐 양말 속에 넣어두었는데, 선배가 그 돈을 다시 꾸어주면 안 되겠느냐고 하더라고요. 내가 보기에 그 선배는 이미 너무 망가진 것 같았어요. 나중에 영진 선배 소식을 전해 들을 수 있었는데, 완전히 자포자기한 심정으로 노름판에서만 살며 지내다가 "헤어지자"고 하던 애인과 함께 자살했다고 해요.

정확하게는 기억나지 않지만 많은 선배들이 업소에서 일하던 여성들과 교제를 하고, 살림을 차리고는 했어요. 당시에 〈개나리회〉라고 용산에서 성매매를 하던 여성들이 결성한 모임이 있었는데, 그 모임에서 활동했던 여성들과도 친하게 어울리며 지냈어요. 〈개나리회〉는 1980년 초에 만들어져서 용산보건소 소장 보호 아래 활동했던 모임이에요. 그곳 여자들에게서 '인권'이라는 말이 나오기 시작한 거예요. 〈개나리회〉가 만들어지고 나서 건달들도 더 이상 함부로 하지 못하더라고요. 성병에 감염되지 않도록 하기 위한 노력도 하고, 그 모임 아가씨들이 모여서 인권에 관련한 회의도 열고 그랬어요.

나의 레즈비언 선배들

명동에 모이던 시절에 만나 어울렸던 사람들 중에 내가 가장 어린 축에 속했어요. 그 분들은 나를 기억하지 못해도 나는 한 사람 한 사람 다 기억할 수 있어요. J라는 후배가 하나 있는데, 미국에서 한의학을 하는 '조 박사'라는 분에게 내 얘기를 했대요. "선배님 나이와 비슷한 연배의 레즈비언이 서울에 계신다"고 알려드린 거예요. 나중에 그분을 만나게 되었는데, 내가 알고 지내던 선배님이더라고요. 20년 만에 만난 거예요. 조 박사님은 20년 전에 미국에 들어가서 한의학을 전공해 한의사가 되었대요. 한국에서는 제대로 공부를 안 했었는데, 미국에 들어가서 열심히 공부해서 정말 '박사'가 되었대요. 처음에는 결혼을 피해서 애인하고 둘이 들어갔었는데, 미국에 들어가서 헤어졌다고 해요.

우리 선배들이 나이가 들어가면서 점점 가족들로부터 결혼 압박에 많이 시달렸어요. 그래서 1980년대 초중반에 많이 미국이나 일본 등 외국으로 나가더라고요. 결혼 압박에 시달리다가 거기서 벗어나기 위해서 유학 등을 빌미로 외국에 나가는 거였죠. 그나마 그런 선배들은 경제적으로 부유한 사람들이었어요. 외국으로 떠난 선배들은 당시 사귀던 애인들하고 함께 출국하는 경우가 많았어요. 그런데 아무래도 외국 생활이 쉽지 않고 경제적인 어려움도 겪게 되니 애인하고 다 헤어지더라고요. 그 애인들은 하나둘씩 남자를 만나고, 그러다가 헤어지고 그랬다고 해요. 미국에 살고 있는 후배 J가 그러는데, 주변에 나이 들어 혼자 살고 있는 부치들이 그렇게 많대요.

그렇다고 우리 선배들이 결혼을 안 한 건 또 아니에요. 남자처럼 살던 선배들이 결국엔 자신이 남자로 살 수 없다는 것을 깨닫고 현실을 받아들이면서 레즈비언으로서의 삶을 포기한 경우도 많았어요. 내 생각에는 여자를 사귀는 게 너무나도 고통스러웠기 때문에 더 그럴 수밖에 없었던 것 같아요. 선배 한 분은 한국에서 살다가 결혼 압박에 하도 시달리니까 일본에 들어가셨어요. 우리는 그저 여자를 좋아하면서 사는 사람들인데 도대체 왜 이렇게 도망 다녀야 하는 것인지 정말 모르겠어요. 그 선배는 한국에 들어와서 살 수 있는 형편이 되었는데도 안 들어오세요.

내가 알고 지냈던 당시의 선배들 중 두 분은 벌써 세상을 떠나셨어요. 한 분은 마흔이 조금 넘어서 돌아가셨고, 또 한 분은 십몇 년 전에 쉰 넘어서 돌아가셨어요. 한 분은 술 좋아하시고 담배 많이 피우시다가 돌아가셨고, 다른 한 분은 백혈병으로 돌아가셨어요. 그런데 우리들은 그 선배님들 장례식에도 참석할 수 없었어요. 그분들 가족들이 "결혼도 못한 처녀가 죽었다"면서 문상을 거절하시더라고요. 결혼을 하지 않은 여자들의 장례식은 대부분 초라하게 치러진다고 해요. 아무리 열심히 살아왔어도, 아무리 유명한 사람이라도 결혼하지 않은 사람들은 죽는 그날까지 초라하게 마감해야 하는 현실이었던 거죠.

서울 보문동에는 나이 많은 레즈비언들이 굉장히 많이 살고 있어요. 월세를 살아도 보문동에 가서 사시더라고요. 〈겨울 나그네〉를 운영하시던 이 박사님도 보문동에 계시죠. 내가 명동에서 어울려 놀던 선배들은 보문동에 몰려 계세요. 그래서 아는 사람들은 보문동을 '보지동'이라고 부르기도 해요. 그런데 신기하게도 당시에 운전을 하던 사람들은 또 수유리에 몰려 사시더라고요. 당시에 운전을 했던 분들은 명동에서 내가 어울려 놀던 선배들하고는 많이 달랐어요. 두 부류 모두 남자 같은 건 비슷했지만, 내가 어울려 놀던 선배들은 중성적인 이미지가 강했어요. 반면 운전하시는 선배들은 수술만 안 하셨지 완전히 남장을 하고 살고 계세요. 다른 지역에서 살다가 서울에 올라오면 그분들이 그 외모로 할 수 있는 일이 자영업 아니면 운전이었는데, 형편이 안 좋은 분들은 주로 운전을 하셨던 거지요.

나는 남자가 되고 싶은 것이 아니었는데

나는 단 한 번도 나를 남자라고 생각한 적이 없어요. 하지만 남자가 되고 싶다는 생각은 종종 했어요. 여자 친구를

사귀어도 남자처럼 행동하고 싶었고요. 같은 여자 친구를
좋아해도 나보다 더 여성스러운 친구가 좋았고, 옷 구경을
하더라도 남성복 구경을 하고 그랬어요. 그렇다고 완전히
남자 같은 외모는 아니었어요. 그냥 중성적인 이미지를
좋아했던 것뿐이에요. 그래도 사람들은 나를 남자로 보는 것
같았죠. 요새도 그렇지만 당시에는 더 심했거든요.

한번은 이런 일도 있었어요. 일반인 친구가 집에서 돈을
훔쳐가지고 집을 나온다는 거예요. 그 당시에는 가출을 하면
무조건 부산으로 가는 분위기였는데, 그 친구가 집에서 훔친
돈 보따리를 나한테 맡기고는 부산으로 가버렸어요. 그
보따리를 들고 충무로에 있는 어느 파출소 앞을 지나는데,
나이도 얼마 먹지 않은 애가 웬 보따리를 들고 지나가니
경찰이 나를 파출소로 데려가는 거예요. 그래서 이런저런
조사를 받았는데, 그 과정에서 경찰들이 나를 남자라고
생각하고 남자로 대하는 거예요. 그래서 "나는 여자다"라고
했더니만 믿지 않는 거예요. 그래서 옷을 들어 올려
확인까지 시켜줘야 했어요.

남자 같은 외모 때문에 진로 문제에서 고민이 많았어요.
남자처럼 입고 다녀서 직장을 구하는 것이 힘들 것이라고
생각했어요. 시작도 해보지 않고 처음부터 포기하는

여자 사람 친구

심정이었던 것 같아요. 내가 굉장히 열등한 사람이라고
느꼈어요. 결국엔 사람들로부터 외면당할 거라고
생각했고요. 그리고 명동에서 나보다 더 남자 같은 외모의
선배들 틈에서 어울리며 놀다 보니까 기대나 용기가 점점
더 사라지더라고요. 지금에 와서 생각해보면 과거의 나는
충분히 고급 인력이 될 수 있었어요. 그런데 내가 스스로
눈높이를 낮춘 거죠. 어릴 때에는 나도 유명한 사람이 될
거라고 생각하고 성악가라는 꿈도 가지고 있었는데, 시간이
흐를수록 내 자신이 레즈비언이라는 것이 분명해지니까
정신이 혼란해지고, 내가 앞으로 어떻게 살아가게 될
것인지가 매우 막막해졌어요. 자신감도 없어지고. 내가
그런 고민을 하고 있는 것도 모르고 가족들은 내 일자리를
알아보았지만 나는 다 마다했지요.

가족들이 소개해주는 일자리를 모두 거절하고 공사 현장의
자재창고 관리 일을 시작했어요. 어차피 내 외모가 남자처럼
보이니 차라리 남자들이 일하는 공간에 가서 일을 하는
게 더 어울릴 것 같았고, 그래야 이상한 시선을 덜 받을 것
같았어요. 일을 시작했는데 남자 동료들이 나를 여자가 아닌
동료로 봐주더라고요. 남자로 오해를 해서 그랬던 건지,
여자인 걸 알면서 그랬던 건지는 모르겠어요. 당시 회사에서
남자 상사들과 동료들은 나를 '미스 최'라고 부르지 않고

'최 형'이라고 불렀어요. 청바지에 잠바 입고, 성격도 와일드하고 남성답고, 회식 가서는 술도 잘 마시고 하니 남자들도 술자리에서 나를 참 좋아했어요. 자재창고 일을 그만두면서 제 고민은 더욱 커져갔어요. 가족들은 제 진로 문제에 열을 올리고 있었고, 그런 가족들의 관심이 너무 부담스러워서 스트레스를 많이 받았어요.

그런데 지금 생각해보면 참 어리석은 고민을 했던 것 같아요. 만약 내가 지금 20대라면 크게 고민에 빠지지 않을 것 같아요. 나는 내가 남자가 아니란 걸 알아요. 내가 남자도 아닌데 굳이 남장을 하고 다녀야 하나요? 그건 아니잖아요. 내가 지금 20대이고 취업을 해야 한다면 옷도 잘 차려입고, 화장도 하고, 몸매 관리도 좀 하면서 직장 다닐 거예요. 하하. 하지만 당시에는 그렇지 못했던 거죠. 그냥 다 관두고 도망치고 싶었어요. 가족들이 내 취업이나 생활 태도 등을 문제 삼는 것도 너무 스트레스였고, 당시 연애도 많이 힘들어서 정말 도망치고만 싶었어요. 그 당시에는 '그냥 숨어서 살아야겠다'는 생각을 많이 했어요. 마음을 다잡지 못하고 그렇게 방황하다가 어느 날 갑자기 이런 생각이 들더라고요. '내가 동성애자인 건 분명하지만 그저 독신자로 살아갈 수 있지 않은가' 하는 생각이요. 그러다가 당분간 명동 선배들과의 만남도 끊고 열심히 교회를 다녀보기로

결심을 했어요. 다행히도 조금씩 내 상태가 좋아지는 것
같았어요.

동성애자로 살아오면서 나 스스로 처절하고 비참할 때가
많아요. '내 인생은 왜 이런가?' '지금까지 뭘 하면서 살아온
것인가?' '사랑하는 사람들 쫓아 헤매다가 허공만 잡고,
허공만 잡고. 그렇게 세월만 보낸 것이구나.' 이런 생각을
해요. 나한테 사랑한다는 말 한번 제대로 해준 사람이
없었어요. 사랑하는 사람과 매번 헤어지는 걸 반복하는 건
정말이지 너무 힘들었어요. 사랑하는 사람들을 만났지만
결국 다들 결혼하면서 떠나고. 많이 방황했어요. 마음잡기
아주 어려웠던 시기도 많았어요. '내가 도대체 언제까지
이런 생활을 해야 하는 건가. 언제까지 이렇게 사랑하는
사람들하고 이별하면서 살아야 하는 건가. 도대체 어떻게
해야 하나?' 울분이 터지는 거예요. 속에서 한이 맺히는 것
같았어요. 아닌 게 아니라 한이 맺혀 있죠. 여자들을 만나서
사랑하면 그 여자들이 집안 때문에 결국은 다 결혼해야
하고. 나는 경제적인 능력도 부족하고 능력이 없으니까
여자들도 쉽게 떠나고.

서울에서 했던 마지막 연애는 정말 많이 힘들었어요. 당시
애인은 무남독녀였는데, 아버지가 재일동포로 40년 넘게

일본에서 살았던 분이었어요. 그분이 한국에 들어와서 늦은 나이에 낳은 딸이 그 사람이었어요. 우리의 이별은 예정되어 있었어요. 우리는 많이 사랑했는데 애인은 부모 때문에 결혼해야 하는 상황이 되었고, 결국은 결혼했죠. 얼마나 가슴이 아프던지. 내가 그 결혼식에도 다녀왔어요. 그 여자도 나를 봐두고 혼자 결혼하니까 가슴이 많이 아팠죠. 사랑했지만 헤어져야 하는 현실이니까요. 그 여자가 신혼여행 가서 첫날밤에 한 맺힌 여자처럼 통곡하니까 남편 되는 사람이 과거가 있는 여자가 아닌가 의심도 하고 그랬대요. 결혼 후에도 가끔 만났는데, 남편하고 싸우고 나면 나이 든 부모한테는 못 찾아가고 나를 찾아왔어요. 그런데 그런 일도 하루 이틀이지, 사랑하는 사람이 결혼해서 허구한 날 남편하고 싸우고 오면 내가 위로나 해야 하고. 나도 그 짓을 더 이상 못하겠더라고요.

내가 지금까지 살아남은 건 전부 어머니의 덕
내가 유성에 내려간 적이 있어요. 진로 문제 등으로 가족들로부터 시달림을 당하기도 했지만, 내려가야겠다고 결심한 직접적인 이유는 바로 그 애인과의 관계 때문이었어요. 나는 어떻게든 그 사람과 떨어져 지내야 한다고 생각했어요. 멀리 떨어져 지내다 보면 소식도 자연스럽게 끊기고, 생각도 안 나게 되고, 서로 고통스럽지

않을 수 있으니까 그런 선택을 한 거죠. 수많은 사람들이
결혼을 했어요. 나만 내 자리에 그냥 그렇게 남게 되었고요.
이런 과정이 늘 반복되었어요. 방황을 많이 했죠. '도대체
나이 먹어서 연애 문제로 이게 다 무슨 꼴인가! 남들은
커밍아웃해서 집에 다 알리고 집에서 장사하라고 자본금도
대주는 판에 나는 뭔가?' 이런 생각을 많이 했었죠. '차라리
내가 결혼을 했다면 빚을 지고서라도 내 살길을 다 마련해
주셨을 텐데, 나는 대체 왜 이렇게 살아야 하나?'라고
생각하기도 하고. '도대체 어떻게 살아야 하나? 어떻게
살라는 말인가?' 참 많은 생각을 했었죠.

스물여덟 살이 되던 해에 어머니에게 "집을 나가 살고
싶어요"라고 말씀드렸어요. 어머니께 "남자들이 3년 동안
군대에 가 있다는 심정으로 허락해주세요"라고 하면서
부탁했어요. 당시에 나는 내 삶을 스스로 개척하고 싶다는
생각을 많이 했어요. 언제까지 부모님 아래에서 지낼 수는
없는 노릇이잖아요. 어차피 결혼할 생각도 없는데 부모님과
떨어지지 않을 특별한 이유도 없다고 생각했어요. 부모는
서른이 넘어도 결혼을 하지 않으면 부둥켜안고 살려고 해요.
하지만 열심히 설득했죠. 어렵게 어머니를 설득해서 집에서
나올 수 있었어요.

자취를 했는데 어머니가 하루도 거르지 않고 자취집
주인에게 전화를 거시고, 매일 내 안위를 확인하고
그러셨어요. 내가 자취를 한다는 느낌을 받을 수가 없었죠.
뭔가 다른 방법을 찾아야겠다고 생각했어요. 그러던 중에
알고 지내던 레즈비언 선배가 나에게 야식집을 동업하자고
제안했어요. 그 선배가 일하는 곳이 유성이어서 '잘됐다'는
생각으로 내려갔죠. 유성에 내려가 사업을 준비하던 중에
선배가 레즈비언이라는 사실이 선배 집안에 알려지는 일이
벌어졌어요. 그러자 선배의 부모는 먹고살 수 있는 길을
터주겠다며 서울로 다시 올라오라고 했어요. 결국 동업을
약속해 유성에 함께 내려왔던 선배는 나를 남겨두고는
서울로 올라가 버렸어요. "내 삶은 내가 개척하겠다"고
호언장담하며 집을 떠나와 유성까지 왔는데, 홀로 남겨진
거예요. 얼마나 당황스러웠던지. 그렇다고 다시 집으로
들어갈 수는 없었어요. 그런데 나 혼자서는 살길도 없는
거예요. 어쩔 수 없이 다시 서울로 올라가게 됐죠.

내가 집을 떠나 유성에 있는 2년 동안 엄마는 식사도 제대로
못 하시고, 비가 오나 눈이 오나 천둥이 치거나 365일
철야기도를 하셨대요. 워낙 그렇게 기도를 열심히 하는
분이어서 내가 불평도 많이 하고는 했었는데, 내가 없는
동안 더없이 열심히 기도를 하신 거죠. 내가 유성에 가 있는

여자 사람 친구

동안 노인네가 혼자 아파트에 사시면서 기도만 하시고 식사
두 끼도 제대로 못 하시니 위에 탈이 난 거예요. 동생은
직장에 나가니 엄마를 제대로 돌볼 수도 없었을 테고.
엄마가 속이 안 좋다고 하면 캔 사이다를 한 박스씩 사다가
놓고 드시라고만 했대요. 내가 없는 동안 둘째 이모가
미국으로 이민을 가셨는데, 미국으로 떠나면서 엄마한테
'아무래도 네 혈색이 안 좋다. 병원에 가보라' 하셨대요.
그런데 내가 없으니 누가 엄마를 병원에 모시고 가지를
않았던 거예요. 결국은 내가 집에 돌아와서 엄마를 보살피게
된 거죠. 가슴이 아프다고 하시더라고요. 병원에 갔더니
위암이라고 '3개월도 많이 사시는 거다' 하잖아요. 내가
간호를 했어요. 한 7개월 정도 사시다가 돌아가셨죠.

어머니가 입원해 계시는 동안 형제자매들 간에 내 앞날에
관한 이야기를 나눌 기회가 있었어요. 가족들은 내가
결혼을 하지 않고 혼자 생활해나갈 거라는 걸 이미 알고
있던 상황이었죠. 가족들이 모인 자리에서 남동생이
"누나는 혼자 살 건데, 우리들 신세를 지면서 살 게
뻔해"라고 했어요. 그 말을 듣고는 어머니가 "누나는 절대로
너희들한테 신세 안 지고 살 거다. 그런 걱정 하지 마라"고
단호하게 말씀하셨어요.

어머니는 병실에 나 외의 다른 형제, 자매들이 있는 걸
불편해하셨어요. 어느 날 병원에서 퇴원을 권유해서
어머니와 나는 집으로 돌아왔어요. 집에서 지내고 있는데,
갑자기 어머니의 목소리를 남기고 싶은 생각이 들더라고요.
그래서 녹음기를 가져다 놓고 어머니의 목소리를
녹음했어요. 어머니도 목소리를 남기시더라고요. 그런데
이모들이 그 얘기를 듣고는 "쟤가 무슨 배짱으로 엄마한테
녹음까지 하라고 하느냐", "저런 애가 어디 있느냐"면서
자지러졌다고 하네요. 엄마가 우리한테 해주고 싶은
말씀을 남기시고 다른 형제들에게 당부의 말씀도 하시고
그랬는데, 안 울고 잘 하시더니 내 얘기를 할 때에는 눈물이
글썽글썽해지면서 이야기를 시작하시더라고요.

엄마 병실을 지키고 있을 때 나는 흰색 벽을 자주 바라보고
있었어요. 아무것도 할 수가 없었고 엄마 얼굴만 보면
자꾸 눈물이 흘렀어요. 그래서 벽만 쳐다보고 앉아 있으니
간호사들이 들어와서는 "또 벽을 보고 계시네요"라고
말하기도 했어요. 그러다가도 엄마가 찾으면 돌아서고. 그
당시에 벽하고 나하고 이렇게 둘이서 있었던 것 같아요.
돌아가실 때 많이 고통스러워하셨죠. '내가 왜 이런 병에
걸린 걸까' 하는 생각도 많이 하셨겠죠. 하지만 그 고통을
신앙심으로 극복하셨어요. 위암으로 사람이 죽을 때에는

여자 사람 친구

정말 고통스러워요. 그래도 엄마는 편안하게 돌아가신
편이었어요. 그 모습을 옆에서 지켜보면서 나도 느낀 것이
정말 많았어요. '하나님은 정말 살아 계시는구나'라는
생각을 했죠. 내가 지금이라도 이렇게 살아남고 비뚤어진
삶을 살지 않은 건 모두 엄마 덕이에요. 엄마의 사랑이
없었더라면, 나는 다른 사람에게 사랑을 베풀 줄 모르는
사람이 되어 있을 거예요.

내 인생에 사람은 이 사람뿐이구나, 했던 15년

엄마가 돌아가신 후, 취업 문제를 고민하던 나는 잠시
택시 운전을 할까 하는 생각도 했었어요. 그런데 가족들이
반대했어요. 운전은 아예 생각도 하지 말라고 했어요.
가족들은 내가 전문 직종을 가지기를 바랐기에 요리 공부를
하면 어떻겠느냐고 하더라고요. 나도 평소에 요리에 취미가
있고 자신도 있는 편이었거든요. 그래서 조리사 자격증을
따기로 결심하고는 준비해서 취득했어요. 다행히 요리가
적성에 잘 맞았어요. 요리하는 걸 이전부터 좋아했죠.
그동안 남자들이 하는 일들만 하려고 했었는데 요리를 하다
보니 꼭 그럴 필요가 없겠더라고요.

어머니가 돌아가신 후에는 언니와 함께 살았는데, 아무래도
한 집에서 형부랑 지내는 것이 너무 부담스럽더라고요.

그렇게 불편한 마음으로 지내다가 유성에서 친하게 지냈던 모 선배 생각이 났어요. 서울에 급하게 올라온 후, 그렇게 신세를 많이 졌는데 연락 한번 못했구나 생각했어요. 그래서 안부 전화를 드렸죠. 그랬더니 선배가 나를 찾는 황 모라는 여자의 연락이 있었다면서 알려주더라고요.

황 모 씨는 다른 지역에 살던 사람이었는데, 내가 유성에 내려오기 직전에 아주 잠깐 스치듯 만났다 헤어진 사람이었어요. 그런데 그 사람이 4년 동안 나를 찾아 헤매었다고 해요. 만났던 당시 그 사람에게는 남자 친구가 있다고 했어요. 그래서 내가 포기했었거든요. 그런데 그 사람이 남자랑 잘 안 되고 내 생각이 많이 나서 나를 찾으러 유성까지 왔대요. 이미 내가 서울에 올라온 상황에서도 나를 찾고 있었던 거죠. 선배로부터 연락처를 받아서 연락을 해보니 내 연락을 받고 처음에는 그 여자가 아무 말도 못 하더라고요. 유성에 있었는지 날더러 내려오라고 하더라고요. 나랑 살고 싶었대요. 내려가서 그 사람을 만났는데, 같이 2, 3일 있다 보니까 정이 들더라고요. 그렇게 그 사람을 다시 만나고 '내 인생에 사람은 이 사람뿐이구나' 하는 생각으로 15년 동안 함께 살았어요.

처음에는 그 사람이 있는 지역에 머물다가 다시 서울에

여자 사람 친구

머무는 것을 반복하며 생활했어요. 그러던 중에 한 호텔 주방에서 일할 직원을 채용한다는 소식을 듣고 응시했는데, 내 외모가 남자 같다는 이유로 탈락했어요. 그 주방장이 말하기를 여자들이 취업을 해서는 기술 전수 다 시키고 나면 결혼해서 나간 경우가 많아서 여자를 안 쓴다고 하더라고요. 그런데 나를 보니 서른 살도 넘었고 해서 오케이를 한 거였어요. 그런데 결정적으로 옷차림이 문제가 되어서 떨어졌어요. 흰 티셔츠에 재킷을 걸치고 진을 입고 갔어요. 치마를 입지 않고, 남자 같은 옷을 입고 가서 떨어진 거예요. 그 후에 사돈 할머니와 할아버지가 주인으로 있는 일식집에서 아르바이트를 하기는 했지만, 정식 취업이 어려운 상황에서 서울과 다른 지역을 번갈아 오가는 일이 쉽지 않았어요.

그래서 무조건 그 사람을 데리고 서울로 올라와 봉천동 달동네에 집을 얻었죠. 애인은 서울에 아는 사람이라고는 아무도 없고. 그래서 나는 언니 집에서 나오기로 결심했어요. 그랬더니 가족들이 난리가 난 거예요. 며칠씩 집에도 안 들어오더니 배짱도 좋게 짐을 싸들고 집을 나가는 거잖아요. 완전히 찍힐 대로 찍힌 거죠. 언니가 너무 화가 나서 "엄마도 돌아가시게 할 정도로 속을 썩이더니 이제는 애가 나를 잡아먹으려고 한다"면서 난리를 치더라고요.

그러더니 나를 강제로 일본에 보냈어요.

일본에서 외교관 부인들하고 함께 있으면서 요리도 하고
궁중 요리 같은 것을 배우기도 하고 그랬어요. 한국에서
한식 요리를 배웠던 터라 요리에 더 관심을 가지게 된 거죠.
한국 전통 요리는 외교관 부인들이 정말 많이 알아요. 그
사람들은 해외로 파견되면 그 나라 사람들을 초대할 일이
많아져요. 그런데 자기네들이 주재하는 나라의 전통 음식을
모르면 초대를 못 해요. 그래서 해당 나라의 전통 요리를
배우는 거죠. 어쨌든 1년 일본에 있다가 들어왔어요. 한국에
들어오니 애인이 공항에서 나를 기다리고 있더라고요.
그렇게 다시 애인을 만났고, 애인이 "당신이 없는 사이에
열심히 일을 해 돈을 모았다"며 통장을 보여주더라고요.
그때 많이 감동받았어요.

일본에서 돌아온 후 나에게 좋은 기회가 생겼어요.
일식집을 운영하던 친척분이 건강이 악화되어 더 이상
운영하기 어려운 상황이 되었었거든요. 그래서 그분은
비록 아르바이트였기는 하지만 늘 성실하게 일을 해오던
내게 가게를 넘기기를 원했어요. 나는 그 기회를 잡았고요.
그러고 보면 나는 운이 아주 좋아요. 그래서 그 일식집을
10년 동안 경영하게 되었어요. 그 일식집, 완전히 대박 났죠.

여자 사람 친구

하루 매상이 300, 400이었어요. 엄청나게 돈을 벌었죠. 마흔네 살인가 마흔다섯 살까지 운영했어요. 처음 식당을 인수할 때 그 건물 주인은 서소문 갑부였어요. 그 건물의 1층, 2층, 3층이 모두 일식집이었죠. 종업원이 많을 때에는 30명 정도, 적어도 28명 정도였어요. 그렇게 좋아하던 술 한잔 마실 시간도 못 내면서 일을 했어요. 그리고 많은 돈을 벌었죠. 그런데 형부가 부도를 내서 그 빚을 내가 모두 탕감해야 하는 상황이 벌어지고 말았어요. 매월 12일마다 빚 탕감 명목으로 형부에게 돈을 보내야 했죠. 그런 일들이 반복되면서 받은 경제적 타격은 이루 말할 수 없었어요.

게다가 애인은 소위 '돈놀이'를 하다가 1억 원이 넘는 재산 피해를 끼치기까지 했고요. 10년 동안의 노력은 그렇게 한순간에 허사가 되어 파산하고 말았어요. 그 후 애인과의 관계도 흔들리기 시작했죠. 망하고 나니까 나나 애인이나 마흔 중반이었는데, 다시 시작을 하려니까 애인이 생각하기엔 끔찍했나 봐요. 어느 날 "여행을 하고 싶다"고 하더라고요. 그래서 내가 미국으로 여행 다녀오라고 비자도 만들어주고 경비도 대줬어요. 그렇게 애인은 미국으로 떠났고, 우리는 결국 헤어졌어요. 나는 홀로 남겨졌어요. 오랜 시간 동안 애인과 연락할 방법을 찾아봤지만 허사였어요. 애인하고 헤어지고 나서 집에

들어가면 늘 혼자 밥을 먹어야 했어요. 당시에 거울을
앞에 두고 밥을 먹었다니까요. 밥 한 번 떠먹고 거울 한 번
보고, 밥 한 번 떠먹고 거울 한 번 보고 했죠. 연락이 계속
두절된 상태였는데 어느 날 갑자기 전화가 왔어요. 애인이
나에게 "좋은 여자 만나서 살아라", "나는 언제 나가게 될지
모르겠다", "내가 나가서 너에게 해줄 수 있는 게 없다"
그러더라고요. 그렇게 관계가 끝났죠. 나중에 주위 후배들이
몇몇 사람을 소개해줬는데, 잘 안 됐어요.

다시, 레즈비언 되기

얼마 전에 있었던 테러 소식 들었어요. 개신교
모임 학생들이 이화여대 이반 모임 행사를 그렇게
방해했다면서요? 한 사람의 개신교인으로서 정말이지
참을 수 없는 일이에요. 개신교도 가톨릭하고 싸우고
핍박받고 그랬잖아요. 그랬던 역사를 왜 기억하지 못하는
거예요? 개신교인들이 그 과정에서 많이 죽었어요,
피도 흘리고. 자신들의 믿음을 위해서 싸웠던 거잖아요.
우리도 마찬가지라고요. 우리도 우리의 자유를 위해서
싸우는 거잖아요. 자신들이 신이에요? 인간이잖아요.
자신들의 딸이 레즈비언일지 자기 부모가 레즈비언일지
어떻게 아느냐고요. 아무도 모르는 일이에요. 가려져 있을
뿐이잖아요. 정말 너무 속상해요. 신은 계세요. 그 신은

여자 사람 친구

오히려 이런 상황을 더 안타깝게 여기고, 이런 현실 때문에
우리들을 더 불쌍하게 여길 게 분명해요.

내가 거창한 거 바라는 거 아니에요. 그냥 두루두루
행복하게 살 수 있기를 바랄 뿐이에요. 그 중요한
20대 나이에 누가 레즈비언 권리 운동 같은 것을 하려고
하겠어요? 커밍아웃을 해야만 꼭 운동을 하는 건
아니라고 생각해요. 강숙자* 같은 사람하고 싸우기도

---

* "2001년 여성학회에서 한 연구자가 발표한 동성애자 관련 글에 대해 여성
동성애자 그룹 〈끼리끼리〉가 불만을 표출한 사건은 여성학계와 동성애자의
대별된 관점을 보여준 사건이었다. 한국 여성성적소수자 인권운동모임 〈끼리끼리〉
회원들은 한국여성학회에서 발표된 강숙자 박사의 "레즈비언 여성주의의 비판적
검토: 한국 여성경험과의 대비"라는 논문에 대해, "레즈비언의 현실을 알지
못한 채, 멋대로 레즈비언의 정체성과 삶을 구분하고 단정 짓는 것은 차별이자
인권침해"라고 비판하였다. 이들은 반박문을 통해 강 박사가 이론을 전개하는 데
기본적으로 전제하고 있는 내용, 즉 "레즈비언은 성관계 여부에 따라 '참 레즈비언'과
'정치적 레즈비언'으로 나뉜다, '참 레즈비언'은 이성애 부부의 성역할 모델을 따라
'부취(남성역할)'와 '펨(여성역할)'으로 나뉜다라는 내용부터가 '틀린' 가정"이라고
주장했다. 또한 이러한 논문이 어떻게 한국여성학회의 학술대회에서 발표될 수
있는가를 질문하면서, 레즈비언에 대한 편견과 무지를 여실히 보여주는 논문을
여성학회 자료집에서 폐기 처분할 것을 요청했다. 그리고 강박사 개인뿐 아니라
한국여성학회가 이런 편향된 논문발표를 허락한 것에 대해 책임을 져야 하며,
성소수자에 대한 이해를 넓혀나가도록 '성정체성과 차별'에 대한 교육을 받아야
한다고 권고했다. 이러한 비판에 대해 한국여성학회가 '학문적 글'로 대응하라는
반응을 보인 것에 대해, 〈끼리끼리〉는 다시 여성 동성애자 학자를 당장 배출하기
어려운 상황에서 또다시 여성학회가 학술적 오만을 부리는 것이라며 비판했다."
오장미경, '한국 여성운동과 여성 내부의 차이,' 『진보평론』 제20호, 2004년 여름호,
168-169쪽.

하고, 청소년보호법 같은 것에 문제 제기도 하고. 그런
일들을 누가 해줄 수 있겠어요? 누가 해줄 수 있어요?
우리끼리라도 뭉쳐서 뭔가 딱 일으켜봤으면 좋겠어요.

후배들 중에 머리도 좋고, 성격도 특이한 친구들이 참
많은 것 같아요. 레즈비언들이 남다르기는 남다른가 봐요.
남들이 하지 않는 일, 인생을 개척해나가는 일들을 해서
그런지, 머리도 영리하고 영적으로도 참 맑은 친구들이 많은
것 같아요. 그래서 그런지 철학하는 친구들도 많고요.

제주도에 살고 있는 보살 후배가 있어요. 그 후배가 몇
년 전에 서울에 올라왔었는데, 당시 그해가 내가 삼재에
시달리는 해라고 하더라고요. 그러더니 그 후배가 순수
광목을 끊어다가 내 나이 수대로 고추를 엮어주는 거예요.
문 앞에 꼭 걸어두라면서요. 나야 하나님을 믿는 사람이니까
후배 말을 믿지는 않았지만, 그렇게 마음을 써주는 후배에게
큰 감동을 받았어요. 나는 요즘 진실한 마음으로 나를
사랑해주는 후배들 덕분에 정말 행복하게 지내고 있어요.

내가 아무리 불행하고, 스스로 비참하다고 느낄 때에도
그렇게까지 불행할 수 있는 존재가 아니라고 믿으며
살아왔어요. 그리고 내가 그 모든 비참한 상황을

만들었다고도 생각하지 않았어요. 나는 스스로 불행하다고 느끼고 자책을 하다가도 생각을 바꿔 먹으려고 노력하는 편이에요. 행복도 자기가 찾는 것이고 불행도 자기가 찾는 것이라고 생각해요. 많은 후배들을 만나오면서 어린 나이의 많은 레즈비언들이 자해하고 자살을 시도한다는 사실을 알게 됐어요. 옛날이나 지금이나 레즈비언으로 살면서 고통스러우니까 자살을 시도하는 사람들이 많아요.

이게 얼마나 가슴 아픈 일이에요. 나 역시 레즈비언으로 살아오면서 차라리 죽는 편이 나을 거라고 생각한 때가 많았어요. 레즈비언으로 살면서 겪어온, 겪고 있는 그리고 앞으로 겪을 일들을 생각하니 죽는 것이 더 행복할 것이라는 생각에 끊임없이 시달려왔죠. 그저 한 사람의 여성으로서 또 다른 한 사람의 여성을 사랑하는 그 감정이 왜 내 인생을 그토록 힘들게 만들 수밖에 없었는지 이해할 수 없는 부분이 한두 가지가 아니었고요. 왜 이반들이 한국에서의 삶을 포기하고 가족으로부터 버림을 당하거나 가족과 생이별을 해야 하는 그런 상황이 되어야 하는지. 나는 그게 항상 가슴 아파요.

레즈비언이라고 살 가치가 없는 사람들이 아니에요. 어려울수록 더 악착같이 살아내야 한다고 생각해요. 내가 결혼을 하고 자식을 낳아 살았더라면 더 행복했을까요?
결혼을 하고도 불행해하는 사람들은 얼마든지 있어요.
중요한 것은 나는 여자를 사랑하는 사람이고, 그런 삶을
살기로 내가 선택했다는 거예요. 나는 레즈비언이고 여자를
사랑하면서 행복하게 살 수 있다는데, 대체 뭐가 문제인
거예요? 생각해보면 이런 삶보다 더 어려운 삶도 많아요.
더 힘든 일들이 많죠. 이런 생각을 갖는 것이 중요해요.
죽는 사람은 아무 얘기도 안 해요. 죽으면 그만이잖아요.
목숨을 끊을 용기가 있으면, 그런 힘이 자신 안에 있으면 그
힘으로 더 잘 살아야 해요. 죽고 싶다고 죽었으면 나는 벌써
이 세상에 없는 거죠. 그럼 남는 것도, 변하는 것도, 행복을
느낄 것도 모두 없어지는 거예요.

레즈비언 딸을 둔 부모들에게 하고 싶은 말도 아주 많아요.
내 종교가 개신교이기도 하고요. 내 어머니를 보면서 배운
것이기도 한데요. 레즈비언인 딸이 커밍아웃을 했다고
해봐요. 그러면 대부분 애들을 내치잖아요. 그런데 그렇게
하면 그건 딸을 더욱 힘들고 고통스럽게 만들어버리는
거예요. 딸이 그렇게 불행해지는데 다른 가족들이 행복할
수도 없잖아요. 그건 가족 모두의 불행이지, 그 딸만의
불행이 아니라고요.

여자 사람 친구

지금까지 셀 수 없을 만큼 많은 후배 레즈비언들을
만나왔어요. 레즈비언이라는 이유로 가족 안에서
힘들어하는 경우를 너무 많이 봐왔죠. 누군가가
레즈비언으로 살기로 했다면 그건 절대로 단순한 호기심
때문에 그런 게 아니란 말이에요. 무턱대고 말도 안 된다는
식으로 몰고 딸의 선택을 부정하는 건 그 애를 골방
속에 가두는 것과 같아요. 그건 폭력이라고요. 그럴수록
자식들한테 애정을 가지고 배려해줘야 해요. 그렇게 하지
못했을 때, 그들이 더 탈선할 수도 있는 거예요. 나도 그럴
수 있었어요. 나를 내몰아 쳤으면 그렇게 되었겠죠. 부모가
나에게 애정을 가지고 대해줬기 때문에 여기까지 올 수
있었던 거예요. 보통은 집에서 결혼을 하라고 하고, 결혼을
하더라도 나중에 이혼을 하고. 이런 상황이 모순이라고
생각해요. 과거에는 그런 경우가 더 많았죠. 지금은 그래도
자기 고집대로 나갈 수 있는 상황이 많이 만들어졌다고
생각해요. 결혼을 한다는 것 자체가 부모를 편안하고
행복하게 만들어주는 건 아니라고 생각해요. 결혼을 해야
하니 결혼을 하고, 또 이혼을 하고. 그렇게 사는 것보다
자신이 사는 방식을 밀고 나가야 한다고 생각해요. 부모가
포기하게 만드는 것이지요. 쉬운 일은 아니지만요.

여자가 여자를 사랑한다는 것

20대 초반까지 어떤 사람을 사랑하면 정신적으로만
사랑했어요. 그 외에 뭘 더 할 수 있는 건지 몰랐거든요.
동성끼리 성관계가 가능하다는 것을 전혀 몰랐어요.
성관계는커녕 정신적으로 사람을 사랑하는 것만으로도
너무 힘이 들었어요. 사랑한다는 고백을 하는 일도 너무
어려웠고. 상대방은 나를 친구라고 생각하고 있는데 내가
"내가 너 좋아해"라고 말하면 상대방이 얼마나 놀라겠어요.
스물세 살 이전까지 많은 여자들을 좋아하고 사랑했지만,
스킨십에 관해서 아무것도 모르고 지내왔어요. 그런데
명동에서 만난 선배들로부터 여성끼리도 성관계를 할
수 있다는 걸 배운 거예요. 스물세 살에 처음 성관계를
시도했어요. 어떤 여자애를 알게 되고 연애를 했는데
선배들이 가르쳐준 대로 해봤어요. 어설프기는 했지만요.
그런데 그 애가 좋아하는 거예요. 나름대로 대범했죠. 그
친구랑 1년 정도 만났나 봐요. 그 이후에도 다른 애인들
만나서 섹스를 했는데, 주로 내가 리드했어요. 그게 당연한
일인 줄 알았어요. 그런데 그게 아니더라고요.

스물여섯 살에 사귀던 애인과 섹스를 했어요. 당시의
나는 내게 가슴이 있는 게 싫었어요. 내 가슴을 상대에게

보여주고 싶지도 않았고요. 섹스를 하는데 그 여자의
옷을 다 벗기고, 나는 옷을 벗지 않은 채 섹스를 했어요.
그랬더니 그 여자가 나를 밀치더니 "나 너랑 하기 싫어"라고
말하더라고요. 자기도 창피하지만 그래도 하고 싶으니까
옷을 벗는 것인데, 왜 나는 벗지 않느냐는 거예요. 그 말을
듣는 순간 무언가에 한 대 얻어맞은 기분이 들더라고요.
그래서 한동안 앉아서 가만히 생각을 하고는 옷을 벗었어요.

20대 초반까지의 경험도 그렇고, 대부분의 내 파트너들은
자기 스스로 여자라고 생각했어요. 상대인 나는 바지씨이고
남편일 뿐이었어요. 당시 명동에는 완전히 지금 말로
부치들만 있었던 꼴이에요. 치마씨라고는 했지만
일반이라고 하는 게 더 정확할 거예요. 남자를 사랑하는
사람들을 우리가 사랑했던 거죠. 그 사람들은 우리를 여자가
아닌 남자로 봤던 거고요. 15년 동안 함께 살았던 그 애인도
그런 편이었죠. 그 사람은 나를 완전히 남편처럼 생각하면서
나랑 같이 살기 시작했는데, 내가 밥상도 차리고 빨래도
하고, 그 친구가 하기 어려워하는 일이 있으면 내가 다 하고
하니까 신기해하더라고요. 그런데 뭐, 이런 일은 나한테만
일어난 것은 아니었죠.
아는 선배 중에는 이런 경우도 있었어요. 남자하고만 살던
어떤 여자랑 같이 살게 되었는데, 그 여자가 우리 선배가

하는 것을 보고 정말 놀라더래요. 그 여자 머릿속의 남자는 아침에 일어나서 조간신문 들여다보고 담배를 피운다거나 커피를 마신다거나 하는 사람이었는데, 우리 선배는 그러지를 않더라는 거죠. 김치를 담가도 자기보다 더 맛있게 담그고 하니 그걸 그렇게 이상하고 신기해하더래요.

파트너가 어떤 사람이냐가 참 중요한 것 같아요. 어떤 사람들은 끊임없이 나를 '남자 대용'으로 취급했고 남자로서의 역할을 강요하기도 했어요. 하지만 또 어떤 사람들은 내가 남자가 아니라는 사실을 적나라하게 깨닫게 해주기도 했고요. 그런 사람들을 만날 때마다 나를 남성이 아닌 한 명의 여성으로, 있는 그대로의 모습으로 받아들여 주는 것 같아서 참 고마웠어요. 사실 나는 수유리에서 만난 택시 운전하시는 선배한테 "저 자식 바지씨 맞냐?"는 얘기를 들을 만큼 다른 선배들에 비하면 그렇게 남자 같은 구석이 많은 사람도 아니었어요.

여자들끼리 살면 좋은 점이 참 많은 것 같아요. 남자들하고 살던 여자들이 한결같이 말하는 것이지만, 자기는 남자한테 늘 베풀기만 하면서 살았는데 우리 같은 사람들하고 살면서 다른 경험을 하게 되었대요. 같은 여자이기 때문에 서로에게 할 수 있는 것들이 아주 많고, 그만큼 더 편안한 것 같아요.